CONFUCIO
(Kung-Fu-Tsé)

EL CHU–KING
(Shujing o Shu-ching)

El Libro Canónico De La Historia

Traducción, Prólogo y Notas
de
JUAN BAUTISTA BERGUA

Colección La Crítica Literaria
www.LaCriticaLiteraria.com

LaCriticaLiteraria.com

Copyright del texto: ©2010 J. Bergua
Ediciones Ibéricas - Clásicos Bergua - Librería Bergua
Madrid (España)

Copyright de esta edición: ©2010 LaCriticaLiteraria.com
"Colección La Crítica Literaria"
www.LaCriticaLiteraria.com
ISBN: 978-84-7083-135-5

Ediciones Ibéricas - LaCriticaLiteraria.com
Calle Ferraz, 26
28008 Madrid
www.EdicionesIbericas.es
www.LaCriticaLiteraria.com

Impreso por LSI

Todos los derechos reservados. Esta publicación no puede ser reproducida, ni en su totalidad ni en parte, ni ser registrada en, o transmitida por, un sistema de recuperación de información, en ninguna forma ni por ningún medio, sea mecánico, fotoquímico, electrónico, magnético, electroóptico, por fotocopia, o cualquier otro, sin el permiso previo por escrito de la editorial.

Cualquier forma de reproducción, distribución, comunicación pública o transformación de esta obra solo puede ser realizada con la autorización de sus titulares, salvo excepción prevista por la ley. Diríjase a CEDRO (Centro Español de Derechos Reprográficos - www.cedro.org) para más información.

All rights reserved. No part if this book may be reproduced or transmitted in any form, by any means (digital, electronic, recording, photocopying or otherwise) without the prior permission of the publisher.

CONTENIDOS

EL CRITICO - Juan Bautista Bergua 5

PROLOGO 7

    EL PAIS DE LOS «HIJOS DEL CIELO» 7

    LAS PRIMERAS MISIONES EN CHINA 8

    LA GRAN SORPRESA 9

    LAS RELIGIONES DE CHINA 10

    LA VIDA 13

    EL HOMBRE 16

    LA OBRA 20

    CONFUCIO, FILOSOFO 23

CHU – KING 27

    PRIMERA PARTE 27

    SEGUNDA PARTE 43

    TERCERA PARTE 51

    CUARTA PARTE 73

NOTAS 139

LA CRITICA LITERARIA 183

EL CRITICO - JUAN BAUTISTA BERGUA

Juan Bautista Bergua nació en España en 1892. Ya desde joven sobresalió por su capacidad para el estudio y su determinación para el trabajo. A los 16 años empezó la universidad y obtuvo el título de abogado en tan sólo dos años. Fascinado por los idiomas, en especial los clásicos, latín y griego, llegó a convertirse en un célebre crítico literario, traductor de una gran colección de obras de la literatura clásica y en un especialista en filosofía y religiones del mundo. A lo largo de su extraordinaria vida tradujo por primera vez al español las más importantes obras de la antigüedad, además de ser autor de numerosos títulos propios.

Su librería, la editorial y la "Generación del 27"

Juan B. Bergua fundó la Librería-Editorial Bergua en 1927, luego Ediciones Ibéricas y Clásicos Bergua. Quiso que la lectura de España dejara de ser una afición elitista. Publicó títulos importantes a precios asequibles a todos, entre otros, los diálogos de Platón, las obras de Darwin, Sócrates, Pitágoras, Séneca, Descartes, Voltaire, Erasmo de Rotterdam, Nietzsche, Kant y las poemas épicos de La Ilíada, La Odisea y La Eneida. Se atrevió con colecciones de las grandes obras eróticas, filosóficas, políticas, y la literatura y poesía castellana. Su librería fue un epicentro cultural para los aficionados a literatura, y sus compañeros fueron conocidos autores y poetas como Valle-Inclán, Machado y los de la Generación del 27.

El Partido Comunista Libre Español y las amenazas de la izquierda

Poco antes de la Guerra Civil Española, en los años 30, Juan B. Bergua publicó varios títulos sobre el comunismo. El éxito, mucho mayor de lo esperado, le llevó a fundar el Partido Comunista Libre Español que llegaría a tener mas de 12.000 afiliados, superando en número al Partido Comunista prosoviético oficial existente. Su carrera política no duró mucho después que estos últimos le amenazaran de muerte viéndose obligado a esconderse en Getafe.

La Censura, quema de libros y sentencia de muerte de la derecha

Juan B. Bergua ofreció a la sociedad española la oportunidad de conocer otras culturas, la literatura universal y las religiones del mundo, algo peligrosamente progresivo durante la dictadura de Franco, época reacia a cualquier ideología en desacuerdo con la iglesia católica.

En el 1936 el ejército nacionalista de General Franco llegó hasta Getafe, donde Bergua tenía los almacenes de la editorial. Fue capturado, encarcelado y sentenciado a muerte por los Falangistas, la extrema derecha.

Mientras estuvo en la cárcel temiendo su fusilamiento, los falangistas quemaron miles de libros de sus almacenes por encontrarlos contradictorios a la Censura, todas las existencias de las colecciones de la Historia de Las Religiones y la Mitología Universal, los libros sagrados de los muertos de los Egipcios y Tibetanos, las traducciones de El Corán, El Avesta de Zoroastrismo, Los Vedas (hinduismo), las enseñanzas de Confucio y El Mito de Jesús de Georg Brandes, entre otros.

Aparte de los libros religiosos y políticos, los falangistas quemaron otras colecciones como Los Grandes Hitos Del Pensamiento. Ardieron 40.000 ejemplares de La Crítica de la Razón Pura de Kant, y miles de libros más de la filosofía y la literatura clásica universal. La pérdida de su negocio fue un golpe tremendo, el fin de tantos esfuerzos y el sustento para él y su familia…fue una gran pérdida también para el pueblo español.

Protegido por General Mola y exiliado a Francia

Cuando General Emilio Mola, jefe del Ejército del Norte nacionalista y amigo de Bergua, recibe el telegrama de su detención en Getafe intercede inmediatamente para evitar su fusilamiento. Le fue alternando en cárceles según el peligro en cada momento porque los falangistas iban a buscar a los "rojos peligrosos" y los llevaban en camiones a las afueras de las ciudades para fusilarlos.

¿El General y "El Rojo"? Su amistad venia de cuando Mola había sido Director General de Seguridad antes de la guerra civil. En 1931, tras la proclamación de la Segunda República, Mola se refugió durante casi tres meses en casa de Bergua y para solventar sus dificultades económicas Bergua publicó sus memorias. Mola fue encarcelado, pero en 1934 regresó al ejército nacionalista y en 1936 encabezó el golpe de estado contra la República que dio origen a la Guerra Civil Española. Mola fue nombrado jefe del Ejército del Norte de España, mientras Franco controlaba el Sur.

Tras la muerte de Mola en 1937, su coronel ayudante dio a Bergua un salvoconducto con el que pudo escapar a Francia. Allí siguió traduciendo y escribiendo sus libros y comentarios. En 1959, después de 22 años de exilio, el escritor regresó a España y a sus 65 años comenzó a publicar de nuevo hasta su fallecimiento en 1991. Juan Bautista Bergua llegó a su fin casi centenario.

Escritor, traductor y maestro de la literatura clásica, todas sus traducciones están acompañadas de extensas y exhaustivas anotaciones referentes a la obra original. Gracias a su dedicado esfuerzo y su cuidado en los detalles, nos sumerge con su prosa clara y su perspicaz sentido del humor en las grandes obras de la literatura universal con prólogos y notas fundamentales para su entendimiento y disfrute.

Cultura unde abiit, libertas nunquam redit.
Donde no hay cultura, la libertad no existe.

El Editor

PROLOGO

EL PAIS DE LOS «HIJOS DEL CIELO»

No se sabe nada sobre los orígenes de la China. La cronología no ofrece seguridad alguna sino a partir del siglo VIII antes de nuestra era. Los chinos, divididos en pequeños principados feudales, ocupaban entonces la cuenca media del río Amarillo, rodeados por todas partes de bárbaros. Los señores reconocían la autoridad de los «Hijos del cielo», reyes de la dinastía Tcheu, que habían sucedido, según parece, a las dinastías Hia y Yin. Del siglo VIII a. de C. al VI a. de C., varios Estados feudales trataron de obtener la supremacía. Del siglo V a. de C. al siglo II a. de C., la lucha se circunscribió entre dos de ellos: Ts-in y Tch-u. En el siglo III a. de C., Ts-in realizó la unidad de China, creó el Imperio y empezó la lucha contra los Hiong-nu. A partir de este momento se sucedieron diversas dinastías imperiales. Los Han (siglo II a. de C., II d.C.) acabaron la unificación del Imperio y colonizaron toda la cuenca del río Azul; tras destruir el poder de los Hiong-nu, se pusieron en contacto con los tibetanos y establecieron relaciones con diferentes pueblos de Asia Central. En esta época fue cuando el budismo se introdujo en China.

Los Tang (siglos VII al IX), tras rehacer la unidad del Imperio, que había vuelto a dividirse en numerosos principados, lucharon contra los turcos y conquistaron la mayor parte de Asia, hasta la Dzungaria; pero luego fueron vencidos por una coalición de árabes y tibetanos. Por entonces, el comercio chino penetró profundamente en Europa por el camino de la seda y por las vías marítimas. Tras un período aún de feudalismo disgregante, los Sing (960–1280) gobernaron en toda la China; pero, vencidos por los tártaros, tuvieron que refugiarse en la China del Sur; los tártaros fueron vencidos, a su vez, por la invasión mongola. Con la dinastía de los Yuan, efímera dinastía mongola, coincidió una larga expansión política y comercial, y fue entonces, cuando la China se abrió a los extranjeros y a la propaganda cristiana. Una reacción nacional trajo al poder a la dinastía de los Ming, que fueron reemplazados por otra dinastía extranjera: la de los Tsing (1644–1912).

Los primeros emperadores de esta dinastía volvieron a emprender la conquista del Asia Central; pero sus sucesores fueron molestados por los progresos rusos en Siberia y la llegada y establecimiento al sur, con pretextos culturales y de protección (comerciales y coloniales en realidad), de diferentes Estados europeos. Vencidos por Inglaterra, Francia y el Japón, que resucitaba rápidamente, tuvieron que ceder la soberanía de Anam, Corea y Formosa y abrir a los extranjeros las puertas del resto del Imperio (1839–1895), y con todo ello encender el avispero.

Un movimiento nacionalista (el asunto llamado de los «Boxers», 1898–1900) contra los intrusos extranjeros que se habían hecho conceder por la fuerza diversos territorios chinos en una especie de arriendo, originó la intervención de ocho naciones, entre ellas el

Japón, para quien aquel vecino enorme, blando y sin organización ni fuerza, era bocado fácil y apetitoso; terreno ideal para su expansión (1).

La guerra ruso-japonesa, que tuvo lugar, por cierto, en territorio chino, dio ocasión al establecimiento de los japoneses en Manchuria y Corea. Tanta humillación y desastre hizo impopular a la dinastía reinante, ocasionando la revolución al sur, en Cantón, dirigida por Sun Yat-sen, médico chino, educado en Europa, protestante y socialista, y la proclamación de la República. El norte, tras el suicidio de Yuan Che-kai, que de virrey se había erigido en emperador, comenzó un período de dictaduras militares y de anarquía, que no acabó sino cuando Tchang Kai-chek, sucesor de Sun Yat-sen, muerto en 1925, entró en Pekín (1928) y se hizo proclamar presidente de la República.

Luego fue la ocupación de Manchuria por los japoneses en 1931, la de la provincia de Jehol en 1932 y la formación del Estado independiente del Manchukuo, al frente del cual los invasores pusieron a un rey fantasma: a Pu-Yi, heredero destronado de la caída dinastía Mandchu. Resultado de todo ello: la guerra chino-japonesa, en la que este país no pudo obtener un triunfo definitivo a causa de la ayuda eficaz y descarada prestada a los chinos por Inglaterra, los Estados Unidos y la U.R.S.S.

En 1941, China declaró la guerra al Eje (Alemania, Italia, Japón) y luchó junto a los aliados en Birmania. La derrota de los japoneses devolvió a los chinos cuantos territorios les habían arrebatado aquéllos; pero al mismo tiempo estalló la rivalidad entre el partido comunista (que había aprovechado las luchas y desórdenes anteriores de su país para organizarse poderosamente, apoyado por la Rusia soviética) y el nacionalista de Tchang Kai-chek. Dueños los comunistas de la China del Norte desde 1947, continuaron progresando, y en 1949, tras apoderarse de Shanghai y amenazar Nankín, obligaron a Tchang Kai-chek a refugiarse en Formosa.

Al punto se inició la supremacía de Mao.

LAS PRIMERAS MISIONES EN CHINA

Como dicho queda, fue la dinastía mongola la que abrió el misterioso país de Oriente a los extranjeros, y con ello, a la propaganda cristiana. Recuérdese que Marco Polo (1254–1323) llegó a China, luego de haber atravesado Badakhchan y el desierto de Gobi, siendo recibido favorablemente por el Gran Khan (Kublai-khan), de cuya personalidad, corte, grandeza y dominios hizo tan brillante y fabulosa relación en su libro. Pero esta primera propaganda cristiana, empezada con los mongoles por misiones tanto católicas como protestantes, se vio pronto interrumpida, no volviendo a iniciarse seriamente sino a principios del siglo XVII, desde cuya época ha continuado de una manera regular, bien que con suerte varia, hasta el advenimiento de la República china, en que pudo intensificarse gracias a la proclamación por el nuevo Estado de la libertad de cultos. Actualmente, con el comunismo, parece haber entrado en una fase menos favorable. Pero dejemos esto, mal conocido aún, para ocuparnos de algo de mucho interés; es decir, del estado social y religioso del enorme Imperio de los «Hijos del Cielo» cuando los misioneros jesuitas, a principios del siglo XVII, volvieron a pisar el suelo del Celeste Imperio.

LA GRAN SORPRESA

China fue siempre un pueblo, o reunión de pueblos, misterioso para los europeos. Si hoy mismo no se sabe gran cosa de la evolución que en él se está realizando, antes de su «comunización» no estábamos tampoco mucho mejor informados. Durante siglos, el Lejano Oriente estuvo totalmente aislado de los focos de civilización occidental. Ni la guerra y el comercio, medios de comunicación por excelencia entre los pueblos, a los que, como a los hombres, nada les mueve tanto como el interés, pudieron quebrantar su aislamiento. Grecia y Roma no parece que tuvieron, o apenas, contacto con el remoto Imperio de los «Hijos del Cielo». Alejandro detuvo sus conquistas muy lejos de sus fronteras de entonces. Fue preciso llegar al siglo XIII, en época de la primera dinastía mongola, para que el remoto y misterioso país empezase al fin a hacerse permeable a la curiosidad europea. Entonces, algunas informaciones inciertas de comerciantes audaces y, sobre todo, los interesantísimos y seguramente exagerados relatos de Marco Polo, empezaron a descorrer un poco el velo que durante tantos siglos había envuelto aquellos nebulosos países lejanos. En fin, en el siglo XVII y siguientes, la audacia, valor y tesón de las misiones, la incontenible expansión comercial, el avance ruso en Siberia, la rapacidad del Japón naciente y las codicias e insolencias europeas en busca de mercados, permitieron descorrer con alguna amplitud el velo que envolvía a la misteriosa esfinge. Velo que ha vuelto a caer no menos espeso desde que el comunismo ha clavado su garra en aquel país.

Pero aquellos ardientes misioneros jesuitas del siglo XVII, ¿qué encontraron, cómo vieron al pueblo chino, en el que tan audaz y valerosamente pusieron sus plantas al comenzar el mencionado siglo? Si juzgamos por ayer mismo (y puede hacerse sin temor a errores graves, dado el mortecino evolucionar hasta hace poco de este pueblo), verían y encontrarían, como fácil es imaginar, un extraño hormiguero humano, víctima físicamente del hambre, de la desigualdad social y de la miseria; espiritualmente, un rebaño oscuro, sumido en cultos extraños, mágicos y supersticiosos, al que unos cuantos mandarines, déspotas e insolentes, imponían su férula arbitraria. Verdadera manada de esclavos, regidos caprichosamente por gobernadores dependientes de un soberano tan misterioso como ridículo e inaccesible. Un pueblo inmenso, cuya religión o religiones eran una mezcla absurda y disparatada de ceremonias extrañas, sacrificios torpes, cultos brujos y pagodas llenas de bonzos pedigüeños e ignorantes y de ídolos grotescos. Un país ideal, en fin, para ser instruido, redimido y liberado.

Y luego, poco a poco, a medida que los portadores de la nueva fe fueron aprendiendo el idioma y conociendo verdaderamente almas y país, sus costumbres y, sobre todo, su pasado, ¡la gran sorpresa!

Es decir, la serie de sorpresas sucesivas que les fueron enseñando: primero, que aquel pueblo, tan necesitado de ayuda, aquel pueblo hambriento y atrasado, había sido la cuna de la civilización humana; segundo, que sus religiones habían tenido como base otras de una sabiduría y de una moral asombrosamente perfectas. En fin, que jamás una doctrina religiosa conserva mucho tiempo su pureza original, sino que pronto, al contrario, se desfigura y torna imposible de reconocer a causa de su mezcla con los restos de los elementos atávicos de las religiones precedentes; de tal modo, que en el transcurso de los tiempos sus adeptos acaban por poner «religiosamente» en práctica, o sea con todo celo y buena fe, preceptos diametralmente opuestos y hasta contrarios a los de su fundador.

Por muy dichosos, en efecto, se debieron de dar aquellos buenos misioneros, de que la casualidad hubiese hecho nacer en China sabios de una inteligencia tan clara y de un espíritu tan noble y tolerante cual los fundadores de los sistemas religiosos y morales seguidos por los hombres que pretendían evangelizar, pues de otro modo diversa hubiese sido su suerte y muy distinta la afable acogida que obtuvieron.

¿Quiere esto decir que las ideas admirables de aquellos sabios ilustres siguiesen enteramente en vigor? Evidentemente, no, puesto que, siendo los ideales de los pueblos lo que más contribuye a su grandeza, y dominando siempre a las otras naciones aquellas que poseen los ideales más elevados, no hubiese podido el pueblo chino llegar al estado de decadencia y abatimiento espiritual y material en que le encontraban, de haberse conservado intacta la grandeza del tesoro moral de aquellos antiguos filósofos.

Pero veamos un poco estos sistemas religiosos a que hago referencia, cuya tolerante moral permitió a los misioneros jesuitas empezar a batir en brecha, sin grave perjuicio personal para ellos, lo que los hombres suelen defender de ordinario con más fanático tesón: sus creencias religiosas.

LAS RELIGIONES DE CHINA

Cuando las doctrinas de los Evangelios empezaron a intentar abrirse paso en el Imperio chino, había en este vasto país tres religiones oficiales o, si se quiere, tres manifestaciones diferentes, puesto que las tres se completaban, de la religión admitida, a saber: el confucismo, el taoísmo y el budismo. Las dos primeras, originarias del país; la última, importada, bien que ya perfectamente aclimatada y admitida desde el siglo I de nuestra era.

Digo que se completaban porque cada una de ellas por sí sola no era capaz de satisfacer esa inquietud espiritual, mezcla de temor, duda, interés y esperanza que hace a las criaturas religiosas. Temor y duda de que la muerte no acabe con las sensaciones; interés y esperanza de obtener algo bueno en el más allá; y, por ello, el tratar de atraerse, mediante preces y ofrendas, el favor de los seres a los que temen y de los que esperan.

El confucismo, filosofía más que religión propiamente dicha, sólo hubiese bastado para aquellos que, seguros de la fuerza de sus creencias, cruzaban la vida protegidos por una serena calma estoica. Los perseguidos, en cambio, por dudas ultraterrenas hallaban un bálsamo consolador en las doctrinas metafísicas del budismo. Los aún más perseguidos por los temores de lo desconocido, por las tinieblas del más allá y por la duda de lo que pudiera existir tras la muerte, éstos encontraban en los dogmas taoístas con qué dar paz a su espíritu atormentado.

¿Cómo y en qué proporción estaban (y están aún) repartidas las tres creencias?

Preciso es reconocer, ante todo, que siempre, en el transcurso de los siglos, el confucismo fue la doctrina predominante en la corte y entre los hombres letrados. Como es preciso declarar que si budismo y taoísmo fueron constantemente tolerantes con su rival, éste no se mostró asimismo tan transigente, bien que sus persecuciones no adquiriesen jamás el grado de fanatismo y de crueldad de las persecuciones religiosas en Occidente. Y ello, sin duda, porque, siendo el confucismo, como dicho queda, más bien filosofía que religión, jamás una filosofía empuja a sus adeptos a persecuciones implacables. Además, si en Occidente las guerras políticas fueron siempre sostenidas por violentos celos religiosos, en China, por el contrario, se ha sabido dar carácter religioso, para justificarlas, a la mayor parte de las luchas políticas (2).

Todo ello daba como resultado que si los letrados confucistas despreciaban el budismo, el taoísmo y a su clero, muy inferior a ellos en cultura, el pueblo, sin hacer una distinción especial entre las tres creencias, usaba las tres religiones, aplicando los preceptos de cada una como mejor convenía a cada circunstancia y a cada momento. Así, el dicho chino «las tres religiones no hacen sino una» era la regla general, regla que permitía a cada uno ir al templo que más le plácia (3).

Por supuesto, ni Confucio ni Laotsé, padre del taoísmo, fueron verdaderos fundadores de religiones. Cuanto hicieron, como Sakiamuni, fue modificar y adaptar a nuevas condiciones de vida y a otras necesidades espirituales sistemas religiosos ya anticuados. Las religiones, como todo lo humano, son hijas del tiempo y del espacio: en éste nacen y en aquél mueren. Confucio, al infundir nueva vida a la envejecida sabiduría antigua del pueblo chino, tomó la vía político-religiosa; Laotsé, la ascético-mística (4). Pero si el confucismo había degenerado en el transcurso de los siglos, en el taoísmo no prendió menos pronto el antiguo animismo espiritualista y mágico que en China, como en todos los pueblos, fue la primera religión organizada (5).

De donde resulta que la religión que encontraron aquellos animosos misioneros del siglo XVII al llegar a China, la religión dominante en el país entonces, como ahora (6), fue una mezcla de las tres grandes doctrinas implantadas sobre la primitiva magia religiosa, de cuyas supersticiones tan sólo los letrados confucistas superiores han estado siempre alejados.

Ahora bien, las tres religiones implantadas sobre la primitiva magia ¿eran las de aquellos tres hombres eminentes?

En modo alguno. Lo que hallaron fue una torpe amalgama del antiguo animismo espiritualista y mágico con las doctrinas ya muy degeneradas y modificadas de los tres fundadores. Amalgama en la que predominaban las prácticas mágicas, que no eran, en realidad, ni confucistas ni taoístas, sino que constituían una mezcla de ambos cultos a lo que se añadían prácticas budistas. Tal era la religión del pueblo y del letrado medio confucista, lleno también de supersticiones, a las que los taoístas se entregaban asimismo.

Es decir, que el confucismo aquel, lejos de ser el culto moral de otros tiempos, se entregaba a un animismo que permitía la adoración de dioses y demonios. Entre aquéllos estaba el Cielo, divinidad suprema y que no era en modo alguno el lugar reservado a los justos tras la muerte, sino que se tomaba esta palabra en un sentido más lato al que daban los misioneros católicos a la palabra Providencia; pero sin unir a ella ninguna idea personal.

Por supuesto, la religión de Confucio siempre tuvo sus raíces en el animismo. En aquel animismo primitivo, que fue la primera religión propiamente dicha de China; animismo que inculcaba el culto de las fuerzas de la Naturaleza y el de los espíritus que mandaban en los fenómenos naturales (7); espíritus, claro está, que dependían, a su vez, de un Soberano Supremo personal, que gobernaba la creación entera. Más tarde, la idolatría búdica y el culto taoísta a los héroes movieron a canonizar a los guerreros y a los hombres de Estado (8), lo que, unido al culto en honor de los muertos y a los sacrificios, daban aquel caos religioso, tan distinto de las primitivas doctrinas de Laotsé y de Confucio.

En resumen, el confucismo comprendía entonces, cuando los misioneros del siglo XVII, cual comprende aún hoy, además de la forma muy degenerada del primitivo culto aconsejado y seguido por Confucio mismo, el culto a él mismo y a algunos de sus discípulos (9). El taoísmo veneraba a sus divinidades y observaba las prácticas de su escuela, muy degeneradas a su vez, pues tras haber abandonado la búsqueda de lo absoluto y de la inmortalidad, se daba, y sigue dándose, a la brujería, a la taumaturgia y a la práctica y culto de la magia anterior a Laotsé y a Confucio. Añádase a esto las prácticas budistas, muy particularmente sus oficios por los muertos, y las seguidas por una decena de millones de musulmanes, y tendremos completo el cuadro religioso que hallaron al llegar a China aquellos misioneros jesuitas. Que, por cierto, una vez versados en la lengua y ya conocedores de la obra y méritos de los dos grandes sabios, muy particularmente de Confucio; admirados de su sorprendente y profunda sabiduría, de sus enseñanzas tan morales y perfectas y al darse cuenta de que, gracias a él, que había recogido en sus libros los documentos más antiguos de la historia del Mundo, la civilización china podía considerarse como la primera no solamente en origen, sino en perfección; en fin, ante la alta razón y sentido eminentemente moral que presidía la obra del gran Maestro, propusieron al Papa de Roma que le incluyese entre los Santos de la Iglesia.

No fueron escuchados, claro; pero el gesto fue generoso y noble. Ir a enseñar y encontrarse que tenían que aprender; a llevar cultura y enfrentarse con otra que moralmente no podían sobrepujar; portadores de civilización y tener que detenerse ante otra más avanzada, y reconocer todo esto e inclinarse ante ello, fue justo y fue hermoso. Porque, en efecto, ¿dónde encontrar, fuera del «Chu-King», ideas más puras sobre la divinidad y su acción continua y benéfica sobre el Mundo? ¿Dónde una más elevada filosofía? ¿Dónde que la razón humana haya estado jamás mejor representada? ¿En qué libro sagrado de cualquier tiempo, máximas más hermosas? ¿E ideas más nobles y elevadas que en el «Lun-Yu», ni una filosofía como la de las «Conversaciones», que, lejos de perderse en especulaciones vanas, alcanza con sus preceptos a todas las ocasiones de la vida y a todas las relaciones sociales, y cuya base primordial es la constante mejora de sí mismo y de los demás?

He aquí por qué Confucio, tras él, Mencio (10), y más tarde Tchu-hi (11) deben ocupar puestos preeminentes entre los genios que an iluminado con su brillo el camino de la humanidad, guiándola por la senda de la civilización y del verdadero progreso.

Mientras que otras naciones de la tierra levantaban por todas partes templos a dioses imaginarios (a animales muchas veces) o a divinidades imposibles, brutales, crueles y sanguinarias, es decir, a su imagen, los chinos los erigían en honor del apóstol de la sabiduría y de la tolerancia, del gran maestro de la moral y de la virtud: Confucio.

Veamos quién era y cómo era este gran hombre, a quien la admiración de sus compatriotas llevó a los altares.

LA VIDA

Kung-Fu-Tsé (12) vio la luz, según se dice, el décimo mes del año 552 a. de C. (13). Su padre, Schu-Liang-Ho, antiguo guerrero, viejo ya y temiendo morir sin sucesor varón que continuase celebrando el culto a los antepasados, pues de su mujer legítima no tenía sino nueve hijas (14), repudió a ésta y solicitó en matrimonio a una de las tres herederas de otra familia honorable: de cierto caballero de la casa de Yen. Este reunió a sus hijas y las hizo saber el propósito y cualidades del setentón, y ante el silencio elocuente de sus hermanas, la más pequeña aceptó la carga. Meses después nacía el futuro maestro, que fue denominado primeramente Kin (15).

A propósito de su infancia se dice que gustaba entretenerse imitando las ceremonias rituales y limpiando y ordenando cuidadosamente las vasijas destinadas a los sacrificios (16). Fuera de este detalle, todo lo relativo a sus primeros años ha pasado sumido en un razonable silencio (17).

A los diecinueve años contrajo matrimonio y, como era pobre, tuvo que aceptar para poder vivir varias colocaciones subalternas, en las que pronto se hizo notar a causa de su escrupuloso celo en el cumplimiento de sus obligaciones (18). Este celo, unido a la inteligencia y buen juicio que demostró en la administración de sus cargos, debieron atraer ya sobre él la atención pública. Las diferencias y querellas entre los proveedores de granos y los pastores, con los cuales tuvo que tratar, debieron darle ocasión más de una vez para que demostrase, interviniendo, cualidades de sensatez, prudencia, buen juicio y rectitud, que empezaron a labrar en torno suyo la aureola de sabio, que ya no hizo sino crecer de día en día. Por su parte, pronto debió comprender claramente cuán necesario era en una época tan revuelta y turbada cual en la que vivía, simplificar el enmarañadísimo tinglado de la moral y enseñanzas tradicionales, y sintiéndose con ánimos para llevar a cabo tan ardua labor, se aplicó al estudio, con la esperanza de hacer llegar al pueblo la esencia y virtud de aquella ciencia antigua que tal cual estaba no comprendían. Y fue por entonces, en plena juventud y en pleno ardor, cuando tuvo el atisbo genial de enunciar su «regla de oro», la sublime máxima sobre la que tantas veces se ha vuelto después: «No hagáis a otros lo que no quisierais que os hiciesen a vosotros mismos» (19).

De su vida privada se sabe muy poco. De su mujer, nada o casi nada. Tuvo con ella un hijo y dos hijas. El hijo murió el año 482, año particularmente funesto para Confucio, puesto que la muerte le arrebató también a Yan-Hui, su discípulo predilecto, el que mejor le comprendía (20). En cambio, el hijo de Confucio no tenía la grandeza de su padre; parece ser que era tranquilo y poco sobresaliente. Murió a los cincuenta años, tras haber vivido inadvertido. Dejó un hijo de treinta, llamado Tsi Si, que llegó a ser, tras la muerte de su abuelo, un jefe de escuela estimable.

El matrimonio de Confucio no duró sino cuatro años. La ruptura debió de tener lugar de un modo efectivo, y por causa, la larga ausencia de Kungtsé con motivo de la muerte de su madre.

En efecto, Confucio, siguiendo la costumbre de su época, que obligaba a los hijos a un prolongado retiro cuando morían sus padres, permaneció recogido durante veintisiete meses, y seguramente entregado a la meditación de sus planes futuros, al morir su madre, a la que, por lo visto (debía de ser una mujer delicada e inteligente), le unía un afecto singular. La enterró junto a su padre, en Fang. Por el «Libro de los Ritos» y por uno de los libros de las «Conversaciones» se tienen noticias bastantes precisas de todos estos sucesos (21).

Acabado el duelo empezó su verdadera vida de maestro. Con su mujer no volvió a tener relación alguna; con otra mujer cualquiera, tampoco. Toda su vida no fue ya sino ejemplo y enseñanza. Y peregrinación de un Estado a otro, ofreciendo sus servicios, sus consejos y su ejemplo.

En realidad, poco después de su matrimonio había empezado ya a enseñar y a tener discípulos, pese a su temprana edad (veintidós o veintitrés años), porque su sabiduría, según se cuenta, era muy grande. Pero, tras el retiro, su existencia entera no fue ya otra cosa. Tanto más cuanto que entonces pudo hacer beneficiar a los que le seguían, cuyo número aumentaba incesantemente (se cuenta que llegó a tener 3.000 discípulos), del fruto de sus meditaciones junto a la tumba de sus padres.

Las enseñanzas de Confucio, sin contar las ocasiones que su vida errante le ofrecía de decir y aconsejar, comprendían conocimientos fijos a propósito de historia, literatura, moral y, sobre todo, música y política. Hasta él podían llegar y ser sus discípulos no solamente los hijos de las familias ricas, sino los pobres. Amor hacia la virtud y espíritu de trabajo era cuanto exigía para ser seguido. El secreto de su éxito estaba, por lo demás, tanto en su palabra como en su ejemplo (22). Como Sócrates, Confucio debía de ser uno de esos hombres de tan certero juicio y perfecta honradez cívica, de tan austera moral y tal pureza de vida, de costumbres tan equilibradas y sanas, que se buscaba con avidez su compañía y su consejo. Por otra parte, su talento natural y su innato conocimiento de los hombres le habían dado sin duda desde muy pronto, esa experiencia de la vida que de ordinario tan sólo se consigue a fuerza de tiempo, de dolores y de desengaños. Todo ello, unido a su certero instinto pedagógico, hacía de él un maestro perfecto. Además, un fondo de segura razón y un perfecto equilibrio espiritual que le hacían huir siempre tanto de lo sobrenatural como de lo revolucionario y violento, su delicadeza de sentimientos y su profunda humanidad, hacían de él un refugio tan placentero como razonable y seguro (23).

Por entonces, tendría Confucio treinta años, puede situarse su gran viaje a Lo, capital del antiguo reino Tschu (24), viaje que le permitió, entre otras grandes emociones, conocer a Laotsé o Lao Tan, que era a la sazón bibliotecario de la corte y que gozaba de grandísimo prestigio (25).

Laotsé, que no creía en los dioses ni en los seres sobrenaturales, dio sabios consejos a su visitante (26). Tras esta entrevista viene un período de cerca de veinte años, durante los cuales el maestro viaja, enseña y se pone en contacto con diferentes príncipes, en cuyas rivalidades y querellas interviene, solicitado por ellos. Cierto que, en general, de modo no muy fructuoso, pues nada más arisco a los ambiciosos y violentos que los consejos prudentes. Y doblaba ya los cincuenta cuando el príncipe de Lu le hizo, primero, ministro de Trabajos Públicos (27), y un año más tarde, ministro de Justicia (28). En este cargo sus ideas se revelaron no menos prácticas que en el anterior, y sus procedimientos de administración de justicia dieron resultado excelente (29).

No obstante, Confucio no ejerció el cargo sino cuatro años. Cuando en el vecino Estado de Tsi supieron que había sido elevado a tan importante puesto, temiendo que, gracias a sus consejos, el país que los recibía se engrandeciese demasiado, llenos de recelo y de temor, pues nada más peligroso para el débil que la proximidad del fuerte, decidieron anularle. Es decir, contrarrestar su obra de rectitud y depuración de costumbres. Y escogiendo para ello una compañía de ochenta danzarinas diestras no solamente en tocar toda clase de instrumentos sino en las artes de seducción, se las enviaron al duque de Lu, sabiendo muy bien cuál era el flaco de este príncipe. Y, en efecto, no tardó el libertino en abandonar con alegría la severa vida a que Confucio le había constreñido con sus consejos y ejemplos, para entregarse de nuevo a los placeres carnales y a toda suerte de desarreglos y extravíos. Entonces, Confucio, al ver, tras varios días en que inútilmente trató de obtener audiencia de su soberano, que cuanto había hecho durante muchos meses se había venido al suelo, abandonó su cargo y hasta el país, y se marchó desilusionado y decidido a no ofrecer sus servicios sino a un hombre íntegro, si le encontraba. Luego, tras trece años de buscar en vano, volvió a Lu. Pero, en vez de entrar otra vez al servicio del duque, dedicó el tiempo que le quedó de vida, de sesenta y ocho a setenta y dos años, a continuar su magna labor de extractar los textos clásicos. Al comenzar el verano del año 479 se extinguió la vida terrenal del maestro. Parece ser que ciertos ensueños que tuvo le anunciaron su próximo fin y le prepararon a él. Según se afirma, se vio en ellos sentado en el templo entre pilastras rojas. También se dice que una mañana se levantó al alba y paseó por el patio, cantando, dificultosamente: «El taischan se derrumba, la viga se rompe, el sabio termina su vida.» Luego volvió a su habitación y guardó silencio. Tsi Kung le preguntó qué significaba su canción. Entonces Confucio, tras referirle su sueño, añadió: «No veo ningún rey sabio. ¿Quién podría escucharme? ¡Tengo que morir!» Luego se acostó en su lecho y tras lenta agonía, que duró siete días, acabó (30).

EL HOMBRE

Cuando hoy, al cabo de veinticinco siglos, pensamos en Confucio y en su obra, lo primero que nos viene a la imaginación es el viejo dicho: «Nadie es profeta en su patria.» Inmediatamente, que así como la vida aparece fatalmente allí donde las condiciones de existencia son favorables o desaparece si las circunstancias y el medio le son adversos, del mismo modo los grandes hombres, los conductores de la humanidad, surgen como algo imprescindible y necesario en medio de las grandes crisis sociales. Es decir, cuando las condiciones de la vida social son tan críticas, que la aparición de un cerebro salvador se hace absolutamente necesaria. Diríase que una ley fatal y superior, una ley de necesidad inevitable, les obliga a nacer, como a la vida misma.

Confucio surgió en medio de uno de los períodos más turbulentos de la historia de su patria (31). El país, en pleno feudalismo, era una serie de ducados o principados, cuyos señores, más fuertes que el soberano nominal, vivían en plena disputa, tratando de medrar a costa de los vecinos inmediatos. Ministros, aún más ambiciosos y venales que ellos mismos, les empujaban a una existencia de engaño, de lucha y de rapiña. En tales condiciones de mando, el pueblo no era sino un rebaño de esclavos, destinado a agotarse bajo el látigo de los recaudadores de impuestos, cuando no eran arrancados de los campos y obligados a combatir, sin provecho alguno para ellos, en pro de verdaderos tiranos (32).

Ante tal estado social, ¿qué se propuso Confucio con sus enseñanzas y qué resultado obtuvo? No es difícil responder a ambas cuestiones. El fin que se proponía Confucio era, ante todo, la renovación del Estado. Fin doble, en realidad: político y moral. Políticamente, volver a la antigua edad de oro, al antiguo esplendor y autoridad de las pasadas dinastías. Moralmente, empujar a los hombres que dirigían, a aquella serie de tiranos sin fe ni ley, a las antiguas virtudes de otros tiempos. Y a los que obedecían, a las víctimas, pues la renovación social para ser completa había de ser total, a una mayor perfección asimismo, y con ello, a una vida mejor.

¿Cuál fue el resultado de sus esfuerzos? Nulo. Al menos por el momento. Como el de todos los reformadores pacíficos. Que es norma universal del hombre vulgar, no entender, no plegarse, no querer incluso sino una sola ley: la fuerza. Por ello, Confucio, si cierto es que siempre estuvo rodeado de un nutridísimo grupo de discípulos que le admiraban y le seguían, no es menos cierto que ni los altos ni los bajos le comprendieron. Los príncipes, porque si su talento y experiencia les fue útil en algunas ocasiones, como maestro y como filósofo seguramente no pasó para ellos de ser un visionario pedante, imbuido de ideas arcaicas imposibles de aplicar. En cuanto al pueblo, el pueblo impulsivo e irrazonable, como los niños, no sonríe sino al que le da, ni cede sino ante el que le castiga. Y Confucio era un ejemplo, un libro; no un látigo.

Como hombre, además, un ser que hoy no podemos, menos de encontrar algo extraño.

En efecto, leyendo el capítulo décimo de las «Analectas», donde están expuestas sus costumbres, nos le imaginamos como un personaje aferrado a un formalismo que forzosamente tiene que parecernos exagerado. Autómata de las viejas costumbres de su país, ni en público ni en privado se permitía contravenir a aquella especie de cortesía ritual, que era para él como el atrio de su moral y la antesala de su filosofía. Meticuloso en grado sumo ante los demás, no lo era menos consigo mismo hasta en los actos más corrientes de la vida. Por ejemplo, respecto al modo de tenderse en el lecho para descansar. En el libro X, capítulo 9, de las «Analectas» leemos: «No se sentaba sobre estera de no estar colocada convenientemente.» Este rigorismo formulista le empujó, pese a ser amable y bueno, a envolverse siempre en una reservada dignidad que le alejaba de toda familiaridad incluso con las personas de su familia (33). Tal manera de ser y de proceder induce a pensar que tal vez no es exagerado afirmar que su familia descendía de la antigua casa real de Yin, monarcas que reinaron en el Estado de Sung; pues sólo a causa de una larga tradición de orgullosa y raras veces justificada superioridad, se pueden alcanzar gustos tan exageradamente remilgados. Cierto que una necia emulación en los tontos de capirote produce con frecuencia los mismos efectos. Pero éste no era el caso de Confucio.

Ni que decir tiene que si era formalista en su manera de obrar era porque tal modo de ser correspondía en él a sus concepciones de la dignidad personal y a sus ideas morales y mentales. La palabra «formalismo» concreta, pues, no tan sólo su modo de obrar sino su carácter.

En efecto, dueño enteramente de sí mismo, esclavo de sus deberes a la práctica de los cuales, práctica rigurosísima, escrupulosísima, unía una urbanidad y una cortesía que hacía profunda impresión no solamente en sus discípulos, sino en quienes ocupaban una posición más elevada que la suya, fue siempre lo que en otra época hubiera podido calificarse de caballero perfecto. Tanto más cuanto que una depuradísima idea del honor y de la dignidad propia, le impidió siempre, que ni esta cortesía ni el respeto que debía a sus superiores sociales, degenerase en servilismo. Precisamente tal vez uno de sus mayores méritos fue éste: conservar una vida pura, limpia y elegante en medio de una generación, muy especialmente en las clases elevadas que frecuentaba, tan profundamente corrompida (34).

De ésta su manera de ser puede deducirse el carácter de sus enseñanzas. Así, su moral es, como tenía que ocurrir, excelente y práctica; pero también seca, rígida, sin contacto alguno con lo imaginativo y sentimental (35). Ello no le impidió ser el verdadero apóstol de la ética de su país, y por ello, de la nueva religión (36). Sus cinco virtudes cardinales eran la bondad, la equidad, el decoro (decencia), la prudencia (sabiduría) y la sinceridad. El príncipe debía de ser el modelo de estas virtudes. La moralidad y las ceremonias religiosas, las grandes panaceas contra las enfermedades sociales. Los deberes respecto a los padres, sagrados. El respeto hacia los mayores, conveniente y necesario. El adulterio, el más grave de los pecados. La lealtad con el príncipe y con los amigos, una obligación inexcusable. La rectitud, el dominio de sí mismo, la cortesía y la moderación, cualidades esenciales. Ni la riqueza ni los honores, comparables al carácter moral. Todas las ventajas materiales, nada al lado de una sólida instrucción y una perfecta moralidad. Lo que daba valor al hombre, no la riqueza, sino la virtud. Los prejuicios, preciso siempre desembarazarse de ellos y juzgar con imparcialidad. Fiarse, tan sólo de los hombres virtuosos. Los habladores, poco seguros. En una palabra, el «summun bonum» de Confucio no era el placer, los honores y las riquezas, sino la virtud, la cual sólo se adquiría a fuerza de energía y de voluntad (37).

Sí, no hay más remedio que reconocer que Confucio fue un admirable moralista. También y por ello mismo que su verdadero papel fue el de maestro. Pero no maestro teórico, sino vulgarizador. Profesor más que teólogo.

Confucio fue, ante todo, un vulgarizador. Un hombre de acción dentro de los límites sanos de la virtud y de la sabiduría. Como Sócrates, que tanto se le parece. Todos los jefes religiosos, por supuesto, lo han sido. Pero si juzgamos por el número de los que han sufrido la influencia de las máximas vulgarizadoras de un maestro, ninguno ha ejercido tanta influencia como él ni ha sido tan escuchado como él.

Por su parte, de cuantos motivos constituían sus enseñanzas, la política era, como ya he indicado, a lo que daba preferencia. La religión no la consideraba sino como un medio, mientras que el arte de gobernar era para Confucio el soberano y verdadero fin. En lo que afectaba a la religión, limitábase, como dicho queda también, a no oponerse ni hacer objeciones a lo acostumbrado en este dominio, bien que se negase obstinadamente a toda discusión sobre lo desconocido; todo exactamente como Sócrates. En cambio, el estudio de los medios para conseguir un buen gobierno fue la preocupación dominante de su vida. Tanto, que si alguno de sus discípulos se distinguía por sus cualidades administrativas o su talento oratorio, le estimaba muy particularmente. Y en esto precisamente se diferenciaba del otro gran reformador de su tiempo: Laotsé. Confucio jamás hubiese dicho, como él, que «retirarse en la oscuridad es la vía del cielo» («Tao-Te-King», IX, 2), pues, para Kungtsé, la verdadera vía era y fue, buscar un buen método de gobierno. Un gobierno práctico y capaz de restablecer el orden y acabar con la anarquía que imperaba en el país. Laotsé, por su parte, deploraba también la dislocación de la sociedad, la ambición, el bandidaje de los grandes y el bandolerismo reinante, así como las miserias que abrumaban al pueblo; pero nada hubiese hecho por evitarlo. Mientras que Confucio no solamente predicaba con este objeto, sino que su deseo más ardiente fue poder aplicar sus teorías desde un puesto elevado. Claro que como no era un ávido de honores ni un ambicioso de gloria o de riquezas, sino un verdadero maestro y un apóstol de lo bueno, de la verdad y de la justicia; un hombre puro con alma de redentor, que si deseaba mandar no era por vanagloria ni por deseo de beneficio propio, sino, al contrario, con amor de padre, deseando procurar al pueblo una vida mejor mediante una honesta gestión de los negocios públicos; a causa de todo ello, ni se humilló jamás por obtener un cargo, ni cuando al fin le fue ofrecido dudó en abandonarlo al no verse comprendido y seguido por su soberano.

Nadie, por otra parte, ha contribuido tanto como Confucio a la instrucción personal del hombre, y la difusión de la instrucción en China puede decirse que obra suya es. A este efecto, sus libros (que, por lo menos, hasta el advenimiento de la República, en que empezaron a ser severamente criticados, eran los textos clásicos de enseñanza) jugaron un papel importantísimo, siquiera no fuese sino por el hecho de haber puesto al alcance de todos la ciencia antigua, hasta él tan difícil de comprender a causa de su cuantía y abstracción.

En efecto, la importancia que Confucio atribuía a la instrucción era tal, que afirmaba que el primer deber de un buen Gobierno era preocuparse de ella. Pues decía estar seguro de que la fuerza de un Estado depende de la instrucción de sus ciudadanos.

Como medios de alcanzar este fin no recomendaba la religión, sino la poesía, la música, las ceremonias y el tiro con el arco.

La poesía, porque, a su juicio, ésta despertaba en el individuo aspiraciones que sin ella no hubiese conseguido nunca.

La música, porque la consideraba como el mejor estímulo para el trabajo. El mismo solía tocar el laúd antes de ponerse a escribir o a instruir a sus discípulos (38).

El observar debidamente las ceremonias era para Confucio también cosa imprescindible. Era como el complemento y perfume de la educación. Sin ello, el hombre más sabio no hubiese sido perfecto. «Un ser hermosísimo, lleno de perfecciones y excelencias, pero cojo.» Ya he indicado que era un hombre esencialmente formalista.

En cuanto al ejercicio de tirar al arco como complemento educativo lo explicaba, no porque desarrollase la fuerza precisamente, pues para él, como para todos los hombres superiores no ha habido jamás otra fuerza verdaderamente digna de tal nombre que la espiritual, sino porque desarrollaba la habilidad y la previsión. En las «Conversaciones» (III, 16) se lee: «Cuando se tira al arco el mérito consiste no en pasar el blanco, sino en dar en su centro, pues los arqueros no tienen todos la misma fuerza.»

Tal era el hombre: prudente, sabio, amanerado, conservador y formalista en grado superlativo. Hombre que hoy encontraríamos un poco extraño y de aspecto temeroso a fuerza de reservado. Pese a lo cual su seducción era tal, que ninguno de sus discípulos, y fueron numerosísimos, pudo separarse de él mientras vivió (39), y que aún al cabo de los siglos parece ser la personificación del espíritu de sus compatriotas (40).

LA OBRA

Hay nueve libros clásicos chinos a los cuales el nombre de Confucio va estrechamente unido. Cinco de ellos son los llamados King; los otros, See-chu o Los Cuatro Libros. Los cinco King son calificados de «clásicos»; los otros son llamados simplemente Los Libros. Los cinco King son:

El Chu-King, libro sagrado por excelencia o libro canónico de la historia.

El Chi-King o libro canónico de los versos.

El Yi-King o libro canónico de las mutaciones (cambios).

El Li-Ki-King o libro canónico de los ritos; y

El Tch-uent s-ieu-King o Libro canónico de la Primavera y del Otoño.

A estos cinco libros se suele añadir a veces el Hio-Ling o libro canónico de la piedad filial.

Los See-chu son las conversaciones de Confucio con sus discípulos u otros personajes contemporáneos y sus máximas y opiniones sobre cuestiones morales y políticas, de las cuales el Chu-King viene a ser como la fuente. Estos cuatro libros son:

El Ta-hio o Gran Estudio, discurso sobre la virtud.

El Tchung-yung o La Invariabilidad en el Medio (El Invariable Medio), que recomienda la calma y la moderación.

El Lun-yu o Conversaciones Filosóficas, reunión de máximas de Confucio. Libro el más apreciado, sobre todo por los extranjeros; y

El Mentgsé (Mencio), que es la obra en que el más célebre de los comentadores del maestro, Mencio, expuso y desarrolló las doctrinas de aquél.

En este volumen hemos recogido lo esencial de Confucio y lo más interesante: el Chu-King, El Gran Libro de la Historia.

El Gran Estudio se compone de un texto muy corto de Confucio y de los comentarios de uno de sus discípulos. La Doctrina del Medio es la exposición del sabio sobre el hombre superior, recogida por otro de sus discípulos. Las Analectas o Conversaciones Filosóficas son, como su nombre indica, las conversaciones de Confucio con sus discípulos, recogidas por éstos o por los discípulos de éstos (41).

De todos ellos, en conjunto, el más notable es el Chu-King.

En efecto, el Chu-King o «Libro por excelencia» es aquel en el cual Kung-Fu-Tsé reunió, hacia mediados del siglo VI a. de C. los documentos más antiguos de la historia del Mundo. Es decir, documentos que datan nada menos que de dos mil seiscientos años antes de nuestra era (42).

El primero, pues, de los méritos de este libro es ser la expresión de la más antigua de las civilizaciones, pudiendo, a causa de ello, ser considerado como la primera reunión de documentos sobre la historia del Mundo.

Aunque Kungtsé lo redactó, como dicho queda, en la segunda mitad del siglo VI, su redacción no alteró de los textos primitivos sino lo necesario para poner al alcance de todos y dar carácter de enseñanza a los antiguos libros, que eran muy difíciles de comprender a causa no solamente de su estilo, sino de su sentido, muchas veces esotérico. Pero hizo su ímproba labor con tal honradez, que todos los sinólogos están conformes en reconocer la notable antigüedad de estilo de los escritos confucianos, tan diferente del estilo chino moderno, como pueden serlo, por ejemplo, los Evangelios de un código actual.

Otra de las cosas que sorprende inmediatamente en el Chu-King es el sentido eminentemente moral que le inspira y la elevada razón que en él domina. Ello hace considerar el grado admirable de cultura ética a que habían llegado los hombres que escribieron los textos que Confucio reunió y extractó muchos siglos antes no ya de que Grecia y Roma, sino India, Egipto, Caldea, Persia y Babilonia pensaran llegar al grado de civilización que alcanzaron.

Ahora bien, aunque el Chu-King es un libro eminentemente moral, eminentemente práctico, un libro de ejemplos, de normas a seguir para poder ser virtuoso y por ello feliz (como decía asimismo Sócrates), una elevada idea de la divinidad preside toda la obra, y esta felicísima unión entre lo metafísico y lo práctico impregna sus diversos tratados de sana y acertada filosofía.

La idea o ideas que dominan esta filosofía y esta moral son, en síntesis, las siguientes: los príncipes (de origen divino) tienen como misión especial hacer felices a sus súbditos. El ejercicio, pues, de la soberanía no es ni debe ser sino el cumplimiento perfecto de un mandato celestial, que prescribe al príncipe sacrificarse en provecho de su pueblo. El príncipe lo será mientras sea el más digno; si deja de serlo, su alta misión le será retirada. Es decir, una acertada idea, como se ve, de gobierno aristocrático-democrático es preconizada en el «libro por excelencia», y esta idea, perfecta en sí, está sostenida y apoyada en él por una filosofía y una moral de todo punto eminentes (43).

Tales doctrinas y otras no menos honradas, sanas y admirables, son las expuestas en el Chu-King y en los otros cuatro libros clásicos de Kungtsé y sus discípulos, libros que durante generaciones han formado no tan sólo la base del derecho público chino, sino de la instrucción de los letrados de aquel país. Libros explicados y comentados, sin interrupción por filósofos y moralistas, y considerados como lo que son: como verdaderos tesoros de esas verdades eternas, palancas las mejores de la felicidad de los pueblos y bases de toda civilización que merezca verdaderamente el nombre de tal.

De todo ello puede deducirse una primera afirmación, sentada ya unas líneas más arriba: que mucho antes que India, Egipto, Asiria, Caldea, Persia y Babilonia, y cuando aún Atenas y Roma no pensaban en existir, había ya en aquel lejano país de Oriente una civilización que, desde el punto de vista moral, puede considerarse perfecta. Es decir, que cuando tan sólo pueblos cazadores o pastores ocupaban regiones que siglos después serían focos de brillante civilización, ya China poseía una cultura filosófico-moral, que aun hoy podría ser tenida como modelo. Segundo, que si se puede juzgar el valor de un hombre por la importancia de su obra, y de ésta por la influencia que ha ejercido sobre los demás, se comprenderá que no exageran los compatriotas de Confucio asegurando que su gran moralista es «el maestro más grande del género humano que los siglos han producido».

En cuanto a Confucio, si en los cinco libros clásicos, muy particularmente el Chu-King, encierra las doctrinas tradicionales de los sabios antiguos, que él transmitió a la posteridad, en los últimos, donde sus discípulos recogieron sus palabras y sentencias, sobre todo en el Lun Yu o Conversaciones filosóficas, es donde hay que encontrarle. Donde mejor se puede comprender la hermosura de su alma leyendo las nobilísimas ideas en ellas sentadas, su virtud serena, su inteligencia profunda y moderada, el grado, en fin, de civilización que llegar a tales alturas filosóficas y morales representa (44).

Dos palabras aún sobre la suerte de Confucio y de su obra.

El año 212 a. de C., Ts-in Che-huang-ti (el Napoleón de China), enemigo de la filosofía confuciana, hizo buscar y destruir todos los libros, no solamente de Confucio, sino inspirados en sus doctrinas. En 195, Kao-ti derribó la efímera dinastía anterior y, cual suele ocurrir siempre en las rivalidades políticas, hizo desaparecer hasta los vestigios de cuanto se relacionaba y había sido hecho por los vencidos. Kao-ti no solamente se declaró partidario de Confucio, tan torpemente perseguido por Ts-in, sino que para demostrarlo fue en peregrinación hasta la tumba del maestro y sacrificó un buey en su honor.

En el año 1 d. de C., el Sabio fue canonizado con los títulos de «Duque de Ni, completo e ilustre». Cincuenta y seis años más tarde, el emperador reinante dio orden de asociar a Confucio, que ya escalaba los altares, al culto que se ofrecía al gran duque de Ven, príncipe ideal de los Tcheu. En el año 492, Confucio fue aún agraciado con el título de «Venerable Ni, Sabio total». En 609, la plancha conmemorativa de Confucio fue sacada del templo del duque de Ven y transportado a otro especial construido para él, y templetes semejantes fueron erigidos en todas las escuelas del Imperio. En 657 fue nombrado «Kung, antiguo Maestro, Sabio perfecto». Luego, durante siglos, los sacrificios ofrendados a Confucio fueron del orden de los reservados a los sabios de segundo grado (es decir, divinidades casi totales). Hasta que en el año 1907, centenario de la fundación de las misiones protestantes en China, la emperatriz viuda elevó a Confucio al primer rango celestial, igualándole con ello a «Chang-Ti», divinidad suprema. Claro que esto no fue sino la réplica a la deificación occidental de Jesús.

Durante estos últimos años, el sabio ha sido criticado más libre y severamente que lo había sido jamás en su largo viaje glorioso a través de los siglos hasta escalar el Cielo. El Gobierno republicano, opuesto a muchas ideas políticas del maestro, prohibió que sus libros fuesen enseñados en las escuelas, como lo habían sido siempre.

De lo que piensen acerca de él los dirigentes de la China comunista actual nada se sabe. Pero no es difícil presumirlo. Lo mismo que Laotsé y el Buda, habrá dejado de ser considerado como dios, o se habrá ordenado al menos que tal se haga (lo que no deja de ser lógico si se tiene en cuenta no tan sólo que los tres personajes no pasaron de ser hombres eminentes, sino que prácticamente los tres eran ateos). Y tanto ellos como sus doctrinas y enseñanzas habrán quedado relegadas a la categoría de antiguallas, dignas, cuando más, de figurar como curiosidades en los manuales de historia, de moral y de filosofía. No obstante, Confucio, como todos los grandes hombres que se han desbordado en amor y caridad hacia sus semejantes, tenía mucho de comunista; claro que a su manera. En la Gran comunidad (Li-Ki, capítulo Li Yun) dice: «Cuando venza la gran verdad, entonces la tierra será propiedad de todos. Se escogerá a los más sabios y a los más competentes para que mantengan la paz y la concordia. Entonces los hombres no amarán sólo a los suyos, no procurarán sólo por sus propios hijos, sino que todos los ancianos tendrán sus últimos días tranquilos, todos los fuertes tendrán su trabajo útil, todos los niños serán estimulados en su crecimiento; los viudos y las viudas, los huérfanos y los solitarios, los débiles y los enfermos encontrarán amparo; los hombres tendrán su empleo, y las mujeres, su hogar. No se querrá que las mercancías se echen a perder; pero tampoco querrá nadie almacenarlas para sí mismo particularmente. No se querrá tampoco que el trabajo quede por hacer, como asimismo nadie querrá realizarlo en ganancia propia. Por eso no harán falta cerraduras, porque no habrá bandidos ni ladrones. Se dejarán abiertas las puertas exteriores. A esto se llama la gran comunidad.» (45).

CONFUCIO, FILOSOFO

Lo primero que sorprende a medida que avanzamos en el conocimiento de la obra de Confucio, es que el confucismo haya sido considerado siempre y siga siendo, considerado como una religión, cuando, en realidad, no pasa de ser un sistema moral. Y no pasa de ser un sistema moral porque, como ya he dicho, el gran maestro chino no fue un fundador de religión (ni se lo propuso, por supuesto), sino solamente, bien que esto en altísimo grado, un moralista y un filósofo.

Ahora bien, si el moralista aparece en cuanto se abre uno de sus libros, ¿en qué sentido podemos afirmar asimismo que Confucio era filósofo?

Si se define al «filósofo» como aquel que estudia, profesa y sabe filosofía, y a ésta como la ciencia que trata de la esencia, propiedades, causas y efectos de las cosas naturales, Confucio no lo era en realidad. Es decir, no era filósofo en el sentido corriente, moderno, europeo, de considerar como tal al que se aplica al estudio de los principios generales, de las causas generales y de su conexión con sus efectos. O sea, del espíritu teórico que se esfuerza por explicar y encadenar los hechos que otros hombres estudiosos (los sabios) observan y describen. Pero si entendemos la palabra «filósofo» en sentido práctico y creador: práctico, en cuanto a regular sus acciones de acuerdo con la razón en vez de con las pasiones, así como en tener suficiente sabiduría y resignación como para colocarse siempre sobre las vicisitudes de la vida y de los hombres vulgares; y creador, por el hecho de aplicarse a todo lo moral y al estudio del hombre, para ver de mejorarle, y con ello a la sociedad, en este sentido Confucio fue el filósofo perfecto, como lo fue Sócrates. Y su filosofía, como la de éste, la mejor y más práctica y útil puesto que no tuvo la ambición de ser una ciencia general de los seres, de los principios y de las causas, sino simplemente del hombre. Y aun de éste, en lo que se refiere solamente a los medios de mejorarle, y con ello, a la sociedad humana, con objeto de que ésta ocupase el lugar debido en el Universo. Y es por esto por lo que Confucio fue triple, como el otro gran pensador griego: fue filósofo, fue moralista y fue maestro. Ahora bien, diferenciándose de Sócrates en que mientras él, mirando hacia atrás, fue un reformador «retrospectivo», que trató de hacer retroceder a la sociedad de su tiempo hasta los ideales transmitidos por la antigüedad, Sócrates, aconsejando no aceptar nada de lo transmitido, ni tradiciones, ni costumbres, ni ideas, ni conocimientos, sino luego de juzgarlos buenos y útiles tras maduro examen, es decir, rompiendo con todo lo adquirido y mirando siempre hacia adelante, fue un reformador «revolucionario».

Y es que cada uno era hijo de un medio diferente. Los grandes principios morales, corolarios de lo que hay de más excelente en la naturaleza humana, se han ofrecido siempre a los grandes espíritus como axiomas, que era preciso propalar e incluso, defender con la vida de ser preciso. Pero ellos mismos, estos hombres eminentes, no pueden sustraerse, pese a toda su grandeza, al desarrollo histórico de su tiempo. He aquí porque, Confucio, hombre oriental, sentía el desarrollo de la cultura de un modo paulatino, sucesivo, positivo, «evolutivo», y para perfeccionarla volvía la vista hacia el pasado, que juzgaba mejor. Mientras que Sócrates, hombre de Occidente, la veía mirando hacia adelante. Retroceder, se retrocede bien lentamente, paso a paso; avanzar sólo se avanza bien a saltos.

En todo caso, gracias al procedimiento de Confucio, es decir, su gusto en volver los ojos hacia el pasado, han podido los hombres que le siguieron llegar con él hasta los albores de la civilización china. Gracias a Confucio podemos llevar la mirada hasta los tiempos prehistóricos de China, y ver en estos tiempos desarrollarse paulatinamente, hasta llegar a la época propiamente histórica, a los primeros grupos de hombres en lucha, durante cientos de siglos, con el medio que les rodeaba; y el nacimiento de la antropología y de la sociología a través del primitivo matriarcado de los pueblos cazadores y pescadores; luego, el patriarcado, con los pueblos pastores y agricultores; finalmente, las primitivas formas de «autoridad» y de «gobierno», al ir adquiriendo consistencia social la «familia», las «fratrias» y las «tribus», y, por último, con las luchas de éstas, aparecer un día, al fin, el primer «jefe» en la persona del vencedor.

Por supuesto, Confucio ve todo esto como una evolución simple y natural, no debida a crisis sociales, sino a grandes leyes cósmicas. Para él no es la lucha por la vida y la ley de adaptación al medio lo que rige esta evolución, sino una voluntad superior, que él localiza en el mundo invisible del espíritu, en el «Cielo». Cielo en el que están, como en un gran almacén (cual más tarde pretenderá Platón con su famosa teoría de las «Ideas»), los modelos de cuanto el hombre irá poco a poco descubriendo para formar con ello los primeros escalones del progreso y de la civilización. Y es a este almacén adonde Confucio vuelve los ojos cuando se fija en los remotos creadores de la cultura de su país: Yao, Schun y Yu, en primer lugar; los tres grandes soberanos; las tres constelaciones luminosas del saber chino.

Y vayan ahora algunas máximas de Confucio, que convencerán al lector, si aún no lo está, de que el gran sabio merecía en verdad, y sigue mereciéndolo, no sólo el nombre de maestro supremo, sino de eminente moralista y buen filósofo:

«De nada sirve hablar de las cosas ya acaecidas, hacer amonestaciones graves sobre las ya en curso avanzado ni censurar lo ya pasado.»

«¿Cómo podría juzgarse la conducta de un hombre que ejerce la autoridad con corazón estrecho, que sale del paso de una ceremonia sin respeto, o que a la muerte de su padre o de su madre no siente dolor?»

«Faltar a la práctica de la virtud, no estudiar concienzudamente, no cumplir mis deberes y no poder corregir mis defectos: he aquí lo que temo.»

«Tras haber oído muchas cosas, examino y aprovecho aquello de bueno que se me ha enseñado; tras haber visto mucho, grabo en mi memoria lo que me ha parecido digno de ser recordado: así me acerco a la sabiduría.»

«Si un Estado se halla gobernado por los principios de la razón, la pobreza y la miseria son casos de vergüenza; si un Estado no se halla gobernado por los principios de la razón, los casos de vergüenza son entonces la riqueza y los honores.»

«Si no desempeñáis funciones en un gobierno, no deis vuestra opinión sobre su administración.»

«El sabio lo espera todo de sí mismo; el hombre vulgar espera todo de los demás.»

«Los hermosos discursos hacen que se tome el vicio por virtud; una ligera impaciencia mina un gran proyecto.»

«Cuando el odio o el favor de la multitud cae sobre un hombre examinemos su conducta.»

«No corregirse tras una falta involuntaria es cometer una falta verdadera.»

«El sabio admite en su escuela a todos los hombres sin distinción.»

«El lenguaje debe expresar claramente el pensamiento.»

«El sabio tiene en cuenta muy especialmente nueve cosas: Se aplica en ver bien, a bien oír, a tener un aire amable, a mostrarse exteriormente irreprochable, a ser sincero en sus palabras, a ser diligente en sus acciones, a interrogar si duda, a pensar en las funestas consecuencias de la cólera si esta descontento; frente a un bien a obtener, a considerar si es justo.»

«¿Cuáles son los deberes del hombre? Que el padre sea suave, y el hijo, respetuoso; que el hermano mayor sea amable, y el menor, dócil; el esposo, justo, y la esposa, obediente; la vejez, bondadosa, y la juventud, conciliadora; el soberano, cariñoso, y el servidor, concienzudo. Estas diez cosas son los deberes de los hombres. Reñir, robar, matar: he aquí los males de los hombres. Y para que el elegido ordene los siete sentimientos de los hombres (la alegría, la cólera, el pesar, el miedo, el amor, el odio y los apetitos), desarrollándolos en los diez deberes, extendiendo la confianza y preparando la paz, estimulando la amabilidaa y la tolerancia, eliminando la lucha y el despojo, ¿qué mejor medio que la moralidad?»

«No te inquietes por no ocupar empleos públicos; pero inquiétate por adquirir los talentos necesarios para ocupar estos empleos. No te aflijas por no ser conocido; pero busca llegar a ser digno de serlo.»

«Un dolor silencioso es preferible a una pompa vana y estéril» (en las ceremonias fúnebres).

Definición del filósofo según Kungtsé. Es filósofo, según el maestro chino, el hombre superior que cuando se sienta a la mesa, no busca saciar su apetito; cuando está en su casa, no busca los goces de la ociosidad y de la molicie; que está atento siempre a sus deberes y vigilante de sus palabras, y, en fin, que le gusta frecuentar a los que tienen principios rectos a fin de regular a ellos su conducta.

Definición de la ciencia: «Saber que se sabe lo que se sabe y que no se sabe lo que no se sabe.»

JUAN B. BERGUA

CHU – KING

PRIMERA PARTE

ANALES DE LOS PRIMEROS SOBERANOS

Capítulo I

Regla De Yao

1. Si examinamos la conducta del antiguo soberano, Yao, encontraremos que el título de Benemérito le pertenece de derecho. Mostrábase constantemente atento al cumplimiento de su deber, muy perspicaz, de virtud ejemplar y rara prudencia, y todo ello naturalmente, sin esfuerzo. Grave y respetuoso, sabía ceder y condescender. Su influencia y su fama llegaron hasta los confines del Imperio, hasta los últimos límites del cielo y de la Tierra.

2. Yao cultivó perfectamente sus grandes virtudes naturales, y por ese medio hizo reinar la concordia en las nueve clases de sus parientes: cuando la armonía quedó bien establecida en las nueve clases de sus parientes, reguló admirablemente todas las familias de su principado particular. Cuando la virtud brilló en todas las familias de su principado particular, estableció la unión y la concordia entre los habitantes de todos los demás principados. ¡Oh, entonces, toda la raza de cabellos negros (la población de todo el Imperio) fue transformada y vivió en perfecta armonía!

3. Yao ordenó a los astrónomos Hi y Huo que calcularan y representaran (46) la marcha del Sol, de la Luna de las estrellas, de las doce partes del Zodíaco, determinando con cuidado y publicando (en un calendario) las épocas de los diversos trabajos, conformándose en ello respetuosamente a las leyes del vasto cielo.

4. Yao encargó especialmente al segundo de los Hi que fuera a establecerse a Lu-i (47) en el lugar que fue llamado el Valle luminoso (48) a fin de recibir allí con respeto al Sol saliente, y de fijar convenientemente el orden de los trabajos primaverales. Cuando el día alcanza su duración media, y cuando la constelación Niao (49) pasa el meridiano a la puesta del Sol, es justo la mitad (el equinocio) de la primavera. Entonces los hombres se dispersan (para ocuparse en los trabajos del campo); los animales se unen para multiplicarse.

5. En segundo lugar, Yao ordenó al tercero de los Hi que se estableciese en Nan kiao (en los límites de la Conchinchina, en el lugar que fue luego llamado la Estación brillante), que ordenase convenientemente los trabajos del verano, en el que el crecimiento de las plantas es continuo, tratando con respeto al Sol del solsticio. Cual el día alcanza su más larga duración y el Corazón del Escorpión pasa por el meridiano hacia el Sol poniente, se está justo a mediados de verano. Entonces los hombres se dispersan aún

más (a causa del calor), los animales pierden poco a poco sus plumas o sus pelos para adquirir otros.

6. Yao encargó particularmente al segundo de los Huo que se estableciese al occidente, en el sitio que fue llamado el Valle oscuro (50) tratando con honor al Sol poniente, y ordenando convenientemente los trabajos de otoño. Cuando la noche alcanza su duración media, y la constelación Hiu (51) pasa por el meridiano a la puesta del Sol, se está a mediados del otoño. Entonces los hombres respiran con libertad; el plumaje de los pájaros y el pelo de los cuadrúpedos se han renovado y están lucientes.

7. Yao ordenó también al tercero de los Huo que fuera a establecerse al norte, en el lugar que fue llamado la Estación tenebrosa, ordenando tras de maduro examen los cambios que ocasiona el invierno. Cuando el día alcanza su más corta duración y las Pléyades pasan el meridiano a la puesta del Sol (52), se ha llegado a la mitad justa del invierno (el solsticio de invierno). Los hombres se retiran a las habitaciones más calientes de sus casas, el plumaje de los pájaros y el pelo de los cuadrúpedos están muy suaves.

8. El Emperador dijo: «Pues bien, Hi y Huo: el círculo del año es de trescientos sesenta y seis días. Por la intercalación de un mes, determinad las cuatro estaciones y completad el año. Dirigid con cuidado todos los oficios (por medio de un calendario) y todos los trabajos del año serán prósperos» (53).

9. El Emperador dijo: «¿Quién me buscará un hombre que sepa conformarse a las estaciones, y al que convenga elevar y emplear?» Fang ts' i respondió: «Tchu, vuestro propio hijo, tiene espíritu amplio y perspicaz.» El Emperador respondió: «¡Eh! es mentiroso y pendenciero, ¿acaso puede desempeñar un empleo?»

10. El Emperador dijo: «Que me busquen a un hombre que cuide las cosas con arreglo a su naturaleza: Huan-teu respondió: «¡Ah maravilla! el ministro de obras públicas acaba de rendir numerosos y señalados servicios.» El Emperador respondió: «¡Eh! cuando se reposa en el consejo habla bien, mas cuando se le encarga que ponga en práctica sus consejos, todo lo echa a perder; en apariencia es modesto, pero su corazón se eleva hasta el cielo.»

11. El Emperador dijo: «¡Ah, jefe de los príncipes de las cuatro provincias! las aguas han crecido prodigiosamente y extendiéndose por todos lados han causado grandes daños. Su gran superficie abraza las montañas y cubre las colinas; en su inmensidad, se elevan hasta el cielo. El pueblo gime. Si se encuentra alguien capaz de remediar este mal, le encargaría de semejante cuidado.» Los que se encontraban presentes exclamaron como un solo hombre: «¡Oh! Kuen es capaz de ello.» El Emperador respondió: «No, ni mucho menos. No cumple las órdenes y se enfrenta a sus colegas.»

El jefe de los príncipes de las cuatro comarcas continuó: «No lo rechaces, ensáyale; con tal que nos saque del paso, basta.» El Emperador dijo: (a Kuen) «Id, comience su cometido a partir de esta noche con sumisión y diligencia.» Al cabo de nueve años, Kuen no había terminado aún su trabajo.

12. El Emperador dijo: «¡Ah! jefe de los príncipes de las cuatro comarcas, yo ejerzo el mando supremo desde hace setenta años. Si eres capaz de cumplir mis órdenes, te cederé mi dignidad.» El jefe de los príncipes de las cuatro comarcas dijo: «No poseo las cualidades necesarias; deshonraría el trono imperial.» El Emperador continuó: «Designadme a un hombre ya elevado en dignidad, o proponedme a un simple particular de humilde condición y no casado.» Todos cuantos se encontraban presentes dijeron al Emperador: «Existe un hombre llamado Iu Chuen, que es de humilde condición y no está casado.» «Sí, yo he oído hablar de él. ¿Cómo se conduce?» El jefe de los príncipes de las cuatro regiones respondió: «Es hijo de un hombre ciego de espíritu. Su padre era obstinadamente malo, su madrasta en manera alguna sincera en sus palabras y su hermano Siang harto arrogante. Por su piedad filial, ha conseguido vivir con ellos en buena inteligencia llevándolos poco a poco a corregirse y a abstenerse de cometer grandes faltas.» «Pues bien le pondré a prueba, dijo el Emperador. Le daré mis dos hijas en matrimonio, y veré qué ejemplos les mostrará o cuál será su conducta con ellas.» Después de haber hecho preparar los trajes y los diferentes objetos que sus hijas debían llevar, envió a ambas al recodo del Kuei (54) para que se casaran con Chuen. Y les dijo: «Cumplid vuestros deberes con respeto y diligencia.»

Capítulo II

Regla De Chuen (55)

1. Si examinamos la conducta del antiguo emperador Chuen, encontraremos que merece ser llamado Tch'ung Hua, Esplendor renovado, y que ha sido semejante al emperador Yao. Era perspicaz, prudente, perfecto, inteligente, amable, grave y respetuoso y verdaderamente sincero. Las virtudes que practicaba en el secreto de la vida privada llegaron a conocimiento del emperador Yao, y este le asoció a su imperio.

2. Nombrado primeramente perfecto de las multitudes (ministro de Instrucción Pública) puso todo su empeño en poner en vigor las muy importantes leyes de las cinco relaciones sociales; y esas grandes leyes fueron observadas (56). Luego fue nombrado primer ministro y encargado de dirigir a todos los oficiales que fueron mandados conforme a las exigencias de la época. Poco después, elevado a la jerarquía de jefe de los príncipes de todas las comarcas, recibió en las cuatro puertas de palacio a todos los príncipes que acudían de todas las partes del Imperio a rendir homenaje al emperador, y los príncipes que entraban por las cuatro puertas mostrábanse muy sumisos. Más tarde, fue encargado de inspeccionar los grandes llanos próximos a las montañas, afrontando el furor de los vientos sin turbarse ni extraviarse jamás.

3. El Emperador dijo: «Chuen, acércate. He comparado en primer término tus obras con los proyectos que me habías expuesto, y he encontrado que has podido dar feliz remate a la ejecución de tus proyectos, desde hace tres años. Sube al trono imperial.» Chuen quiso dejar este honor a uno más digno y declinó la sucesión.

4. El primer día del año, Yao le cedió completamente la administración del Imperio delante de la tablilla en el templo del Soberano Perfecto (57).

5. Chuen examinó la esfera ornada de perlas y el tubo de jade para regular (calcular) la marcha de los siete Gobernadores (58).

6. Inmediatamente después ofreció un sacrificio extraordinario a Chang ti, y ofrendas a los seis Venerables (59) con una intención perfecta; luego, volviéndose hacia las montañas y las corrientes de agua célebres, les rindió honores semejantes, como a toda la multitud de los espíritus.

7. Chuen reunió las cinco especies de tablillas de jade. Como el primer mes del año hubiese tocado a su fin, dio audiencia a diario a los príncipes de las cuatro regiones del Imperio y a los perfectos de las provincias, y distribuyó a todos los príncipes sus tablillas de jade (60).

8. El segundo mes del año, visitó los principados que estaban al este; fue hasta Tai-chan, la más venerable de todas las montañas. Allí ofreció y quemó en una hoguera una víctima en honor del Rey del Cielo. Tornándose sucesivamente hacia las montañas y los ríos que existen en esta región, les hizo sacrificios según la dignidad de cada uno de ellos. Luego recibió a los príncipes del este, y se ocupó seriamente de que en toda esta región las estaciones del año y los meses lunares estuviesen de perfecto acuerdo, corrigiendo el nombre de los días. Estableció la uniformidad de los tubos musicales (61), de las medidas de longitud, de las medidas de capacidad, de las balanzas y reguló las cinco diversas clases de ceremonias (62). Recibió las cinco clases de tablillas de jade, tres clases de piezas de seda (63), dos géneros de animales vivientes, una sola especie de animales muertos. Chuen estableció la uniformidad de las cinco clases de instrumentos (64); al cabo, retornó sobre sus pasos. El quinto mes, visitó los principados del mediodía, fue hasta la montaña de esta región y cumplió las ceremonias que en el Tai-chan. El octavo mes, visitó los principados del oeste. Fue hasta la gran montaña del oeste e hizo las mismas ceremonias que precedentemente. El undécimo mes, visitó los principados del norte. Fue a la gran montaña del norte y cumplió las mismas ceremonias que en oeste. De retorno (a la capital) penetró en el templo del Antepasado perfecto e inmoló un buey.

9. Cada cinco años, el emperador empleaba un año en visitar los principados. En el curso de los otros cuatro años, todos los príncipes iban a la corte imperial, para presentar una cuenta detallada de su administración; la exactitud de este informe era comprobada mediante el examen de sus obras. Los que lo merecían eran recompensados con coches y trajes.

10. Chuen estableció doce provincias, dándoles por guardianes los genios tutelares de doce montañas, e hizo excavar profundamente el lecho de los ríos (65).

11. Aterró al pueblo ofreciéndole la imagen de los grandes castigos corporales establecidos por las leyes. Como clemencia, permitió reemplazar los cinco grandes castigos por el destierro (66). El látigo fue empleado contra la resistencia de los oficiales, y

las disciplinas en las escuelas (67). Se rescataban los castigos corporales por dinero. Las faltas cometidas por error o a consecuencia de desgraciados accidentes, fueron perdonadas. Las cometidos con violencia o varias veces, fueron castigadas con la muerte o, de otra forma, según su gravedad. ¡Qué admirables son estas decisiones! La severidad de la justicia está en ellas templada por la clemencia.

12. Chuen relegó al ministro de obras públicas en una isla de la provincia de Yu, confinó a Huan teu en el monte Tch'ung, encarceló al príncipe de San miao en el país de San-uei, relegó a Kuen y le mantuvo encadenado en el monte Yu. Aplicó estos cuatro castigos y todo el imperio mostró confianza en su justicia (68).

13. Al cabo de veintiocho años, el emperador Yao falleció (69). Los habitantes del dominio imperial lloraron su muerte durante tres años, como hubieran llorado la muerte de un padre o de una madre. Por todos lados, entre los cuatro mares, las ocho clases de instrumentos de música enmudecieron (70).

14. El primer día del primer mes del año, Chuen se presentó ante la tablilla del Abuelo Perfecto (71).

15. Con el jefe general de todos los príncipes, buscó y tomó medidas para abrir las cuatro puertas (a los hombres capaces), iluminar todos los ojos y hacer oír a todos los oídos, es decir, para conocer y atraer a todos los hombres capaces del Imperio, y para dar a todos sus súbditos plena libertad de ver y oír, de decirle lo que ellos habían visto y oído, y de descubrirle todos sus sentimientos.

16. Deliberó con los doce gobernadores de provincias, y les dijo: «¡Cuidado! La subsistencia del pueblo depende sobre todo de la exactitud en realizar los trabajos del campo en épocas determinadas. Tratad con bondad a los que vienen de lejos, cultivad las perfecciones y los talentos de aquellos que se encuentran junto a vosotros, honrad la virtud, otorgad vuestra confianza a la probidad, y rechazad el halago. Los extranjeros del mediodía, del oriente y de todas las comarcas, atrayéndose unos a otros, vendrán a colocarse bajo vuestras leyes.»

17. Chuen dijo: «Oye, jefe de todos los príncipes, si alguien fuera capaz de ejecutar grandes empresas, y de engrandecer con esplendor la obra del emperador Yao, le nombraría director general de todos los oficiales, le encargaría que dirigiese todos los negocios y que hiciera prosperar cada cosa como le exija su especie y naturaleza.» Todos los oficiales presentes exclamaron: «Eso el príncipe Yu, que ejerce el cargo de ministro de obras públicas.» «Cierto, dijo el emperador. Pues bien, Yu, tú que has encauzado las aguas y desecado las tierras, aplícate ahora a desempeñar este nuevo puesto.» Yu se prosternó inclinando la cabeza hasta sus manos, y luego hasta el suelo, y propuso confiar este cargo a Tsi, a Sie o a Kao yao. El emperador le dijo: «Sí, son verdaderamente capaces, pero te elijo a ti. Ve, pues, y empieza el trabajo» (72).

18. El Emperador dijo: «K'i, la raza de cabellos negros está atormentada por el hambre. Tú, príncipe-ministro de agricultura, haz sembrar los diversos granos» (73).

19. El Emperador dijo: «Sie, el pueblo no vive en buena armonía; las cinco clases de la sociedad descuidan sus deberes mutuos. En calidad de ministro de instrucción pública, puedes aplicarte a difundir la enseñanza de las cinco virtudes sociales. Sobre todo hazlo con dulzura (el éxito de tus esfuerzos depende de esta condición)» (74).

20. El Emperador dijo: «Kao yao, las tribus extranjeras que nos rodean perturban nuestra extensa y bella región. Aprovechando estos disturbios, los bandidos y los homicidas se multiplican, los malhechores surgen dentro y fuera. Eres ministro de Justicia. Impón a los criminales los cinco grandes castigos, hacédselos sufrir en tres lugares diferentes. Pon en vigor las cinco clases de destierro, asigna a las cinco clases de desterrados tres regiones diferentes. Una gran perspicacia te será necesaria para lograr que se tenga confianza en tu justicia» (75).

21. El Emperador dijo: «¿Quién dirigirá convenientemente mis trabajos?» Todos cuantos se encontraban presentes explamaron: «Chuei, señor.» «Sí, asintió el emperador. Pues bien, Chuei, sé intendente de las obras públicas.» Chuei se prosternó, inclinó la frente hasta sus manos, y luego hasta el suelo, y propuso que confiaran este cargo a Chu, a Ts'iang o a Pe-iu. El emperador dijo: «Sí, son hombres capaces, pero te escojo a ti; ve y trata cada cosa como lo requiere su naturaleza.»

22. El Emperador dijo: «¿Quién cuidará convenientemente las plantas y los animales en las montañas y en los valles?» Todos los que se encontraban presentes exclamaron: «Nadie mejor que I.» «Sí, continuó el emperador. Pues bien, I, sé mi intendente de aguas y bosques.» I se prosternó, inclinó la frente hasta sus manos, luego hasta el suelo, y propuso que confiaran este cargo a Tchu, a Hu, a Hiung o a Pi. El emperador dijo: «Sí (son capaces, pero te escojo a ti), trata, pues, cada cosa como su naturaleza lo pide.»

23. El Emperador dijo: «Dime, jefe de todos los príncipes, ¿conoces a algún hombre que sea capaz de presidir las tres clases de ceremonias?» (76). Todos cuantos se encontraban presentes respondieron: «Pe.» «Sí, contestó el emperador. Pues bien, Pe, ocupa el oficio de director de ceremonias. Muéstrate de continuo vigilante, que tú corazón sea recto, y tu intención pura.» Pe se prosternó, inclinó la cabeza hasta sus manos, luego hasta el suelo, y propuso que confiaran este cargo a K'uei o a Lung. El emperador dijo: «Sí (son capaces; pero te escojo a ti), ve y muéstrate cuidadoso.»

24. El Emperador dijo: «K'uei, te encargo la dirección de la música, y la instrucción de los hijos mayores, del Emperador, de los príncipes, de los ministros de Estado y de los grandes prefectos. Por medio de la música, enséñales a unir la moderación a la rectitud, la severidad a la indulgencia, la dulzura a la fuerza, el respeto a la libertad de modales. La poesía expresa los sentimientos del alma; el canto mantiene esta expresión, que, prolongada, da lugar a los diferentes sonidos (de la escala), que son modificados por los tubos musicales. Así, los sonidos de las ocho clases de instrumentos se pueden acordar y no se confunden unos con otros. Los espíritus y los hombres (encantados con la dulzura

de los conciertos) se ponen en armonía.» «Yo golpeo la piedra musical, dijo K'uei, y toda clase de animales vienen a bailar juntos» (77).

25. El Emperador dijo: «Lung, detesto los discursos de los calumniadores, porque impiden a los hombres virtuosos hacer el bien y siembran la perturbación y el terror entre los pueblos. Te concedo el oficio de monitor. Todos los días, desde por la mañana hasta por la noche, transmite mis órdenes y dame cuenta de su ejecución. Sobre todo transmite mis órdenes e infórmame con fidelidad de cuanto se diga.»

26. El Emperador dijo: «Pues bien, estáis aquí veintidós oficiales (78); cumplir vuestros deberes con gran cuidado, a fin de ayudarme a hacer florecer las obras que el Cielo me ha confiado.»

27. Cada tres años, el emperador inspeccionó la administración de los oficiales; después de tres inspecciones (cada nueve años), relegó a un puesto inferior o destituyó a aquellos que no se mostraron dignos del puesto que les había confiado, y elevó a los otros en dignidad. Todas las partes de la administración fueron perfectamente llevadas. Entre los San-miao, los refractarios fueron separados del resto del pueblo y relegados a lejanos países.

28. Chuen tenía treinta años, cuando fue llamado a la corte para recibir su puesto de honor. Gobernó treinta años (en vida de Yao), y cincuenta años tras la muerte de Yao, subió a su lugar, y murió (79).

Capítulo III
Consejos Del Gran Yu (80)

1. Si consultamos los recuerdos dejados por el Gran Yu, encontraremos que sus instituciones civiles se han difundido por todos lados entre los cuatro mares o bien que ha merecido el título de Uen ming, porque estas instituciones civiles se han extendido por todo el Imperio. Dio, un día, respetuosamente al emperador Chuen las siguientes respuestas:

2. «Si el soberano se aplica con valor a vencer las dificultades del gobierno y si los oficiales hacen lo mismo en el ejercicio de sus cargos, la administración será bien llevada y la raza de cabellos negros cultivará la virtud con ardor.»

3. El emperador (Chuen) dijo: «Sí, si fuera verdaderamente así, las advertencias útiles serían siempre atendidas, los hombres virtuosos y capaces no estarían abandonados en el campo (en la vida privada) y todos los estados gozarían de la paz. En lo que se refiere a interrogar a todo el mundo, renunciando a su propio sentimiento, siguiendo el de los otros, no tratando injustamente a los débiles que no tienen a nadie a quien puedan recurrir, no abandonando a los desventurados sin recursos, sólo el emperador Yao ha alcanzado tan gran perfección.»

4. I dijo: «En verdad, la virtud del emperador (Yao) ha sido sin límites, siempre operante, innata, maravillosa, fuerte y dulce. Por favor y voluntad del augusto Cielo, su dominio se ha extendido hasta las orillas de los cuatro mares, y su soberanía por todos lados bajo firmamento.»

5. Yu dijo: «La felicidad acompaña a la virtud y la desgracia al vicio, como la sombra sigue al cuerpo y como el eco responde a la voz.»

6. I dijo: «Conviene tener cuidado, mucho cuidado, especialmente cuando no se tiene razón alguna para estar inquieto. No descuidéis la observancia de las leyes y de las prescripciones. No busquéis el bienestar, no os abandonéis al placer. Confiad los cargos a los hombres virtuosos y capaces, y jamás a los otros. Desterrad el vicio sin vacilación. Cuando dudéis de si conviene o no conviene hacer una cosa, no la emprendáis. Que todas las tendencias de vuestra alma sean nobles y manifiestamente conformes a la razón. No os desviéis de la senda del deber para correr tras de las alabanzas de la multitud. No luchéis contra la opinión del pueblo por seguir vuestros propios deseos. Huid de la indolencia y de la ociosidad. Sólo así todos los pueblos extranjeros acudirán a saludaros como a su soberano.»

7. Yu dijo: «Cierto; que reflexione el emperador acerca de lo que acabas de decir: La virtud debe servir para bien gobernar; el gobierno debe bastar para proporcionar subsistencias al pueblo. El agua, el fuego, los metales, la madera, la tierra y los granos reclaman los cuidados del príncipe. La reforma de las costumbres, la adquisición de los objetos necesarios, los medios de procurarse las comodidades de la vida deben ser armoniosamente regulados. Los trabajos exigidos por estas nueve cosas deben ser realizados con orden. Estos trabajos, ejecutados con orden deben ser celebrados con cantos (a fin de que la animación y la alegría reinen de continuo). Prevenid la negligencia por medio de recompensas concedidas al mérito, corregidla con castigos, excitad el ardor con los cantos acerca de las nueve clases de ocupaciones, a fin de que vuestra obra no decaiga.»

8. El Emperador respondió: «Es cierto. La tierra ha sido limpiada, y el cielo realiza su obra. Los seis manantiales de riqueza y las tres ocupaciones están bien ordenadas. Todas las generaciones recogerán el fruto de ello en lo porvenir, y os lo deberán.»

9. El Emperador añadió: «Yu, acércate. Ocupo el trono imperial desde hace treinta y tres años. Cuento de noventa a cien años, y no puedo dedicar al gobierno toda la aplicación necesaria. Gobierna tú a todo mi pueblo, pero evita la indolencia.»

10. Yu respondió: «No soy bastante virtuoso, el pueblo no tendrá bastante confianza en mí. Kao yao, con grandes esfuerzos, ha mostrado por todos lados sus virtudes. Sus beneficios han caído sobre el pueblo; la raza de cabellos negros le quiere. Reflexiona, pues, señor. Cuando pienso en Kao yao, mi elección se detiene en él. Cuando quiero alejarlo de mi mente, mi elección se vuelve de nuevo a él. Cuando le nombro y hablo de él, también lo elijo. Lo recomiendo sinceramente. Lo escojo con preferencia a cualquier otro. Ruego al Emperador que considere atentamente sus méritos.»

11. El Emperador dijo: «Kao yao, si los oficiales y los hombres del pueblo no violan mis reglamentos, es que, en el cargo de ministro de justicia, has aplicado con inteligencia los cinco grandes castigos, a fin de hacer eficaces la enseñanza de las cinco virtudes sociales, y de ayudarme a bien gobernar. Infligiendo los castigos, has tenido como fin el hacerlos desaparecer, y el pueblo no se aparta del justo medio, del camino recto. Todo ello es el fruto de tus esfuerzos. Despliega siempre el mismo celo.»

12. Kao yao respondió: «Príncipe, tu virtud está exenta de todo exceso. No eres ni demasiado minucioso con respecto a los oficiales ni demasiado exigente con el pueblo. No castigas el crimen en los hijos de los criminales, y recompensas los méritos hasta en sus descendientes. Perdonas las faltas involuntarias, por grande que sea su gravedad, y castigas las faltas voluntarias, por ligeras que sean. Tratas como ligeras las faltas cuya gravedad es dudosa, y como grandes los servicios cuya importancia no es evidente. Prefieres descuidar la aplicación de una ley a exponerte a condenar a muerte a un inocente. Este respeto a la vida de los hombres te ha conquistado los corazones de tus súbditos. Por eso no se ponen nunca en el caso de ser castigados por tus oficiales.»

13. El Emperador dijo: Gracias a ti gobierno según mis deseos, y he obtenido que a veces el pueblo responda a mis cuidados, como la hierba se inclina al soplo del viento. Todo el mérito es tuyo.»

14. El Emperador añadió: «Yu, acude. Las aguas desbordadas excitaban mi solicitud. Tú has ejecutado tus planes y terminado el trabajo, gracias a tu sabiduría. Manejas los negocios públicos con diligencia y tus negocios domésticos con economía; sin embargo, tu corazón no se enorgullece. Esto prueba también tu discreción. Intimamente no te elevas por encima de los demás, aunque nadie puede disputarte el premio de la virtud y del talento. No te alabas de nada, aunque nadie pueda disputarte el premio de los servicios prestados. Tu virtud me parece grande y tus inmensos trabajos admirables. En la revolución de los tiempos, ha llegado tu hora. Sube al fin al colmo del poder.»

15. «El corazón del hombre está sujeto a extravío; en las vías de la virtud, su razón y su voluntad son débiles. Para mantener constantemente el justo medio, es necesario aplicarse a discernir lo verdadero de lo falso, el bien del mal, tendiendo siempre a un fin único, la práctica del bien.»

16. «No admitir una proposición antes de haberla examinado; no seguid un consejo antes de haber deliberado con otros acerca de él.»

17. «Aquel a quien debe amar el pueblo ¿no es al soberano? Los que el monarca debe temer ¿no es a sus súbditos? ¿A quién estaría sometida la multitud, si no tuviera soberano? El soberano sin pueblo carecería de brazos para proteger con ellos el reino. ¡Oh! ¡cuánta atención hace falta prestar a esto! Sé vigilante para conservar la dignidad imperial que te ha sido conferida; persiste con ardor en aquello que debe ser objeto de todos tus deseos. Si el pueblo fuere desgraciado y se viese sin recursos, el Cielo os retiraría

todos los beneficios que te ha concedido como Emperador. La lengua pronuncia buenas palabras, pero también es causa de guerras. No repetiré lo que he dicho; acepta sin otra explicación la dignidad imperial que te ofrezco.»

18. Yu dijo: «Consultemos a los augures acerca de cada uno de los ministros que mejor cumplieron con su cometido, y atengámonos a su respuesta favorable con objeto de que revistas con la dignidad imperial a aquel para quien los presagios sean favorables.» El Emperador respondió: «Yu, el jefe de los adivinos comienza siempre por fijar su determinación, y luego la somete a la decisión de la gran tortuga. Después de haber fijado mi determinación, he interrogado y tenido consejo, todas las opiniones están de acuerdo con la mía. Los espíritus han dado su asentimiento. La tortuga y la aquilea (planta) han aprobado. En la adivinación, cuando un presagio ha sido favorable, no se reitera.» Yu se prosternó, inclinó la frente hasta sus manos, y luego hasta el suelo, y rechazó el trono con obstinación. «No lo rechaces, dijo el Emperador, porque eres el más digno del trono.»

19. El primer día del año por la mañana, Yu recibió la investidura imperial en el temblo del Abuelo espiritual. Tomó la dirección de todos los oficiales como el emperador Chuen lo había hecho a su advenimiento.

20. El Emperador dijo: «Pues bien, Yu, el príncipe de Miao es el único que se niega a obedecer. Ve y castígale con las armas.» Yu reunió a todos los príncipes, y arengó a las tropas en estos términos: «Vosotros, los que estáis aquí reunidos, oid mis órdenes. El príncipe de Miao es un insensato. En su ceguedad, ha olvidado todo respeto, mostrando un desprecio insultante, y colocándose por encima de todos los demás. Ha derribado los verdaderos principios y arruinado la virtud. Los hombres de un mérito superior son dejados en la vida privada, y hombres despreciables ocupan las dignidades. El pueblo le abandona y ya no le defiende; el Cielo quiere castigarle. Con todos vosotros, valerosos guerreros, para obedecer al Emperador, castigaré al culpable. Uniréis como espero, vuestros corazones y vuestros brazos, y seréis los beneméritos de vuestra patria.»

21. Después de treinta días de combates, el pueblo de Miao aún resistía. I, acudiendo en socorro de Yu, le dijo: «Sólo la virtud hace impresión en el Cielo. Nada hay tan lejos que con ella no pueda ser alcanzado. El orgulloso es humillado y ensalzado el humilde, esta es la conducta ordinaria del Cielo. En otro tiempo, el emperador Chuen, en el monte Li, al dirigirse al campo todos los días, derramaba lágrimas y lanzaba gritos hacia el cielo misericordioso y hacia sus padres. Culpábase de los crímenes de los demás y él mismo se atribuía las faltas de su padre y de su madre. Cumplía los deberes de piedad filial con respeto, y se presentaba delante de tu padre Ku-seu con gravedad, modestia y como tembloroso. Ku-seu tuvo confianza en él y respondió a su ternura filial. La virtud perfecta conmueve los espíritus, y con tanta más razón conmoverá al pueblo de Miao.» Yu demostró con un saludo su admiración por estas notables palabras y dijo: «Sí.» Hizo venir a las tropas, reunió a las cohortes y las condujo a la capital. Entonces el Emperador decretó órdenes y dio instrucciones para reformar las costumbres y hacer florecer la virtud. Los pantomimos ejecutaron cantos con escudos y con abanicos de plumas (en el

patio de palacio) entre las dos escaleras (que conducen a la sala principal). Al cabo de sesenta días, los Miao vinieron, por propio impulso, a someterse.

Capítulo IV

CONSEJOS DE KAO-YAO

1. Consultando los recuerdos dejados por el antiguo ministro Kao-Yao, encontramos que dijo (al emperador Yu): «Si el soberano practica verdaderamente las virtudes que debe tener, sus ministros le darán consejos y auxilio inteligente.» Yu respondió: «Sí; pero ¿qué debe hacer?» «¡Oh!, ¡qué excelente pregunta!, dijo Kao-Yao. Que observe atentamente y que vea las cosas desde lo alto. Muy pronto todos sus parientes de las nuevas generaciones se mostrarán generosos los unos con los otros y conservarán el orden establecido por la Naturaleza; todos los hombres inteligentes le ayudarán con todas sus fuerzas. Por este medio podrá, comenzando por lo que hay a su alrededor (por sus parientes), alcanzar lo que se encuentra lejos (los habitantes de sus dominios y de todo el Imperio). «Yu testimonió con un saludo su admiración por estas palabras notables, y dijo: «Sí.»

2. Kao-Yao, dijo: «Bien. Para eso es preciso conocer a los hombres y procurar la tranquilidad al pueblo.» Yu respondió: «Cierto, mas el emperador Yao en persona difícilmente lograba reunir ambas cosas. El que conoce a los hombres es perspicaz, y sabe confiar a cada uno el empleo que le conviene. El que procura la tranquilidad al pueblo es bienhechor; la raza de negro cabello le da su afecto. ¿Es que un príncipe perspicaz y bienhechor debe temer a un ministro infiel como Huan-teu? ¿Tiene necesidad de relegar en un país más lejano a rebeldes como los Mao? ¿Qué tiene que temer de los hombres de lenguaje artificioso, de rostro hipócrita, de corazón profundamente astuto?»

3. Kao-Yao, dijo: «Bien. Se cuenta en total nueve cualidades que contribuyen a hacer la conducta perfecta. Generalmente, cuando se dice que un hombre posee tal o cual cualidad, se quiere decir que hace tal o cual cosa.» Yu dijo: «¿Cuáles son estas cualidades?» Kao-Yao respondió: «Es preciso tener un corazón abierto, pero poniendo cuidado en no mostrarse excesivo en la generosidad; ser flexible, pero firme; ser sencillo, pero digno; establecer el orden, mas con respeto; ser acomodaticio sin debilidad; mostrarse recto con dulzura; no ser excesivamente minucioso, pero sí esmerado; ser severo, mas según la razón; obrar con fuerza, pero con justicia. El que despliega constantemente estas nueve cualidades es perfecto.

4. El que a diario despliega tres de estas nueve virtudes es capaz de ser un gran prefecto y de regir un dominio con prudencia y sabiduría. Si el Emperador atrae a sí y distribuye sobre la faz del Imperio todos los hombres de mérito, Jas nueve virtudes serán ejercidas. Los hombres eminentes por sus virtudes y sus talentos ocuparán los cargos importantes. Todos los oficiales rivalizarán en celo. Todos los funcionarios cumplirán sus deberes en un tiempo razonable, y se conformarán a los cinco elementos o a las cuatro estaciones del año. Todos los trabajos serán perfectamente realizados.

5. No des a los príncipes el ejemplo de la pereza y de la corrupción. Se diligente y circunspecto; en uno o dos días pueden surgir diez mil dificultades. No hagas todos los cargos inútiles confiándolos a hombres incapaces. Los oficiales defienden la plaza y hacen la obra del Cielo.

6. El Cielo es el que ha establecido las leyes de las cinco relaciones o categorías sociales, y a nosotros incumbe el hacer que se cumplan estas cinco leyes, y estén en vigor. El Cielo ha ordenado los usos propios a las cinco categorías de la sociedad; a nosotros corresponde trabajar en la observancia de estas cinco clases de usos, y hacer que sean bien observados. Respetemos y observemos de concierto estas leyes y estos usos y la armonía de las pasiones y de los sentimientos reinará en todos los corazones. El Cielo es el que pone en los cargos a los hombres virtuosos; ¡los cinco grandes castigos y sus cinco grandes aplicaciones deben estar en vigor! En cuanto a los negocios públicos, ¿no deben ser objeto de todos nuestros esfuerzos?

7. El Cielo oye por los oídos y ve por los ojos de nuestro pueblo. El Cielo honra la virtud y asusta al vicio por medio de nuestro pueblo. Existe estrecha correspondencia entre el Cielo y la Tierra por su intermedio. ¡Cuánto cuidado no deberán poner los señores de la Tierra!

8. Kao-Yao dijo: Mis principios están conformes con la razón, y pueden no ser puestos en práctica.» Yu respondió: «Sí. Principios, puesto en práctica, producirán muy felices resultados.» «No estoy seguro de ello, dijo Kao-Yao. Mi deseo es el de secundar al Emperador, y me esfuerzo en contribuir a hacer su gobierno perfecto.»

Capitulo V

Y TSI

1. El Emperador Chuen dijo: «Yu, ven. Tú también debes tener excelentes consejos que darme.» Yu saludó y dijo: «Kao-Yao ha hablado admirablemente, Príncipe, ¿qué puedo añadir? En lo que a mí se refiere, me aplico al trabajo diariamente y con actividad.» «¿Y de qué forma?», preguntó Kao-Yao. Yu respondió: «Las aguas desbordadas se elevaban hasta el cielo; en su vasta extensión rodeaban las montañas y cubrían las colinas. Los hombres estaban consternados y perecían en este océano. Yo he viajado de cuatro maneras diferentes. He seguido las montañas y cortado árboles para abrirme camino. Con I, procuraba a la multitud el medio de tener carne y pescado para comer. He desembarazado el lecho de los ríos en las nueve provincias, y les hice vaciarse en los cuatro mares. En los campos, hice excavar diversos canales, grandes y pequeños, que comunicaban todos con los ríos. Con Tsi sembré las tierras, y proporcioné a la multitud, además de la carne de los animales, los granos aún difíciles de cultivar. Incité al pueblo a transportar de un lugar a otro lo superfluo de los productos, y a hacer transacciones. Muy pronto nadie careció de grano. Todos los estados comenzaron a reconstituirse regularmente.» Kao-Yao dijo: «Sí; debemos tomar por modelo la magnífica abnegación que ha mostrado y cuyas obras nos recordó.»

2. Yu dijo: «Bien, príncipe. Aplícate a cumplir los deberes de tu cargo.» «Sí», respondió el Emperador. Yu continuó: «Tiende invariablemente a tu fin, que es la práctica de la virtud y el buen gobierno de los pueblos. Pon cuidado en los primeros indicios, piensa en los medios de afirmar tus obras, ten ministros honrados, y todos responderán al menor signo de tu voluntad, y estarán prestos a ejecutar tus órdenes. Se verá claramente que eres el mandatario del rey del Cielo; el Cielo continuará otorgándote su mandato y te colmará de bienes.»

3. El Emperador dijo: «A los ministros y a los familiares conviene elegirlos bien.» Yu dijo: «Sin duda.»

4. El Emperador dijo: «Los ministros son como los brazos, las piernas, los ojos y los oídos del soberano. Deseo ser útil a mi pueblo de todas las maneras; vosotros debéis ayudarme. Deseo extender mi influencia sobre todas las partes del Imperio: obrad vosotros de acuerdo conmigo. Deseo ver reaparecer los emblemas de antaño: el Sol la Luna, las estrellas, las montañas, los dragones y los faisanes representados en los bordados (de la túnica); los vasos sagrados, las algas, las llamas, los granos de arroz, las hachas y los otros adornos bordados (en el vestido inferior). Desearía ver brillar los cinco colores (81) en los trajes oficiales. Ordenad sean puestas estas marcas distintivas de las dignidades (82). Deseo oir los seis tubos varoniles (83), las cinco notas de la escala, los sonidos de las ocho clases de intrumentos. Deseo comprobar si la administración es buena o mala, oyendo los cantos, unos en la corte imperial y los otros que vienen de fuera de la corte imperial, y que están todos compuestos de las cinco notas. Oidlos por mí.

5. Si me extravío, ayudadme a volver al buen camino. Guardaos de aprobar mis decisiones delante de mí, para hablar luego de trás de mí de una manera muy distinta. Poned cuidado en el cumplimiento de vuestro cometido, vosotros que sois mis brazos, mis piernas, mis ojos, mis oídos, y me interesáis por cuatro títulos.

6. Los numerosos insensatos que difunden calumnias no son de esos que dicen francamente la verdad. Emplead el tiro al blanco (84) para descubrirlos, los azotes para inculcarles vuestras advertencias en la memoria, y los registros para anotar sus faltas. Desead sinceramente que se corrijan a fin de que no sean castigados con la pena capital y puedan vivir largo tiempo con vosotros. Que el jefe de la música (para cubrirlos de vergüenza) haga cantar las palabras que hayan dicho y que le habrán sido repetidas; que divulguen en toda ocasión sus sentimientos. Si se corrigen, podrán ser presentados y elevados a los cargos públicos; si no, deberán ser castigados severamente.

Yu respondió: «Es muy de alabar lo que dices, pero no basta. Príncipe, da muestra de tu virtud por todos lados, hasta en las orillas verdosas de los mares; los hombres virtuosos y capaces de los diversos países habitados por la raza de cabellos negros, vendrán todos a servirte, y los elevarás a los cargos oficiales. Exige informes de todos aquellos que aspiren a los empleos, a fin de conocerlos por su lenguaje y por sus escritos, juzga por sus obras a todos los oficiales que ocupan un puesto importante; y como recompensa da coches y trajes en relación con los servicios prestados. ¿Quién se atreverá en tales circunstancias a no mostrarse modesto? ¿Quién se negará a responder con respeto a tus deseos? Si procedes de otra manera, tus oficiales se mostrarán cada vez más descuidados.

8. No imites la arrogancia de Tchu, príncipe de Tan (85). No gustaba sino el reposo y los placeres. El orgullo y la crueldad inspiraban todos sus actos, y esto de continuo, de día y de noche. Viajaba en barca sobre la tierra firme, es decir, cometía toda clase de extravagancias. Con sus compañeros, entregábase a la crápula en su casa. A causa de sus desórdenes, su familia perdió la dignidad imperial: yo puse gran cuidado en no imitarle. Cuando me casé con una princesa de T'u chan, no me quedé con ella sino los días sin, jen, kuei, kia; al cabo de estos cuatro días, me apresuré a volver a mis trabajos. En la época en que mi hijo K'i vagueaba y lloriqueaba, se vio privado de los cuidados paternales. Por completo entregado a los trabajos que reclaman las tierras, ayudé al Emperador a agrandar las cinco circunscripciones en un espacio de cinco mil estadios. Doce institutores fueron nombrados en cada una de las nueve provincias, y cinco jefes en cada una de las cuatro regiones que se extienden desde las nueve provincias hasta los cuatro mares. Estos institutores y estos jefes han merecido elogios. En su locura, sólo el príncipe de Miao se negó a obedecer. Que el Emperador piense seriamente en ello. El Emperador dijo: Si mis enseñanzas son seguidas en todos lados, es gracias a ti, que tan bien has sabido ordenar tu obra. Actualmente, Kao-Yao continúa con respeto la ejecución de tus planes, y aplica con perspicacia los castigos prescritos.»

9. K'uei (que era prefecto de la música), dijo: «Cuando se golpea fuerte o ligeramente las piedras musicales, o se tocan fuerte o ligeramente las cuerdas de dos laudes diferentes, y los sonidos de estos instrumentos alternan con las voces de los cantores, los manes de los antepasados llegan, el huéped de Yu toma asiento y asiste a la ceremonia y todos los príncipes muestran su virtud por su mutua cortesía. En la parte baja de la sala o de las escaleras, las flautas y los tamboriles unen sus acordes, en cuanto la señal es dada por la caja de madera, y se detienen a una señal dada por el tigre echado. Los órganos de boca y las campanas déjanse oír a intervalos. Los pájaros y los cuadrúpedos se estremecen de alegría. Cuando se ejecutan los nueve cantos llamados Siao chao, los dos fénix acuden y se agitan con elegancia.» (86).

10. K'uei dijo: «Cuando yo golpeo las piedras musicales ligeramente o fuertemente, los animales de todas clases se estremecen; todos los jefes de los oficiales están verdaderamente en armonía.»

11. El Emperador, aprovechando esta buena armonía quiso componer un canto, y dijo: «Es preciso observar el mandato del Cielo, en todo tiempo y hasta en las menores cosas.» Y luego cantó así: «Si los brazos y las piernas (87) cumplen su cometido con alegría, la cabeza (88) se erguiría con gloria, y todos los oficios serán bien llevados.» Kao-Yao se prosternó, inclinó la cabeza hasta sus manos, y luego hasta el suelo y con voz elevada y rápidamente dijo al Emperador: «Piensa bien en ello. Eres el encargado de dirigir las empresas, de aconsejar las obras. Pon atención en las reglas que debes observar, pon atención. Examina con frecuencia lo que has hecho, ten cuidado.» Entonces, para

continuar y completar el canto que el Emperador había compuesto, dijo: «Si la cabeza es inteligente, los brazos y las piernas cumplirán con su deber, y todo marchará bien.» Luego cantó así: «Si la cabeza quiere ordenarlo todo por sí misma, hasta en los menores detalles, los brazos y las piernas estarán en la ociosidad, todo languidecerá.» El Emperador saludó y dijo: «Sí, Ministro, ve, cumple tu misión; mas pon cuidado.»

SEGUNDA PARTE

ANALES DE LA DINASTIA DE LOS HIA

Capítulo I

Tributo De Yu (89)

1. Yu dividió el territorio en nueve provincias. Siguiendo las montañas, cortó los árboles (para abrirse camino). Y así llegó al completo conocimiento de las altas montañas y de los grandes ríos (a fin de determinar los límites respectivos de las nueve provincias).

2. En el Ki tcheu, comenzó sus trabajos en Hu K'eu, prodigando sus cuidados al monte Leang y K'i, reparando los trabajos de su padre Kuen en T'an huai, concluyendo bien su obra, y alcanzó el Heng y el Tchang.

3. En esta provincia la tierra es blanca y floja, fácil de labrar. La cantidad del impuesto varía entre la primera y la segunda clase. Las tierras son de cinco clases. El Heng y el Uei volvieron a su antiguo cauce. El llano de Ta-lu pudo ser cultivado. Los bárbaros habitantes de las islas vinieron a ofrecer trajes adornados de pieles (como tributo). Para dirigirse a la capital del Imperio, bordean a la derecha la colina llamada Kie cheu y entran en el Río-Amarillo.

4. Entre el Tsi y el Río-Amarillo se encuentra la provincia de Yen. Los nueve brazos del Río-Amarillo siguen cada uno su cauce. Hubo un lago en Lei hia. El Yung y el Tsiu unieron sus aguas. Los terrenos propios para el cultivo de la morera pudieron alimentar al gusano de seda. Los habitantes descendieron de las alturas y se establecieron en la llanura.

5. En esta provincia la tierra es negruzca y compacta. Las plantas herbáceas crecen maravillosamente y los árboles son muy elevados. Las tierras son de sexta clase, y los productos del impuesto de novena (90). Y aun este pequeño impuesto no fue exigido sino después de trece años de cultivo, al contrario de las demás provincias. Los habitantes ofrecen como tributo al Emperador barnices, y sedas más cestas llenas de tejidos con dibujos de flores. Para ir a la capital del Imperio, sus barcas siguen el Tsi, el T'a y entran en el Río-Amarillo.

6. Entre el Tai chan y el mar se encuentra la provincia de Ts'ing. El país de los Yu-i fue rodeado de un parapeto de tierra. El Uei y el Tcheu siguieron sus cauces. En esta provincia la tierra es blanca y compacto. Junto al mar se encuentran vastos terrenos áridos y salados. Las tierras son de tercera clase, y los productos del impuesto de cuarta clase.

7. Los habitantes ofrecen como tributo al Emperador gran cantidad de sal, fino lienzo de dolico, diferentes productos sacados del mar, juntamente con seda, cáñamo, plomo, abetos y piedras extraordinarias procedentes de los valles de Tai chan. Los

bárbaros de Lai llevan la vida pastoril. En sus canastillos ofrecen al Emperador seda, que es el producto de sus moreras silvestres. Para ir a la capital del Imperio, sus barcas siguen el Uen, entran en el Tsi, luego en el Río-Amarillo.

8. El mar, el Tai chan y el Huain forman los límites de la provincia de Sin. El Huai y el I pudieron ser encauzados. Las colinas Mung y Yu fueron cultivadas. En Ta-ie hubo un lago. El país de Tung-iuen fue nivelado. En esta provincia la tierra es roja, arcillosa, compacta. Las plantas prosperan cada vez más, formando espesuras de árboles y boscajes. Las tierras son de segunda clase, y el impuesto de quinta.

9. Ofrecen los habitantes en tributo al Emperador, tierras de todos los colores, plumas de faisán de matices variados, procedentes de los valles inmediatos al monte Iu, elecocas que crecen aisladas al sur del monte I, piedras musicales que surjen y parecen flotar en la superficie del agua, en las orillas del Seu, perlas y pescados procedentes de las orillas del río Huai. Los habitantes ofrecen al Emperador en sus canastillos telas de seda, unas azules, otras blancas, las otras tejidas con trama blanca sobre una cadeneta negra. Para ir a la cpitl del Imperio, sus brcas siguen el Huai, el Seu, y entran en el Río-Amarillo.

10. Entre el Huai y el mar se extiende la provincia de Iang. Hubo un lago en P'eng-li. Las ocas silvestres se detienen allí. Los tres Kiang vertieron sus aguas en el mar. El lago Tchen fue circunscrito. Los bambúes, gruesos o delgados, fueron propagados. En esta provincia, las plantas herbáceas son grandes y delicadas, los árboles son muy elevados. La tierra es húmeda y fangosa. Las tierras son de noveno orden, el impuesto varía entre la sexta y la séptima clase.

11. Ofrecen, en tributo al Emperador, tres clases de metales (oro, plata y cobre), hermoso jade (o dos clases de jade), bambúes unos gruesos y otros delgados, colmillos de elefante, cuero, plumas, pelos, árboles y trajes de tela procedente de las islas. Presentan canastillos llenos de tejidos de seda con dibujos de flores que imitan las venas de las conchas más lindas. Naranjas y toronjas son ofrecidas al Emperador, cuando él desea este don. Las barcas descienden el Kiang, siguen a lo largo de la costa, entran en el Huai y el Seu y remontando el Río-Amarillo van a la capital.

12. La provincia de King se extiende desde el monte King hasta más allá del monte Heng. El Kiang y el Han corrieron al mar como los príncipes van a la corte imperial. Los tres Kiang fueron perfectamente dirigidos. El T'uo y el Tsien siguieron cada uno su cauce. En las marismas de Iun, la tierra quedó al descubierto, y junto al Mung, los trabajos de cultivo comenzaron. En esta provincia la tierra es húmeda y fangosa. Las tierras cultivadas son de octava clase, los productos del impuesto son de tercera clase.

13. Ofrecen como tributo al Emperador plumas, pelo, colmillos de elefante, cuero, tres claess de metales (oro, plata y cobre), madera de zumaque para hacer arcos, cedros, cipreses, piedras de sillería, piedras de afilar, piedras para hacer puntas de flechas, cinabrio. Los más hermosos bambúes de la especie k'iun y lu (para fabricar flechas) y las mejores maderas de hu (para hacer arcos) son ofrecidos por los tres principados (los más cercanos al lago Iun y Mung). Ofrecen también una especie de grama triangular conservada en

cajas (para filtrar los líquidos destinados a los sacrificios). En los canastillos ofrecen piezas de seda, unas blancas y otras rojas, y perlas angulares ensartadas juntas. La región irrigada por los nueve Kiang ofrece grandes tortugas. Para ir a la capital del Imperio, los habitantes del King tcheu siguen en barca el curso del Kiang, del Tou, del Tsien y del Han, van por vía de tierra hasta el Lo, y llegan hasta la parte meridional del Río-Amarillo.

14. Entre el monte King y el Río-Amarillo se extiende la provincia de Iu. El, I y el Lo, y el Tch'an, y el Kien desaguan en el Río-Amarillo. El Hiung y el Puo forman un lago. El lago Ko vierte el exceso de sus aguas en el lago Meng-tchu. En esta provincia la tierra es generalmente blanda; en los lugares bajos es compacta, negra y floja. Los campos cultivados son de cuarta clase, el importe del impuesto varía entre la primera y la segunda clase.

15. Los habitantes de esta región ofrecen como tributo al Emperador barnices, cáñamo fino en lienzo de dolico, y tela gruesa de cáñamo. En los canastillos le presentan piezas de seda, cuya cadenilla es negra y la trama blanca, y suave borra de seda. Como tributo extraordinario, piedras que sirven para pulir las piedras musicales. Las barcas descienden el Lo y entran en el Río-Amarillo.

16. La provincia de Leang, situada al sur del manso Hua, se extiende hasta el río Negro. Las colinas de Min y de Puo fueron cultivadas. El Tuo y el Tsien hiciéronse accesibles, y se celebraron en ellos sacrificios. Se consiguió agrupar a las tribus extranjeras en las orillas del Huo. En esta provincia la tierra es negruzca. Los campos cultivados son de séptima clase y los productos del impuesto oscilan entre la séptima y la novena clase.

17. Los habitantes ofrecen, como tributo al Emperador, jade para tallar piedras musicales, hierro, plata, acero, piedras para hacer puntas de flechas, piedras musicales corrientes, y pieles de oso común, osos de gran tamaño, zorros y gatos salvajes, y tejidos fabricados con pelo de estos animales. Los habitantes vienen del monte Si K'ing siguiendo el curso del Huan, descienden el Tsien, van por vía de tierra hasta el Mien entran en el Uei y atraviesan el Río-Amarillo.

18. Entre el río Negro y la parte occidental del Río-Amarillo se encuentra la provincia de Yung. El río Jo corre hacia el occidente. El King comunicó con el Uei y el Juei, como también el Ts'i y el T'sin, y lo mismo sucedió con el Fung. Diversos sacrificios fueron ofrecidos a los espíritus del monte King y del monte K'i, así como a los espíritus de las otras montañas, desde el Chung nan y el Tuen o hasta el Niaschu. Los trabajos terminaron felizmente en los llanos y en los valles hasta el lago Tchu-ie. El país de San-uei llegó a ser habitable, los San-miao (corregidos) merecieron la indulgencia del Emperador.

19. La tierra de Yung tcheu es amarilla y blanda. Los campos cultivados son de primera clase, la renta del impuesto de sexta clase. Los habitantes ofrecen como tributo al Emperador dos clases de jade y dos especies de piedras preciosas. Para ir a la capital del Imperio, sus carros van del monte Tsi-cheu al monte Lung men y a la parte Oriental del Río-Amarillo, o bien siguen el Uei y el Juei. Del monte Kuen liun, del monte Si-Tchen,

del monte K'iu seu vienen telas y piedras (ofrecidas como tributo). Las tribus nómadas del oeste se han sometido.

20. Yu hizo practicable el monte K'ien, el monte K'i y fue hasta el monte King, cortando los árboles, practi cando caminos y dirigiendo las aguas por canales. Ha biendo atravesado el Río-Amarillo, desembarazó el mon te Hu-Ken, el monte Lei-cheu, desde donde fue al monte T'ai-io, luego al monte Tcheu-tchu, el monte Si-tch-eng, de donde fue al monte Uang-u; después al monte T'aihang, al monte Heng, desde donde fue al monte Kiecheu. Hizo correr las aguas hasta el mar. El monte Si-K'ing, el monte Tchuiu, el monte Niao chu, desde don de fue al monte T'ai hua, luego al monte Hiungeul, al monte Ua, al monte T'ung, desde donde fue al monte P'ei uei.

21. Desembarazó el monte Pout-chung, desde donde fue al monte King; luego el monte Nei fang, desde donde fue al monte Ta pie; luego la parte meridional del monte Min, desde donde fue al monte Heng, atravesó la región irrigada por los nueve Kiang, y llegó al monte Fu ts'ien iuen.

22. Encauzó el río Jo, fue hasta el Ho e hizo correr el exceso de aguas a las arenas movedizas Dirigió el río Negro que llegaba hasta Ean-uei y le hizo correr hacia el mar del sur.

23. Dirigió el Río-Amarillo desde el monte Tsi-chue al monte Lung-men; de allí, hacia el mediodía, hasta la parte norte del monte Hua, hasta el monte Tcheu-tchu; más al este, hasta el vado de Meng-stin. Continuando luego hacia el este, pasó el confluente del Río-Amarillo y del Lo, y fue hasta Ta p'ei. Remontando hacia el norte, pasó el Kiang y fue hasta Ta-lu. Yendo siempre hacia el norte, dividió la corriente del Río-Amarillo, que forma los nueve ríos, y luego los reunió a la corriente principal y los condujo al mar.

24. Merced a los trabajos de Yu, el río Yang, llevado del monte Puo Tchung, vertió sus aguas hacia el este, y se convirtió en el Han; luego, más al este, tomó el nombre de Ts'ang-lang que recibió el San cheu, pasó al pie del Ta Pie, y se encaminó hacia el sur, desaguando en el gran Kiang. De allí, volviendo hacia el este, forma el lago P'eng li. Aún más al este, se convirtió en el King septentrional y fue hasta el mar.

25. El Kiang nace en el monte Min, y diviéndose al este, forma el T'uo. Más al este, alcanza el Sai, atraviesa la región irrigada por los nueve Kiang, y pasa pie del monte Tuan ling. Después de haber continuado su curso hacia el este, se dirige hacia el norte, comunicando con el lago (P'eng-li o Pu'o-iang), vuelve a tomar su curso hacia el este, y se convierte en el Tchung Kiang y desemboca en el mar.

26. El Yen fue dirigido hacia el este, se convirtió en el Tsi, se arrojó en el Río-Amarillo, y luego, reapareciendo, se convirtió en el Hiung. Corriendo (bajo tierra) hacia el este, salió nuevamente a luz al norte de T'ao K'iu, volviendo a seguir su curso hacia el este, alcanzó el lago Ko. De ahí tomó al norte, luego al este, y se lanzó al mar.

27. El Huai corrió del monte T'ung-pe hacia el este, recibió el Seu y el I, y continuando su curso hacia el este, se arrojó al mar.

28. El Uei corrió en el monte Niao chu t'ung hacia el este, recibió el Fung, más lejos, al este, se unió al King, y más lejos aún, al este, recibió el Ts'i y el Tsin, y se lanzó en el Río-Amarillo.

29. El Lo nació en el monte Hiung-eul hacia el nordeste, recibió el Kien y el Tch'an; más lejos hacia el este, se unió al I. Continuando su curso hacia el este, se lanzó en el Río-Amarillo.

30. Estos trabajos fueron ejecutados igualmente en las nueve provincias. Todo el país hízose habitable hasta las orillas de los cuatro mares. En las nueve provincias multitud de árboles fueron derribados, trazáronse caminos y se ofrecieron sacrificios en las montañas; los manantiales fueron limpiados, los lagos fueron rodeados de diques, y el exceso de aguas se vertió en los cuatro mares.

31. Las seis fuentes de riquezas fueron mejoradas (91). Los terrenos comparados y clasificados, a fin de que los impuestos fueran proporcionados a los productos. Las tierras fueron divididas en tres clases, y el impuesto determinado según los principados.

32. Yu otorgó diferentes dominios y ennobleció a diferentes familias que eran dignas de ello. «Me esfuerzo, dijo, en dar el buen ejemplo, a fin de que todos imiten mi conducta.»

33. El dominio particular del Emperador se extiende a quinientos estadios alrededor de la capital. Hasta la distancia de cien estadios los habitantes dan como tributo al Emperador la espiga con el tallo entero. Entre ciento y doscientos setadios, dan la espiga y la mitad del tallo. Entre doscientos y trescientos esadios, dan la espiga con la mitad del tallo despojado de sus hojas, y quedan obligados a prestar un servicio al Emperador o a pagar cierta cantidad. Entre trescientos y cuatrocientos setadios, se da solamente el grano en su cascarilla. Entre cuatrocientos y quinientos estadios, dan el grano despojado de su envoltura (92).

34. Más allá del dominio imperial, une zona de quinientos estadios de anchura forma los dominios feudales. Los cien estadios más próximos son dados a los ministros de Estado y a los grandes prefectos; los cien estadios próximos, a los feudatarios de quinta clase, y los trescientos estadios restantes a los demás feudatarios (93).

35. Más allá de los dominios feudales, una zona de quinientos estadios constituye el dominio de la paz (94). En una extensión de trescientos estadios, los menos lejanos, los príncipes de los otros doscientos estadios se esfuerzan en defender el país por medio de las armas.

36. Más allá del dominio de la paz, una zona de quinientos estadios constituye el dominio de la represión. Los trescientos estadios menos lejanos son habitados por los bárbaros I, los otros cien estadios restantes son para los desterrados.

37. Más allá de los dominios de la represión una zona de quinientos estadios forma el dominio salvaje; los trescientos estadios menos lejanos están ocupados por los bárbaros Man, los otros doscientos por los culpables desterrados a una gran distancia.

38. El país que recibió los cuidados de Yu y fue dividido por él en nueve provincias, está bañado al este por el mar y limitado al oeste por la arena movediza. Al norte y al sur se extiende hasta las regiones más remotas. La celebridad de los trabajos de Yu y la influencia de sus ejemplos llegaron hasta los cuatro mares. Yu presentó una tableta negra al Emperador Chuen y le anunció que su obra estaba terminada.

Capítulo II

Arenga Pronunciada En Kan

1. Antes de la gran batalla de Kan, el Emperador hizo venir a los seis ministros de Estado.

2. Y dijo a sus oficiales y soldados: «¡Guerreros que servís en mis legiones!, tengo que haceros una importante advertencia.

3. »El príncipe de Hu arruina y ultraja a los cinco elementos (95), rechaza con desdén los tres meses adoptados para el comienzo del año (96). Por lo tanto, el Cielo anula su mandato y le retira el poder de gobernar el principado. Ahora no hago sino ejecutar con respeto la sentencia pronunciada por el Cielo contra él.

4. »Si aquellos de vosotros que se encuentran a vuestra izquierda sobre los carros de guerra no cumplen bien su cometido, desobedecerán mis órdenes y serán condenados a muerte; ante los espíritus tutelares del país, los castigaré de muerte, y también a sus mujeres y a sus hijos.» (97)

Capítulo III

Cantos De Los Cinco Hijos

1. El Emperador T'ai k'ang, nieto del gran Yu (98), inerte sobre el tronco, como representante de un muerto, había sofocado sus buenas cualidades en el reposo y los placeres. Había perdido la afección de toda la raza de cabellos negros, lo que no le impedía continuar dando rienda suelta a sus caprichos. Habiendo ido a cazar más allá del Lo, cien días después de su partida no estaba aun de vuelta.

2. I, príncipe de K'iung, aprovechando el descontento del pueblo que no podía ya soportar a T'ai K'ang, le interceptó el paso en las orillas del Río-Amarillo.

3. Los cinco hermanos de T'ai K'ang habían seguido a este príncipe con su madre, y le esperaban en uno de los recodos (al norte) que forma el Lo. En su indignación, estos cinco hijos (hermanos de T'ai K'ang), recordando las advertencias del gran Yu, compusieron cantos:

4. El primero dijo: «Nuestro abuelo nos ha enseñado que es preciso querer al pueblo, y no ultrajarle; que el pueblo es la base del Estado; que si los cimientos son sólidos, el Estado estará tranquilo.

5. «Cuando considero el Imperio, paréceme evidente que, si pierdo el afecto del pueblo, me encontraré solo, sin sostén, y que a partir de este momento, cualquier particular, una simple mujer podrá vencerme; si yo, que soy el soberano, cometo frecuentemente faltas, ¿debo, antes de corregirme, esperar a que todos las conozcan? Debo pensar en ello antes de que sean públicas. Encargado de dirigir a un pueblo numeroso, tiemblo como si guiara con bridas podridas un tiro de seis caballos. ¿Es posible, que quien se encuentra por encima de los demás no esté en continua vigilancia?»

6. El segundo dijo: «Nuestro abuelo nos ha enseñado que, cuando un príncipe se abandona a la voluptuosidad en su palacio, cuando se entrega apasionadamente a la caza, o que gusta del vino, la música, los edificios muy elevados o las paredes cubiertas de pinturas, uno solo de estos seis defectos basta para empujarle inevitablemente a su ruina.»

7. El tercero dijo: «El príncipe de T'ao y de T'ang (Yao) tomó posesión de esta tierra de Ki, y desde entonces los emperadores han establecido aquí su residencia. Ahora los principios de Yao son abandonados, sus leyes y reglamentos atropellados, y por consiguiente, la ruina está próxima.»

8. El cuarto dijo: «¡Con qué sabiduría nuestro abuelo ha presidido el Gobierno de todos los Estados! Tenía leyes, reglas que ha dejado a sus descendientes. El peso de ciento veinte libras y el de treinta libras, que le sirvieron para establecer por todos lados la uniformidad de los pesos, están conservados en el tesoro imperial. Pero el hilo de las tradiciones que nos legó se nos ha escapado de las manos; el templo de nuestros antepasados será demolido y las ofrendas cesarán.» (99).

9. El quinto dijo: «¡Ay! ¿Adónde vamos? La tristeza azruma mi corazón. Todo el pueblo nos trata como a enemigos. ¿En quién encontraremos apoyo? Mi corazón está angustiado, mi rostro erojece de vergüenza. El que no presta atención a sus actos, ¿es que puede reparar sus faltas, aun cuando se arrepienta de ellas?»

Capítulo IV

Expedición del Príncipe de In

1. Tchung K'ang (100), apenas revestido de la dignidad imperial, ordenó al príncipe de In que tomara el mando de seis legiones. Hi y Huo descuidaban completamente los deberes de su cargo y retirados en sus dominios entregáronse a la embriaguez. El príncipe de In fue comisionado por el Emperador para castigarlos.

2. El príncipe de In, arengando a sus tropas, les dijo: «Oid todos los que estáis bajo mi mando: los sabios nos han dejado enseñanzas que han meditado largo tiempo, y cuya eficacia hemos comprobado para afirmar y conservar el Imperio. Los antiguos soberanos

mostrábanse atentos a las advertencias del Cielo, sus ministros observaban reglas constantes, todos los oficiales les secundaban, y por ello esos príncipes reinaron con gloria.

3. «Cada año en el primer mes de la primavera, el heraldo imperial, tomando una campanilla con badajo de madera, reunía al pueblo y le decía:

»Que los oficiales encargados de dirigir y de instruir al pueblo, ilustren con sus consejos a la administración imperial ,que los artesanos mismos presenten opiniones y críticas acerca de las cosas que conciernen a sus oficios. Si alguien no se atreve a respetar esta orden, el Estado tiene siempre en vigor los castigos convenientes.»

4. «Hi y Huo llevan una conducta desordenada, se entregan al vino y se degradan. Han abandonado su em pleo y dejado su puesto. Por un desorden, hasta ahora sin ejemplo, han trastornado las leyes de la astronomía y descuidado completamente los deberes de su cargo. El primer día del tercer mes de otoño, los dos astros (el Sol y la Luna) no se han encontrado armoniosamente en la constelación de Escorpión (101). Los músicos han redoblado el tambor, los oficiales inferiores y los empleados, sacados del seno del pueblo, han corrido con apresuramient al socorro del Sol. Hi y Huo, inertes en su oficio, como los representantes de un muerto en una ceremonia, han fingido no oír nada, no saber nada. Se han engañado groseramente acerca de los fenómenos celestes, y han merecido la pena de muerte decretada por los antiguos soberanos. En las leyes de Gobierno se dice: «El que avanzare el tiempo será condenado a muerte sin remisión; el que retardare el tiempo será condenado a muerte sin remisión (102)».

5. «Ahora soy el encargado de ejecutar con vosotros la sentencia ordenada por el cielo. Todos vosotros, valerosos soldados, unid vuestros esfuerzos para servir a la familia imperial. Me ayudaréis, espero, a cumplir las voluntades severas del Hijo del cielo.»

6. «La llama en la cima del monte Kuen devora igualmente las piedras preciosas y las piedras comunes. Si el delegado del Cielo (el Emperador o su ministro) se excede en el cumplimiento del deber, será peor que la llama más furiosa. Condenaré a muerte a los principales jefes de la revolución; pero no castigaré a aquellos que se han visto obligados a seguirlos. A todos aquellos que han sufrido desde larga fecha la influencia de sus malos ejemplos, les dejaré la facultad de corregirse.»

7. «En verdad, un jefe militar más severo que indulgente triunfa en sus empresas; por el contrario, el que es más indulgente que severo no obtiene éxito alguno. Así, pues, vosotros todos, soldados, sed valerosos y tened cuidado, porque no debéis contar con mi indulgencia.»

TERCERA PARTE
ANALES DE LA DINASTIA DE LOS CHANG (103)

Capítulo I
Arenga De T'ang (104)

1. El Emperador dijo: «Acércate, pueblo numeroso, oye y comprende bien lo que voy a decirte. Soy como un niño; no sería yo quien se atreviera a promover una sedición. Mas el príncipe de Hia ha perpetrado muchos crímenes, y el Cielo ha ordenado su pérdida (105).

2. »Ahora, pueblo numeroso, te dices: «Nuestro príncipe no tiene compasión de nosotros. Nos ordena que abandonemos el trabajo de la siega, para ir a castigar a la raza de los Hia.» He oído vuestras palabras. Mas el jefe de la familia de los Hia es culpable; y por respeto a la voluntad del rey del Cielo no me atrevo a abstenerme de castigarlo.

3. »Me responderéis. «¿Qué nos importan a nosotros los crímenes del príncipe Hia?» Os responderé: El emperador Hia ha agotado las fuerzas de sus súbditos, despuebla la China (por los suplicios que inflije). Todos los habitantes fatigados y descontentos dicen: «¿Cuándo perecerá ese sol? Con tal que perezca consentimos en perecer contigo.» Tal es el resultado de la conducta del príncipe de Hia; yo debo marchar contra él.

4. »Me ayudaréis, lo espero, a ejecutar la sentencia de condenación pronunciada por el Cielo. Os recompensaré magníficamente; no lo dudéis, cumpliré mi palabra. Pero si no respondéis a mi llamamiento, os condenaré a muerte, a vosotros, a vuestras mujeres y a vuestros hijos; no perdonaré a nadie (106)».

Capítulo II
Advertencia De Tchung Huei

1. T'ang, el Victorioso, después de haber relegado a Kie en Nan tch'ao, tenía vergüenza de su propia conducta (107). Decía: «Temo que en las edades futuras mi ejemplo sirva de pretexto para confirmar pretensiones injustas.»

2. Entonces Tchung Huei (108) expuso su opinión en estos términos: «Era verdad, los hombres al nacer tienen pasiones que el mismo Cielo ha puesto en sus corazones; cuando no son gobernados por un amo, viven en el desorden. Por eso el Cielo hace que nazcan hombres de una inteligencia superior y les encarga que dirijan a los demás. El príncipe de Hia obraba de una manera insensata y por su tiranía precipitaba al pueblo al fango y sobre carbones encendidos. El Cielo te ha dado fuerza y sabiduría, y luego te ha hecho emperador. Te ha encargado que creases el orden en todos los estados con tu ejemplo y administración, que continuases los trabajos emprendidos en otro tiempo por

el Gran Yu. Siguiendo las reglas trazadas por Yu, serás fiel al mandato que el cielo te ha confiado.

3. »El emperador Hia, en su maldad, pretextaba falsamente la voluntad del Cielo para imponer a sus súbditos su propia voluntad. Pero el Rey del Cielo no ha aprobado su voluntad y se ha servido del príncipe Chang para gobernar el Imperio e ilustrar al pueblo.

4. »Gran número de personas despreciaban la virtud y el talento y halagaban a los que estaban en el poder. Nuestro principado, que comenzaba a ser poderoso en el Imperio, apareció, a los ojos de Kie, como la zizaña que crece en medio del buen grano. Todos, grandes y pequeños, temblábamos. Todos temíamos por los inocentes. La inocencia era un crimen. Temíamos en particular por nuestro príncipe, cuya virtud y fama atraían las miradas del pueblo.

5. »Príncipe, tú no amas los cantos lascivos ni la volptuosidad; no atesoras, ni buscas tú interés. A las grandes virtudes das grandes cargos, y a los grandes méritos grandes recompensas. Concedes los empleos a los hombres de talento, sin sentir envidia alguna, como si sus talentos fueran los tuyos, y reparas voluntariamente tus errores. Sabes ser indulgente y bienhechor, tus grandes virtudes te han conquistado la confianza de todo el pueblo.

6. »El príncipe de Ko maltrató y despojó a un niño que llevaba víveres a los trabajadores del campo; tú hasta comenzado por Ko las expediciones contra los malos príncipes. Cuando guerreaste en oriente, las tribus occidentales se quejaron; cuando ibas al mediodía, los del norte murmuraban. Todos ellos decían: «¿Por qué nos deja para los últimos en vez de librarnos inmediatamente de los tiranos?» En las regiones a donde vas, los maridos y sus esposas se felicitan mutuamente diciendo: «Esperábamos la llegada de nuestro príncipe, nuestro príncipe ha venido, volvemos a la vida.» El pueblo torna los ojos hacia los príncipes de Chang desde hace tiempo.

7. »Ayuda a los príncipes capaces, presta tu apoyo a aquellos que son virtuosos; honra a los que son leales, facilita el camino a los que son amigos del deber. Asocia colegas a los débiles, destituye a los ciegos obstinados, suprime a los perturbadores, castiga de muerte a los que corren a su pérdida. Si apartas lo que está en vías de perderse y afirmas lo que tiende a subsistir, todos los Estados florecerán.

8. «Aquel que a diario se renueva en la virtud, será amado de todos los pueblos; el que está hinchado de orgullo, será abandonado por toda su parentela. Príncipe, esfuérzate en distinguirte por tus grandes virtudes, para que el pueblo guarde en todas las cosas el justo medio; regula los negocios según las leyes de la justicia, y tu propio corazón según las conveniencias, y las generaciones futuras recogerán abundantemente el fruto de tus virtudes y de tus trabajos. He oído decir: «El que sabe buscar un maestro que le enseñe, poseerá el Imperio; el que se alaba de no tener igual, perecerá; el que sólo siga su propio consejo, decrecerá.»

9. «¡Oh! el que quiera concluir bien, pondrá cuidado en bien comenzar. Ayuda a los que cumplen fielmente su deber, derriba a los insensatos que se degradan; así avanzarás con respeto en el camino trazado y seguido por el mismo Cielo, y conservarás por siempre el mando.»

Capítulo III

PROCLAMA DE T'ANG

1. El Emperador, después de su victoria sobre el príncipe de Hia, retornó a Puo, y dirigió una gran proclama a todos los pueblos del Imperio.

2. Y les dijo: «¡Oh! vosotros, pueblos de todas las comarcas, ¡oid y comprended bien los consejos de vuestro soberano! El Augusto Rey del Cielo imprime la ley moral en el corazón de todos los hombres. Aquellos que la siguen, conservan su bien natural. Su constante perseverancia en la observancia de sus preceptos depende del Soberano.

3. »El Emperador Hia ha sofocado sus buenas cualidades naturales, cometido crueldades, y extendido sus vejaciones sobre vosotros, pueblos de todas las comarcas. Su bárbara tiranía ejercía entre vosotros sus destrozos como un mortal veneno. No pudiéndola soportar, de común acuerdo, habéis mostrado vuestra inocencia y pedido auxilio a los espíritus del Cielo y de la Tierra. El Cielo se ha impuesto como ley el recompensar a los buenos y el castigar a los malvados y ha enviado calamidades al príncipe de Hia, mostrando así que este príncipe era culpable.» (109)

4. «Entonces yo, niño de poca edad (110), habiendo sido encargado de ejecutar las órdenes del Cielo y la sentencia de condenación que estaba manifiesta, no me he atrevido a perdonar. Me he permitido inmolar un toro negro, y anunciar mi deseo al Rey del Cielo y al Espíritu de la Tierra rogándoles que me ayudaran a castigar al príncipe de Hia. Luego les he pedido el socorro de un gran sabio, y he unido mis esfuerzos a los suyos, para que el Cielo os conserve la vida, pueblos de todos los países.

5. »El Cielo se muestra verdaderamente benévolo con los pueblos de la Tierra, el culpable ha sido degradado y derribado. El Cielo no se equivoca jamás en sus decisiones, esta verdad brilla como las flores en la primavera. Así todos los pueblos recobran la vida.

6. »El Cielo me ha hecho soberano, y me ha permitido restablecer la unión y la tranquilidad en vuestros principados y en vuestras familias. Cumpliendo esta obra, quizás haya cometido alguna falta con los Espíritus del Cielo y de la Tierra. Temo y tiemblo ante el peligro, como si estuviera a punto de caer en un abismo profundo.

7. »Vosotros todos, príncipes, cuya investidura he confirmado, evitad todo acto contrario a las leyes, no busquéis ni el reposo ni los placeres. Observad todas nuestras ordenanzas, para merecer los favores del Cielo.

8. »No me atreveré a dejar vuestros méritos en la sombra (y los sabré recompensar); y tampoco me permitiré perdonarme mis faltas. Me esforzaré en ver el bien y el mal tales

como aparecen en el corazón del Rey del Cielo. Las faltas que cometáis, pueblos de todas las comarcas, caerán sobre mí, vuestro soberano, mas las faltas de vuestro soberano no os serán imputables.

9. «Espero que podremos cumplir fielmente con nuestros deberes y nuestros esfuerzos serán siempre coronados por el éxito.»

Capítulo IV

ENSEÑANZAS DE I IN (111)

1. El primer año (del reinado de T'ai Kia) en el duodécimo mes, según el calendario de los Hia (112), el décimo día del Cielo, I In hizo ofrendas al Emperador difunto (T'ang), y presentó respetuosamente el nuevo Emperador a su antepasado (113). Los príncipes del territorio feudal y del dominio imperial estaban todos presentes. Los oficiales de todas las categorías, que cumplían con los deberes de sus cargos bajo la dirección del primer ministro (I In) se encontraban también reunidos. I In, para instrucción del joven Emperador, recordó en términos precisos las virtudes de su ilustre antepasado T'ang.

2. Y dijo: «¡Oh! los antiguos príncipes de Hia cultivaban constantemente sus virtudes naturales, y el Cielo no enviaba calamidad alguna. Los Espíritus de las montañas y de los ríos estaban todos satisfechos. Los pájaros, los cuadrúpedos, los pescados, las tortugas, todos los animales disfrutaban de bienestar. Mas en cuanto el descendiente de estos príncipes abandonó sus huellas, el augusto Cielo envió sobre la Tierra toda clase de calamidades. Para castigar a Kie, se valió del brazo de T'ang, nuestro príncipe, y le dio el Imperio. De parte de Kie comenzó el ataque en Ming T'iao; por nuestra parte, comenzó en Puo; en Puo el príncipe T'ang fue el instrumento de la justicia divina.

3. »Nuestro príncipe de Chang, futuro Emperador, señaló en todos lados con brillo su valor militar, templado por una gran sabiduría. La tiranía de Gie fue reemplazada por su bondad; todo el pueblo le profesó un sincero afecto.

4. »Ahora, príncipe, debes sostener la herencia de tus virtudes. Todo depende de tus comienzos. Para hacer reinar la mutua afección, ama a tu prójimo; para hacer reinar el respeto mutuo, respeta a quellos que tienen más edad que tú. Comienza por tu familia y tu dominio particular; la influencia de tus ejemplos concluirá por extenderse hasta la orilla de los cuatro mares.

5. »En verdad, el Emperador, tu predecesor (cuando aún no era sino jefe de un principado), aplicóse en primer término a observar él mismo y a hacer observar las grandes leyes de las relaciones sociales. Atendía sin repugnancia las observaciones que se le hacían, y tomaba por modelos a los antiguos sabios. En el gobierno de sus súbditos, distinguióse por su perspicacia; en las relaciones con su soberano, se distinguió por su fidelidad. Complacíase en reconocer el mérito de los demás, y no exigía que nadie fuese absolutamente perfecto. Mandábase a sí mismo, y parecía siempre temer no hacerlo con

bastante severidad. Y así llegó a mandar a todos los pueblos. ¡Pero qué esfuerzos tuvo que hacer!

6. »Buscó por todos lados sabios que te ayudasen a bien gobernar, a ti y a todos tus sucesores.

7. »Estableció penas para castigar a los oficiales (114) culpables e hizo las siguientes reflexiones a los hombres que disfrutaban de alguna dignidad: Permitirse tener siempre coros de mimos en palacio o cantores ebrios en la casa, eso se llama imitar a las brujas, que bailan y cantan en honor de los Espíritus. Permitirse correr tras de las riquezas o los placeres lascivos, consagrar todo el tiempo a los viajes de recreo o a la caza, eso se llama llevar una vida licenciosa. Permitirse despreciar las máximas de los sabios, oponerse a los hombres leales y sinceros, alejar a los ancianos virtuosos, vivir familiarmente con jóvenes desvergonzados, eso se llama tener una conducta desordenada. De los diez defectos comprendidos en estas tres categorías, uno sólo en un ministro de Estado basta para arruinar su casa; uno sólo en un príncipe basta para hacerle perder sus Estados. Si un ministro, viendo uno de estos defectos en su príncipe, descuida de hacérselo observar, que sea marcado en la frente. Que esta enseñanza sea inculcada en los jóvenes desde el comienzo de sus estudios.

8. »En cuanto a ti que le sucedes, príncipe, sigue estos consejos y observa estas enseñanzas de tu abuelo. Los consejos de los sabios tienen un gran alcance; sus excelentes preceptos son muy claros. La conducta del Rey del Cielo es invariable. El envía toda clase de favores al que hace el bien, y toda clase de desventuras al que hace el mal. No descuides ninguna buena acción, por insignificante que sea; haz felices a todos los pueblos. Evita toda mala acción, grande o pequeña, porque si no derribarás los templos de tus antepasados (115).»

Capítulo V

T'AI KIA

Artículo I

1. El nuevo emperador (T'ai Kia) no siguió los consejos dados por el primer ministro.

2. I-In compuso y presentó a T'ai Kia una memoria así concebida: «Tu antecesor, consultando siempre la luz de la razón que el Cielo le había dado, servía a los Espíritus del Cielo y de la Tierra, a los protectores del territorio y de los granos y a los mares de sus antepasados, y los honraba a todos con su respeto. El Cielo, viendo su virtud, reunió el soberano poder en su persona, a fin de que gobernara y proporcionara la tranquilidad a todas las naciones. Yo, In, he ayudado a asegurar la paz del pueblo a mi soberano. Luego, te ha sido dado el sucederle y el continuar la gran obra por él comenzada.

3. «Remontando el pasado veo que los antiguos soberanos de la dinastía de los Hia, en su capital, situada al oeste de la nuestra, cumplieron fielmente con su deber y fueron

felices hasta el fin; sus ministros lo fueron también. Luego sus sucesores no fueron ni virtuosos ni afortunados hasta el fin, ni tampoco sus ministros. Príncipe, al sucederles en el Imperio, ten cuidado. Pon el mayor empeño en ejercer bien la soberanía. Proclamado soberano, si no cumples los deberes de un soberano, deshonrarás a tu abuelo.»

4. El emperador T'ai Kia no dio importancia alguna a las advertencias de I-In, y no quiso meditarlas ni examinarlas.

5. I-In dijo de viva voz: «T'ang, tu predecesor, desde la aurora tenía el espíritu iluminado con grandes pensamientos, y sentándose esperaba la llegada del día para ponerlos en ejecución. Buscaba y llamaba a su lado a los hombres notables por sus talentos y virtudes, para instruirse y guiar a sus descendientes. Teme el hacer inútiles las órdenes que él dio a este respecto, porque con ello te perderás.

6. »Trata de ser dueño de tu voluntad, toma resoluciones que duren largo tiempo.

7. »Imita al inspector de los bosques, que, tras de haber tendido su arco, examina siempre, antes de lanzarlo, si la flecha está empulgada según las reglas. De igual modo determina con cuidado lo que te propongas, y sigue las huellas de tu abuelo. Me verás gozoso, y todas las edades te alabarán.»

8. El Emperador no pudo aún decidirse a cambiar de conducta.

9. I-In se dijo: «Su conducta es inicua; en él las malas costumbres corrompen su naturaleza. No lo dejaré ya vivir familiarmente con los hombres viciosos. Construiré un palacio en T'ung y lo encerraré allí para que se instruya junto a la tumba de su predecesor, y no permanezca toda su vida en la ceguedad.»

10. El Emperador habitó el palacio de T'ung, en donde pasó todo el tiempo del luto (116) y llegó a ser sinceramente virtuoso.

Artículo II

1. Al tercer año de reinado de T'ai Kia, y en el primer día del duodécimo mes solar, I-In, tomando la toca de ceremonia y las vestiduras imperiales, invitó al Emperador a que regresara, y le condujo a Puo (117).

2. Y compuso una memoria concebida en estos términos: «Un pueblo sin soberano no puede gobernarse a sí mismo ni procurarse las cosas necesarias. Un soberano sin pueblo no puede ejercer su autoridad sobre nada en toda la extensión de sus Estados. El augusto Cielo, favorable a la casa de Chang, te ha permitido su-cederle en el Imperio y llegar a ser virtuoso; es un beneficio del que participarán todas las generaciones venideras.»

3. El Emperador se prosternó, inclinando primeramente la cabeza hasta las manos, y luego hasta el suelo, y dijo: «Yo, niño pequeño (118), no comprendía en qué consiste la virtud, y he degenerado cuando me comparo con mi abuelo. He satisfecho mis pasiones con desprecio de las leyes; he seguido mi capricho contra la decencia, y muy pronto

hubiera atraído grandes males sobre mí. Es posible substraerse a los males enviados por el Cielo, pero es imposible escapar a las desgracias que uno mismo provoca. No he querido poner en práctica las enseñanzas que recibí de ti, mi maestro y mi guardián, he comenzado mal, mas espero que continuarás reprendiéndome y ayudándome con tus consejos y procederé de manera que concluya bien.»

4. I-In se prosternó, inclinó la cabeza, primero hasta las manos y después hasta el suelo, y dijo: «Un príncipe inteligente se perfecciona por sí mismo y practica sinceramente la virtud con sus súbditos.

5. »T'ang, tu predecesor socorría a los desventurados y a los indigentes con afección paternal. El pueblo le obedecía con gusto, todos estaban contentos. Entre los súbditos de los príncipes que reinaban al mismo tiempo que él, los más cercanos decían: «Hemos esperado la llegada de nuestro soberano, nuestro soberano ha llegado, ya no seremos maltratados por nuestros príncipes.»

6. «Príncipe, cultiva con cuidado tu virtud; ten la vista fija en tu abuelo, no te abandones nunca a la voluptuosidad ni a la pereza.

7. »Honra piadosamente a tus antepasados, y trata a tus súbditos con respeto. Procura ver bien las cosas lejanas, y comprender bien los consejos sabios. Yo te ayudaré a hacer el bien y en esa tarea seré incansable.»

Artículo III

1. I-In dio nuevos consejos al Emperador en estos términos: «El Cielo puede siempre retirarte sus favores y no ama sino a los hombres atentos al cumplimiento de sus deberes. El pueblo puede retirar siempre su afección, porque no ama sino a los hombres benéficos. Los Espíritus no aceptan siempre las ofrendas; no admiten sino las de los hombres verdaderamente sinceros. ¡Cuántas dificultades ofrece la dignidad de Hijo del Cielo!

2. »Con estas tres virtudes, la diligencia, la beneficencia y la sinceridad, se gobierna bien: sin ellas se gobierna mal.

»Siguiendo la misma vía que los buenos soberanos, se está seguro del éxito. Imitando a aquellos que han gobernado mal, se pierde uno infaliblemente. Es verdaderamente un príncipe perspicaz, el que desde el comienzo al fin escoge bien sus modelos.

3. »T'ang, tu predecesor, puso su empeño en cultivar la virtud, y se hizo digno de verse asociado al Rey del Cielo y de trabajar con El en el gobierno de los hombres. Príncipe, le sucedes y debes continuar su grande obra; ¡ojalá pudieras tener siempre fijos los ojos en este modelo!

4. »Haz como el que quiere llegar a la cima de una alta montaña; comienza por escalar la base. Imita al que quiere llegar al extremo de un largo camino; principia por recorrer los lugares más cercanos a él. Avanza así en la virtud constante y gradualmente.

5. »No cuentes como insignificantes los trabajos del pueblo, comprende su dificultad. No te reposes en tu dignidad, ten en cuenta los peligros que la rodean.

6. »Previene y adopta desde el comienzo los medios de alcanzar el fin.

7. »Cuando te den consejos contrarios a tu propio sentimiento, debes examinar si están conformes con los verdaderos principios.

8. »¡Ay! ¿Cómo podrá obtener resultado alguno el que obra sin reflexión? ¿Cómo, el que nada hace, podrá llevar una obra a buen fin? Cuando el único soberano de todo el Imperio es muy virtuoso, todos los pueblos imitan su ejemplo.

9. »Que el soberano, bajo pretextos especiales, no destruya los antiguos reglamentos administrativos; que el oficial, tras de haber concluido su obra, no conserve su cargo a causa del favor del príncipe o solo a causa de un interés particular. Si tal ocurre, todo el reino perseverará fielmente en la práctica de la virtud.»

Capítulo VI

Una Virtud Sin Mezcla

1. Después de poner I-In las riendas del gobierno en manos de su soberano (T'ai Kia), y cuando se disponía a retirarse a sus tierras, le dio algunos consejos acerca de la práctica de la virtud.

2. Y le dijo: «¡Ah! no hay que contar demasiado con la clemencia del Cielo; su mandato no es irrevocable. Un príncipe constantemente virtuoso conserva su dignidad. Aquel cuya virtud no es constante, concluye por perder el gobierno de las nueve provincias (119).

3. »El emperador (Kie), de la casa de Hia, no ha sido constantemente virtuoso; ha descuidado el culto de los Espíritus y oprimido al pueblo. El augusto Cielo no le ha protegido. El Rey del Cielo, recorriendo con su mirada todas las regiones del Universo, ha buscado un príncipe capaz de recibir sus instrucciones, su dirección y su mandato. En su bondad ha buscado un hombre de una virtud sin mezcla, para hacer de él el gran sacerdote de los Espíritus. T'ang y yo, In, poseíamos ambos esta virtud pura, y respondíamos a los deseos del Cielo. Hemos recibido su glorioso mandato para gobernar a todos los pueblos del Imperio. Inmediatamente hemos hecho comenzar el año civil en otra época que los Hia.

4. »Y no es que el Cielo haya amado con parcialidad la casa nuestra de Chang; el Cielo ha otorgado su favor a la virtud pura. No es que el príncipe de Chang haya solicitado la sumisión de los pueblos, pero los pueblos se han sometido a la virtud pura.

5. »Cuando la virtud es pura, todo se consigue, cuando no lo es, nada sale bien. Los bienes y los males no descienden sobre los hombres según el capricho del azar, sino que el Cielo los distribuye según los méritos.

6. »Príncipe, tú que con la herencia de tu abuelo has recibido últimamente el mandato del Cielo, aplícate a hacer sin cesar nuevos progresos en la virtud. Que tu virtud sea constantemente la misma y cada día realizarás nuevos progresos.

7. »No escojas para oficiales sino hombres virtuosos, y de talento, y para ministros, sino hombres capaces. El deber de los ministros hacia el príncipe es el de ayudarle a hacer el bien, su deber para con el pueblo es el de trabajar por su prosperidad. El nombramiento de los ministros no puede hacerse a la ligera; es necesario un examen atento. Después de haberlos nombrado, establece entre ellos la armonía, y la administración será constantemente uniforme.

8. »Como la virtud debe ejercitarse en cosas muy diversas, no puede seguir siempre un solo e invariable modelo; debe buscar y tomar como ejemplo lo que está bien. Lo que está bien no se puede reconocer siempre en una sola y misma marca; pero siempre una acción buena es aquella que se ejecuta con pureza de intención.

9. »Si tu virtud es pura, hará decir al pueblo entero: ¡Qué grandes pensamientos expresa nuestro soberano! Y le hará decir también: ¡Qué puras son las intenciones de nuestro soberano! Conservarás el poder y las rentas de tu predecesor; proveerás sin cesar a satisfacer las necesidades de un pueblo numeroso.

10. »Evidentemente un soberano cuya tablilla queda a perpetuidad en el templo de las siete generaciones (120), es que se ha señalado por una virtud extraordinaria; el que ha sabido mandar a todo el Imperio, ha gobernado perfectamente.

11. »Un príncipe sin súbditos no tendría a quien mandar; un pueblo sin príncipe, no tendría a quien obedecer. No trates de engrandecerte rebajando a los demás. Si un hombre o una mujer del pueblo no tienen libertad para aplicarse con todas sus fuerzas a hacer el bien, el jefe del pueblo contará con un socorro menos, y el bien que debiera hacer no será completo.»

Capítulo VII

P'an Kenli

Artículo I

1. P'an Keng deseaba trasladar su residencia a In, pero el pueblo no quería ir a establecerse allí. El Emperador reunió a todos aquellos a quienes no agradaba el cambio y dirigiéndoles la palabra, pronunció una arenga.

2. Y dijo: «Mi predecor (121) ha venido y se ha establecido aquí (122) en el interés de nuestro pueblo, y no con el fin de hacerle perecer de miseria. Ahora las familias, en la indigencia, se ven obligadas a separarse, y no pueden ayudarse mutuamente. La tortuga ha sido consultada, y ha respondido: ¿Es que existe otro partido más ventajoso?»

3. «Mis predecesores, en todos sus asuntos, se conformaban con respecto a las órdenes del Cielo. No obstante, no estaban siempre en reposo, y no permanecían constantemente en la misma población. Cambiaron cinco veces de residencia. Ahora, si no imitamos a nuestros antepasados, si no emigramos como ellos, es que estamos ciegos y no vemos que el Cielo va retirar su mandato a mi familia; sobre todo no se podrá decir que seguimos los gloriosos ejemplos de mis predecesores.

4. »De igual forma que al pie de un árbol caído nacen nuevos vástagos, así cuando hayamos abandonado la ciudad de Keng, el Cielo continuará concediéndome su mandato, a mí y a mis descendientes, en la nueva ciudad (de In o Pou occidental). Volveré entonces a ocuparme en la gran obra de mis predecesores, y aseguraré la paz de todas las regiones del Imperio.»

5. P'an Keng, para ilustrar al pueblo, se dirigió primero a los hombres constituidos en dignidad. Apoyándose sobre lo que siempre había sido observado antaño, estableció la siguiente regla: «Que nadie se atreva a cerrar el camino a las reclamaciones del pueblo.» Y luego hizo entrar a todo el mundo en el patio del palacio.

6. Dirigiéndose a los dignatarios habló sobre poco más o menos en estos términos: «Acercaos todos, para que os dé mis instrucciones. Pensad en cambiar de ideas. No me resistáis con arrogancia y no permanezcáis en Keng.

7. »Los emperadores, mis predecesores, han puesto siempre cuidado en confiar los puestos oficiales a los descendientes de las antiguas familias, para darles parte en la administración. Estos últimos, cuando el emperador quería publicar sus órdenes para que fuese ejecutado uno de sus designios, no dejaban ignorar sus intenciones. Por eso eran tratados por él con gran respeto. No pronunciaban palabra alguna que se apartase de la verdad. A causa de ello el pueblo se hacía cada vez mejor. Vosotros, por el contrario, gritáis de continuo, y hacéis acreditarse ideas peligrosas y que carecen de fundamento. No sé lo que podéis alegar contra mí.

8. »No soy yo quien carece de beneficencia, sino vosotros, que ocultáis al pueblo mis intenciones de hacer el bien, y que no teméis la cólera de vuestro soberano. Veo vuestros corazones tan claramente como vería una llama. Mas yo soy quien por mi imprudente indulgencia ha dado lugar a vuestros excesos.

9. »Así como cuando la red es suspendida de su cuerda, sus mallas no se embrollan, sino que están en orden, de igual modo, cuando el soberano es obedecido, el orden reina en el Estado. De la misma manera que cuando el labrador cultiva la tierra, siembra y cosecha con entusiasmo, y tiene una abundante recolección, de la misma forma, si salís de vuestra inacción y vais a fundar un nuevo centro, recogeréis el fruto de vuestro trabajo.

10. »Si renunciando a seguir miras interesadas, con sentís en prestar verdaderos servicios al pueblo, a vuestros parientes, a vuestros colegas, podréis glorificaros con orgullo de haber merecido bien de la nación.

11. »Nada os interesan los grandes males que amenazan a vuestros parientes, y a los extraños. El labrador perezoso, que entregándose al reposo no trabaja con ardor y no cultiva sus tierras, no cosechará el mijo.

12. »Vuestros discursos al pueblo no son apropiados para establecer la concordia y acarrear la felicidad, y os preparan personalmente grandes desdichas. Destructores del orden público, plagas del pueblo, rebeldes pérfidos, atraeis sobre vosotros el castigo del Cielo. Después de haber marchado a la cabeza de un pueblo siguiendo el mal camino, soportaréis la pena de vuestro crimen.

»Y ¿de qué os servirá entonces el arrepentimiento? Veo que los hombres del pueblo se miran entre sí y deliberan, para hacerme sus observaciones, pero vosotros lo impedís diciéndoles cosas contrarias a la verdad. Deberíais más bien temerme, pues de mí depende la duración de vuestra vida. ¿Por qué no me transmitís las quejas del pueblo, en lugar de excitaros unos a otros por afirmaciones sin fundamento, espantando a la multitud y empujándola al abismo del mal? Cuando el incendio se extiende en la llanura, aunque no haya medio de acercarse a él, se le puede sofocar; de igual forma, a pesar de vuestras intrigas podría castigaros de muerte. Y este castigo no sería imputable sino a vuestra turbulencia, y nadie podría culparme de severidad excesiva.

13. »T'ch'eu Jen, el antiguo historiógrafo, ha dicho: Respecto de los hombres, escoged los antiguos (los descendientes de las antiguas familias); en cuanto a los instrumentos, procuraos los nuevos y no los viejos.»

14. «Antiguamente mis predecesores, juntamente con vuestros antepasados, eran compañeros de fatigas y de ocios; ¿podría yo permitirme cambiar y aplicaros castigos injustos? Mis predecesores han anotado, de edad en edad, los trabajos de vuestros antepasados; yo no he dejado en olvido sus buenas acciones. Cuando hago ofrendas solemnes a mis predecesores, vuestros antepasados están junto a ellos, se encuentran también presentes y disfrutan del festín. Y ellos hacen descender bienes o males sobre la posteridad, según sus méritos. No me atrevería a oponerme a sus deseos, acordándoos recompensas que no hubiereis merecido (123).

15. »Os propongo esta empresa difícil con decisión tan firme como la del arquero que apunta al blanco. No me hagáis la injuria de dudar de los sentimientos de los hombres de edad y experimentados; no despreciéis a los huérfanos ni a los jóvenes. Que cada cual de vosotros se prepare una morada para largo tiempo en la tierra de In. Trabajad con todas vuestras fuerzas, según los planes de vuestro soberano.

16. »Trataré indistintamente a parientes y extraños; castigaré de muerte a todos los que hagan el mal, y colmaré de honores a la virtud y a cuantos hagan el bien. La prosperidad del Estado será vuestra obra; los males no tendrán otra causa sino mi negligencia en castigar a los culpables.

17. »Todos vosotros haced que esta proclama sea conocida. Desde ahora en adelante poned cuidado en cumplir con vuestros deberes, que el orden reine en vuestra

administración, y moderad vuestras lenguas; si no seréis castigados, y de nada os servirá el arrepentimiento.»

Artículo II

1. P'an Keng partió de Keng. Antes de atravesar el río Amarillo para transportar su pueblo a la tierra de In, dirigió la palabra a sus súbditos, que no le seguían de buen grado, y les declaró sus sentimientos con gran sinceridad. Cuando toda la multitud hubo llegado junto a un palacio situado cerca del camino, recomendó que no hicieran ruido, para evitar toda irreverencia en el palacio imperial, y luego les hizo subir y entrar en él (124).

2. Y dijo: «Oíd y comprended bien mis palabras, y no descuidéis la ejecución de mis órdenes.

3. »En verdad, desde la antigüedad, los soberanos mis predecesores, han dado todos al pueblo cuidados asiduos e inteligentes. Por su parte, el pueblo ha defendido a sus soberanos y participado en sus preocupaciones. Así, en los tiempos desventurados que el Cielo le ha enviado, casi siempre ha triunfado de las dificultades.

4. »Cuando una gran calamidad se abatía sobre la dinastía de los In (o Chang), mis predecesores no quedaban inactivos. El medio que empleaban era cambiar de región en interés del pueblo. ¿Por qué no juzgáis mi conducta según lo que habéis oído decir de los antiguos emperadores? Me ocupo de vosotros y os doy órdenes, únicamente para gozar con vosotros de tranquilidad, y no para castigaros de una falta.

5. »Si os invito a venir a esta nueva región, es únicamente a causa de vosotros, y para conformarme plenamente a vuestro deseo de vivir cómodamente.

6. »Ahora quiero cambiar de comarca con vosotros, a fin de procurar al Estado la tranquilidad y la estabilidad. Vosotros no tomáis parte alguna en mis preocupaciones que no tienen más objeto que vuestro bienestar. Lejos de descubrirme vuestros sentimientos, de tener por mí un respetuoso y sincero cariño, y de estimular a vuestro soberano, no queréis sino condenaros a la indigencia y a la miseria, quedándoos en Keng. Semejantes a los pasajeros que van en barcas, si no atravesáis el río vuestras provisiones de viaje se pudrirán, es decir, si no cambiáis de país, os veréis de continuo expuestos a la calamidad de la inundación. Si no me seguís sinceramente, iremos todos al abismo. Si no reflexionáis en ello seriamente, cuando estéis en la desventura, aunque os indignéis contra vosotros mismos, ¿es que vuestra indignación podrá remediar el mal?

7. »Si no tratáis de asegurar vuestra tranquilidad por largo tiempo, si no pensáis en las calamidades que os amenazan, es como si os excitarais los unos a los otros para perpetuar una causa de desdicha. El presente os pertenece, pero no el porvenir, y si no cambiáis pronto de lugar, moriréis en breve, faltos de recursos. ¿En qué fundáis la esperanza de que el Cielo os conservará la vida en un país expuesto a continuas inundaciones?

8. »Os recomiendo que permanezcáis unidos de corazón. No recojáis inmundicias que os mancharían y os harían impregnaros de un olor fétido, es decir, guardaos de entretener pensamientos y deseos que causarían vuestra pérdida. Temo que os impulsen por un mal camino y que os induzcan a error.

9. »Tomo esta medida preventiva, a fin de que el Cielo prolongue vuestros días. ¿Acaso fuerzo vuestra voluntad? No empleo este medio a fin de poder subvenir a vuestra subsistencia.

10. »Pienso en las fatigas que vuestros antepasados soportaron (125), bajo el mando de sus prudentes emperadores, mis predecesores. Yo puedo igualmente subvenir a vuestra subsistencia empleando los mismos medios, y os prodigo mis cuidados con gran solicitud.

11. »Si, faltando a mi deber de soberano, quedara por largo tiempo aquí (en Keng), el ilustre emperador T'ang, me condenaría y haría caer sobre mí los mayores castigos. ¿Por qué eres tan cruel con mi pueblo?, preguntaría.

12. »Vosotros todos, pueblos numerosos, si no buscáis los medios de vivir cómodamente, si no tomáis una determinación, en perfecta armonía conmigo, que soy vuestro soberano, los emperadores mis predecesores os condenarán altamente y harán caer sobre vosotros graves castigos. Os dirán: ¿Por qué no obráis de acuerdo con nuestro joven descendiente? Si os apartáis del deber, de lo alto del Cielo os enviarán toda clase de castigos, y el retorno a la vía del deber no os servirá de nada.

13. »En otro tiempo nuestros antepasados, vuestros padres, soportaron grandes fatigas bajo la dirección de los emperadores que me han precedido. Actualmente sois los súbditos que yo tengo el cargo de alimentar. Si guardáis en vuestros corazones la determinación fatal de quedaros en Keng, los emperadores mis predecesores consolarán a vuestros antepasados, a vuestros padres, rompiendo toda relación con vosotros, os rechazarán y no os salvarán de la muerte.

14. »Vosotros, mis ministros, que dirigís conmigo los asuntos públicos y participáis conmigo en el ejercicio del poder supremo, si amontonáis tesoros y piedras preciosas, vuestros antepasados, vuestros padres se quejarán altamente a mi ilustre abuelo, y le dirán: «Enviad graves castigos contra nuestros descendientes.» Y harán que este ilustre emperador os envíe grandes males.

15. »¡Ah! Sin duda os propongo una empresa penosa, mas no os separéis de mí y tomad con empeño siempre aquello que es objeto de mi solicitud. Adoptad mis planes, mis pensamientos, y seguidme; conformad vuestros sentimientos a las leyes de la razón y de la equidad.

16. »Si entre nosotros hay algunos malvados que se apartan del deber, que causan disturbios, que no respetan mis órdenes, o aprovechan la primera ocasión para provocar revueltas o para mostrar su perfidia, les haré cortar la nariz, y si su crimen es muy grave,

los condenaré a muerte, a ellos y a todos sus descendientes, sin perdonar a uno solo, a fin de que no propaguen su raza en la nueva región en donde instalaré familias para siempre.»

Artículo III

1. P'ang Keng llegó a la tierra de In, determinó el lugar de las moradas, ordenó las dignidades y los cargos, y animó a todos sus súbditos.

2. Y les dijo: «Huid de las vanas diversiones y de la pereza. Trabajad con ardor y asegurad los destinos de un gran Imperio.

3. »Voy a abriros completamente mi corazón, a declararos mi pensamiento y mis más íntimos sentimientos, haciendo conocer a todos mis intenciones. Os perdono vuestra resistencia pasada, no trataré a ninguno de vosotros como culpable, pero vosotros, por vuestra parte, evitad el excitaros unos a otros a odiarme; no conspiréis ni murmuréis de vuestro soberano.

4. »En otro tiempo, Tch'eng T'ang, mi predecesor, queriendo aumentar los servicios prestados por sus antepasados, fue a establecerse con sus súbditos en un país montañoso (126). Y así hizo desaparecer las causas de vuestras desgracias y mereció bien de nuestra nación.

5. »Porque los alrededores de Keng estaban frecuentemente inundados, el pueblo se marchaba de tales parajes, se dividía, se dispersaba, erraba en una extensión sin límites. ¡Y vosotros, sin embargo, habéis preguntado por qué razón yo sumía a tantas gentes en la turbación y la agitación obligándolas a trasladarse a otro punto!

6. »Como el rey del Cielo, quiere hacer revivir las virtudes de mi ilustre antepasado y restaurar la administración de nuestra dinastía, me aplico, con ayuda de ministros fieles y abnegados, a asegurar la subsistencia del pueblo, y a fijar para siempre la residencia imperial en esta nueva población.

7. »Cambiando de residencia, yo, joven, no he obrado contra la opinión de todo el pueblo; sino que he seguido los consejos de aquellos que razonan con más cordura, que piensan como yo que este cambio era necesario. Vosotros, resistiendo a mi voluntad, lo hacéis con buena intención, pues a pesar de todo mostráis temor de obrar contra la respuesta que me había dado la tortuga, que me aconsejaba que aumentase el esplendor de mi dinastía.

8. »¡Jefes de los principados, directores de los oficiales, oficiales de todos grados, espero que tendréis compasión de mi pueblo!

9. »Ya mismo escogeré y dirigiré los oficiales, a fin de que den a mi pueblo cuidados asiduos.

10. »No confiaré los cargos a aquellos que amen las riquezas, emplearé y trataré con honor a los que se esfuercen en asegurar al pueblo las comodidades de la vida, la subsistencia y una estancia duradera.

11. »Ya que conocéis mis sentimientos, y os he hecho conocer cuáles son los que apruebo y los que desapruebo, todos vosotros debéis conformaros respetusamente a mi voluntad.

12. »No acumuléis tesoros ni objetos preciosos, sino aplicaos a procurar al pueblo las comodidades de la vida.

13. »Poned empeño en hacer el bien a todo el mundo, y siempre con la misma abnegación.»

Capítulo VIII

Promoción De Iue

Artículo I

1. El emperador Kao tsung (127) lloró la muerte de su padre en una pequeña cabaña, durante tres años. Después de haber abandonado el traje de luto, aún siguió guardando silencio (128). Todos los oficiales le dirigieron justas observaciones. Y le dijeron: «El que conoce perfectamente y en hora temprana los principios de la sabiduría, merece ser llamado inteligente y sabio. El que es inteligente y sabio es el modelo de todos. El Hijo del Cielo manda solo en todos los reinos; todos los oficiales reciben de él su dirección. Cuando habla, sus palabras son órdenes. Si no habla, los oficiales que están bajo sus órdenes no tienen quién los dirija.»

2. El Emperador, en respuesta a su petición, compuso un escrito en el que decía: «Encargado de establecer el orden en todas las partes del Imperio, temo no poseer la misma virtud que mis antepasados. He aquí por qué no hablo. Medito con respeto y en silencio los principios de la sabiduría. En sueños el Rey del Cielo me ha dado un excelente auxiliar, que hablará por mí.»

3. Entonces el Emperador trató de recordar distintamente los rasgos de aquel que le había sido presentado en sueños, y con ayuda de este retrato lo hizo buscar por todo el Imperio. Iue, que vivía en el llano de Fu-ien, fue el único a quien se encontró parecido.

4. Fue nombrado primer ministro. El Emperador le guardó consigo.

5. Y le dio sus órdenes en estos términos: «Desde por la mañana hasta por la noche preséntame instrucciones para ayudarme a practicar la virtud.

6. »Serás para mí lo que la piedra de afilar es con respecto al acero, lo que la barca y el remo respecto del pasajero que atraviesa un gran río, lo que una lluvia de tres días es a la tierra en un año de gran sequía.

7. »Que tu corazón me sea completamente abierto, y vierta en el mío como un rocío benéfico.

8. »Un remedio que no produce una perturbación violenta no curará la enfermedad. Un hombre sin calzado se herirá los pies, si no mira atentamente el camino. De igual forma, un hombre que, como yo, no tiene virtudes, cometerá muchas faltas, si no se pone cuidado en mostrarle continuamente el camino del deber.

9. »Tú y tus colegas, obrando siempre de un común acuerdo, dirigid a vuestro príncipe, a fin de que, siguiendo las huellas de mis predecesores, imite a mi ilustre abuelo (Tch'eng T'ang), y haga a todos los pueblos felices.

10. »Cumplid, pues, con respeto el cargo que os confío, y tened siempre presente la idea de llevar vuestra obra a buen fin.»

11. Iue respondió al Emperador: «La madera cortada según la marca del cordel, queda derecha; el príncipe que se guía por los consejos de sus ministros, llega a ser sabio y prudente. Cuando el príncipe ha alcanzado la más elevada sabiduría, los oficiales obedecen sus deseos sin esperar sus órdenes. ¿Quién se atrevería a no conformarse con las excelentes instrucciones del Emperador?»

Artículo II

1. Iue fue encargado de dirigir los servicios.

2. Se presentó ante el Emperador, y le dijo: «Los emperadores inteligentes que han fundado el Imperio, obedeciendo con respeto la ley establecida por el mismo Cielo, han constituido los diversos Estados y fijado sus capitales. Decidieron que habría un emperador y príncipes, y debajo de ellos, grandes prefectos y jefes de oficiales, no con objeto de vivir en el ocio y entregados al placer, sino con el fin de que el orden reine en el pueblo.

3. »El Cielo ve y oye todo. Un soberano sabio lo imita. Entonces los oficiales siguen su ejemplo con respeto, el pueblo es sumiso y está bien gobernado.

4. »Las palabras indiscretas acarrean el deshonor. La coraza y el casco, llevados a destiempo atraen las armas de los príncipes vecinos. Los trajes destinados a recompensar el mérito deben ser conservados en las arcas y sólo dados tras un maduro examen. Antes de tomar el escudo y la lanza para castigar a un príncipe, es preciso examinarse uno mismo y preguntarse si no se tiene que reprochar algo. Príncipe, pon cuidado en estas tres cosas. Si las comprendes perfectamente todo irá bien.

5. »El bueno y el mal gobierno dependen de los oficiales. Los cargos deben ser confiados, no a los favoritos del príncipe, sino solamente a los hombres capaces. Las dignidades deben ser confiadas, no a los hombres viciosos, sino a los hombres eminentes por sus virtudes y por sus talentos.

6. »Antes de proceder a cualquier acto, examina si tu deseo es honrado y justo, y no obres sino en el tiempo oportuno.

7. »El que se complace y descansa en su virtud, termina por perderla. El que se glorifica de sus talentos, los hace inútiles (129).

8. »Todo asunto, toda empresa necesita preparativos. El que está bien preparado no tiene nada que temer.

9. »No tengas favoritos porque serías despreciado por ellos mismos. No vaciles en reparar un error o una falta involuntaria, porque de lo contrario cometerías una falta voluntaria.

10. »Si el príncipe persigue constantemente el único objetivo que debe proponerse de continuo, su administración será irreprochable.

11. »Importunar a los Espíritus con ofrendas y con peticiones intempestivas o de un modo harto frecuente, es faltarles al respeto. Las ceremonias demasiado multiplicadas engendran la sospecha de que sólo el interés las mueve. Es difícil honrar a los Espíritus como conviene.»

12. El Emperador dijo: «Tu discurso es como un festín delicioso. Iue, lo que me has dicho debe ser ejecutado. Si no fueras un excelente consejero, jamás habría oído exponer tan buenas reglas de conducta.»

13. Iue, de rodillas, inclinó la frente hasta sus manos y luego hasta el suelo, y dijo: «Es fácil conocer estos principios, pero es difícil ponerlos en práctica. No obstante, príncipe, si estás persuadido de su necesidad, no lo encontrarás difícil, y tu virtud será realmente tan perfecta como la de tu abuelo T'ch'eng T'ang. En cuanto a mí, si yo no te dijera toda la verdad, sería culpable.»

Artículo III

1. El Emperador dijo: «Iue, acércate. Yo, débil niño, he estudiado primero con Kan P'an. Luego he vivido retirado en el campo. De allí fui a vivir en el recodo formado por el río Amarillo. Atravesando de nuevo el río Amarillo, he vuelto a Puo. Hasta el presente mi inteligencia está poco iluminada.

2. «Muéstrame cuál debe ser el fin de mis esfuerzos. Sé para mí lo que el fermento y el grano germinado son para aquel que confecciona licores, lo que la sal y las ciruelas son para el que prepara una salsa. Con tus colegas ocúpate de mí y no me abandones. Si así lo haces podré poner en práctica tus enseñanzas.»

3. Iue respondió: «Príncipe, un soberano debe tratar de recibir muchas enseñanzas y consejos, únicamente a fin de bien establecer la obra de su propia perfección y del buen gobierno de los pueblos. Si estudia las enseñanzas de los antiguos, alcanzará su fin. Porque nunca he oído decir que un príncipe, sin tomar a los antiguos por maestros, haya hecho obra duradera.

4. »Ejercítate en estimarte poco a ti mismo, y aplícate al cumplimiento de tus deberes con continua diligencia; la perfección llegará luego como fruto esperado. Piensa seriamente en estas dos cosas y todas las virtudes vendrán a adornar tu corazón.

5. »La ciencia se adquiere mitad por el estudio, mitad por la enseñanza. Quien se aplica a aprender sin cesar, se perfecciona sin que él mismo lo advierta.

6. »Ten los ojos fijos en las reglas y en los ejemplos admirables de tu abuelo, y serás siempre irreprochable.

7. «Entonces, yo, Iue, podré responder a tus deseos, llamando de todas partes a los hombres de un talento y de una virtud notables y confiándoles los diversos cargos del Estado.»

8. El Emperador dijo: «Iue, todo el Imperio admirará mi virtud merced a la influencia de tu ejemplo y enseñanza.

9. »Las buenas piernas y los buenos brazos hacen al hombre robusto, y el buen ministro hace sabio al soberano.

10. »En otro tiempo, I-In, jefe de todos los oficiales, primer ministro del Emperador y ministro de justicia, formó a mi abuelo T'chang T'ang. Y decía: «Si no consigo hacer de este príncipe otro Yao, otro Chuen, mi corazón experimentará tanta vergüenza como si hubiera sido azotado en la plaza pública.» Si un hombre del pueblo hubiera carecido de algo, I-In hubiera dicho: «Es culpa mía.» Gracias a él mi ilustre abuelo pudo secundar al augusto Cielo y gobernar a los hombres. Espero que me ayudará con prudencia, y no permitirá que el primer ministro I-In sea el único que haya prestado señalados servicios a la dinastía de los Chang.

11. »Un buen príncipe no se ocupa de los cuidados del gobierno sino con oficiales sabios y prudentes; un sabio no acepta cargo ni sueldo sino de un buen príncipe. Tu podrás, según espero, hacer que yo, vuestro príncipe, suceda dignamente a mi abuelo asegurando para siempre la felicidad del pueblo.» Iue, de rodillas, inclinó la cabeza hasta las manos, y luego hasta el suelo, y dijo: «Trataré de mostrarme a la altura del cargo con que el Emperador me ha honrado, y de cumplir mi misión para bien del pueblo.»

Capítulo IX

Al Día Siguiente De Un Sacrificio De Kao Tsung

1. Al día siguiente de un sacrificio, cuando Kao Tsung hacía una nueva ofrenda, un faisán chilló, lo que fue considerado como de mal agüero.

T. Tsu Ki (ministro de Estado) dijo: «Es preciso que el Emperador ordene primero su corazón y luego su conducta.» (130)

3. Aconsejando luego al Emperador, le dijo: «El Cielo, cuyas miradas siguen por todos lados a los hombres aquí abajo, considera sobre todo su justicia y regula en

consecuencia su longevidad. No es el Cielo el que hace morir a los hombres antes del término ordinario, son los hombres quienes por sus crímenes rompen por sí mismos el hilo de su vida.

4. »A veces los hombres no hacen el bien, y no quieren reparar sus faltas. Luego, cuando el Cielo les manifiesta su voluntad y la confirma con presagios, a fin de que modifiquen su conducta, dicen: ¿Qué me importan esos presagios?»

5. «El principal deber del Emperador es cuidar de su pueblo. Además, tus antepasados proceden del Cielo; no hagas demasiadas ofrendas a las manes de tu padre.»

Capítulo X

UEN UANG VENCEDOR DEL PRÍNCIPE DE LI

1. Como el jefe de los príncipes del oeste (Uen uang) hubiese vencido al príncipe de Li, temió Tsu-I que la casa de Tcheu llegara a ser demasiado poderosa y arrebatara el Imperio a la de In y se apresuró a advertir de ello al Emperador (131).

2. Y le dijo: «Hijo del Cielo, ya éste retira su mandato a nuestra casa de In. Ni los hombres sagaces ni la gran tortuga se atreverían a predecir acontecimientos venturosos. No es que los antiguos emperadores (al presente en el cielo) no quieran ayudar al Emperador actual, que es su descendiente, pero nuestro Emperador, por sus excesos y orgías ha roto con el Cielo.

3. »Por eso el Cielo nos abandona y la tierra nos niega las cosechas. Descuidamos las cinco virtudes que la Naturaleza ha puesto en nuestros corazones, y no llenamos los deberes que van unidos a las cinco relaciones sociales.

4. »Actualmente todos desean la caída de la dinastía de los In, y dicen: «¿Por qué el Cielo no despliega su severidad y no envía su gran mandato a un príncipe de otra familia? ¿Qué nos une al Emperador actual?»

5. El Emperador respondió: «¿Es que mi vida y mi dignidad no están aseguradas en los decretos del Cielo?»

6. Tsu-I se retiró y dijo para sí: «¡Ay! tus crímenes son numerosos y se levantan como un muro entre ti y el Cielo. ¿Puedes esperar que el Cielo te conserve la vida y el poder soberano?

7. »La dinastía de los In va a acabar; es evidente que tu conducta acarreará la pérdida de tus Estados.»

Capítulo XI

EL PRÍNCIPE DE UEI (132)

1. El príncipe de Uei habló aproximadamente en estos términos: «Gran maestro, segundo maestro (133), temo que la casa de los In no pueda mantener ya el orden en el

Imperio. En otro tiempo, nuestro abuelo (T'ch' eng T'ang) se distinguió por sus bellas acciones. Ahora nos entregamos al vino y cometemos mil excesos cuando estamos ebrios, ahogando, en nosotros, todo sentimiento honrado.

2. »Los súbditos de In, grandes y pequeños, se com-placen en desvalijar a los viajeros en las llanuras cu-biertas de hierba, o excitan a la revuelta y a cometer perfidias. Los ministros de Estado y los oficiales violan las leyes, impulsados por el mutuo ejemplo. De tantos culpables jamás uno solo es castigado. Los hombres del pueblo comienzan a levantar la cabeza, se atacan mutuamente y se vengan entre sí. La dinastía de los In se encuentra actualmente en el abismo y perece. Es como un hombre que, atravesando a pie una vasta extensión de agua, no encuentra ni vado ni orilla. Después de las grandes cosas ejecutadas por su fundador, la dinastía de los In, marchando a su pérdida, ha llegado a semejante estado.»

3. El príncipe de Uei añadió: «Gran Maestro, segundo maestro, cometemos extravagancias. Los ancianos de nuestra familia, se han retirado al desierto. ¿Y no tenéis que darme consejo alguno ahora que nos encontramos al borde del abismo?, ¿qué puedo hacer?»

4. El gran maestro respondió sobre poco más o menos en estos términos: «Hijo de Emperador, por un terrible castigo del Cielo que en su cólera ha decidido la pérdida de la dinastía de los In, el Emperador actual se ha entregado al vino cometiendo mil excesos en su embriaguez.

5. »No respeta lo que debería respetar, y aleja a los ancianos de más edad, a los hombres que ocupaban los puestos oficiales desde hacía mucho tiempo.

6. »Ahora los súbditos de In roban, se apoderan por la fuerza de los bueyes de un solo color y de las víctimas perfectas que debían ser ofrecidas a los Espíritus del Cielo y de la Tierra, a lo que no se oponen los oficiales. Luego comen estas víctimas y no son castigados.

7. »Bajando la vista sobre el pueblo de In veo que los gobernantes, por sus crueldades y sus exacciones se atraen resistencias y venganzas, sin cesar. Los gobernantes y sus subordinados tienen como rasgo común el excitarse mutuamente a cometer crímenes. Así muchas personas están extenuadas por el hambre y no saben a quien recurrir.

8. »Ahora que la casa de Chang está en la desgracia, quiero sucumbir con ella. Cuando haya desaparecido en el abismo, no seré súbdito ni ministro de ningún otro emperador. Mas, según mi opinión, tú, que eres hijo de Emperador, harías bien en retirarte a fin de conservar un descendiente a nuestros antepasados. El consejo que en otro tiempo di a tu padre te ha sido perjudicial. Hijo de emperador, si no te alejas, toda tu raza se verá arrastrada en una ruina común (134).

9. »Que cada uno de nosotros tome la determinación que le parezca más conforme con su deber, y se presente ante las tablillas de los emperadores, nuestros antepasados,

para darles cuenta de nuestras acciones. Por mi parte, no iré, para salvar mi vida, a buscar un refugio en tierra extranjera (135).»

CUARTA PARTE

ANALES DE LA DINASTIA DE LOS TCHEU (136)

Capítulo I

Las Grandes Arengas

Artículo I

1. En la primavera del año décimo tercio del reinado de U'uang, una importante asamblea de príncipes se celebró en el Vado de Meng.

2. El Emperador dijo: «¡Oh! vosotros, ilustres príncipes,. amigos míos y oficiales de todo rango que estáis a mi servicio, oid y comprended bien lo que voy a deciros.

3. »El Cielo y la Tierra son como el padre y la madre de todos los seres, y entre todos los seres, sólo el hombre está dotado de razón. El que más se distingue por su inteligencia y su perspicacia, llega a ser el soberano monarca. El soberano monarca es como el padre y la madre del pueblo.

4. »Actualmente, el Emperador Cheu, de la familia de los Chang, no respeta al Cielo, que está por encima de él, y abruma de males al pueblo que vive bajo sus leyes.

5. »Se abandona a la embriaguez, se entrega a la voluptuosidad, se permite ejercer una cruel opresión. Por él los padres son castigados al mismo tiempo que los culpables, y los cargos llegan a ser hereditarios en las familias. Con sus palacios magníficos, sus lujosas habitaciones, sus elevadas terrazas, sus miradores, sus diques, sus depósitos de agua, y otras cosas costosas, os arruina a todos, pueblos del Imperio. Hace perecer quemados a hombres leales y virtuosos. Abre el seno y arranca las entrañas de las mujeres encinta. El augusto Cielo, colérico, ha encargado a mi padre Uen'uang que aplique con respeto los castigos de la justicia divina. Esta gran obra no ha terminado aún (137).

6. »Yo, Fa (138), que soy como un niño pequeño, he juzgado el gobierno del príncipe de Chang por vuestra conducta, ilustres príncipes y amigos míos (139). Y sin embargo, Cheo no muestra deseo de corregirse. Vive en la indolencia, ni honra al Rey supremo, ni a los Espíritus del Cielo y de la Tierra; descuida el templo de los antepasados de su familia y no les hace ofrenda alguna. Las víctimas de un solo color y el mijo preparado en los vasos es robado y comido por infames ladrones. No obstante, Cheu dice: El pueblo es mío, el mandato del Cielo es mío; no debo temer nada. Y no modera su indolencia.

7. »El Cielo, en su bondad con los pueblos de la Tierra, les da soberanos que los gobiernen, maestros que les enseñen, y quiere que estos soberanos y estos maestros ayuden al Rey supremo a difundir beneficios y a mantener la tranquilidad en todas las

regiones. ¿Es que yo, respecto de los inocentes y de los culpables me permitiría seguir mi propia voluntad y no la voluntad del Cielo?

8. »Según un antiguo axioma de la guerra, cuando se trata de fuerzas iguales es preciso considerar la virtud de los partidos (el partido más virtuoso triunfa); a virtud igual, hay que considerar la justicia de la causa. Los súbditos de Cheu se cuentan por decenas y por centenas de miles, pero cada hombre tiene un sentimiento diferente. Mis súbditos no se elevan más que a tres mil, pero no tienen sino un solo corazón.

9. »La larga cadena de los crímenes de Chang es com pleta; el Cielo me ha ordenado que la rompa. Si no obe dezco al Cielo seré tan culpable como Cheu.

10. »Yo, niño pequeño, tiemblo desde por la mañana hasta la noche bajo el peso de un temor respetuoso. Mi padre Uen'unag me ha transmitido la orden que él ha recibido de castigar a Cheu. Por lo tanto, he ofrecido sacrificios al Rey del Cielo, a los poderosos Espíritus de la Tierra y con ayuda de todos vosotros ejecutaré la sentencia de condenación pronunciada por el Cielo.

11. »El Cielo tiene compasión del pueblo. El deseo del pueblo es el deseo del Cielo. El pueblo desea la caída de los Chang; el Cielo también. Ayudaréis a vuestro soberano, lo espero, a limpiar el Imperio. ¡Oh! ¡Qué momento tan favorable! No es lícito dejarlo escapar.»

Artículo II

1. El día llamado meu u (140), el Emperador se detuvo al norte del río Amarillo. Los príncipes se le reunieron con sus tropas. El Emperador pasó revista a todo el ejército y le dirigió un discurso.

2. Dijo: «¡Oh vosotros, numerosos guerreros que habéis venido de las regiones occidentales, oid todas mis palabras!

3. »He oido decir, que los días parecen demasiado cortos al hombre virtuoso para hacer el bien, y al malvado para hacer el mal. El Emperador Cheu, de la familia de los Chang, se obstina en violar todas las leyes, aleja de su lado a los ancianos de cabello blanco y vive familiarmente con los hombres viciosos. Se abandona a la voluptuosidad se entrega a la embriaguez, se da a todos los excesos y su tiranía no tiene límites. Sus ministros han llegado a ser semejantes a él. Forman partidos entre las familias, entretienen enemistados y hace servir a la autoridad imperial, para que se exterminen unos a otros. Los inocentes lanzan gritos al Cielo. Los crímenes más odiosos aparecen en pleno día y difunden por todos lados como un olor fétido.

4. »El Cielo hace bien al pueblo, y el soberano es el ministro del Cielo. En otro tiempo, Kei, príncipe de Hia, no quiso conformarse a los sentimientos del Cielo y vertió su crueldad como un veneno sobre todos los príncipes. Entnces, el Cielo, prestando su auxilio a Tch'eng T'ang, le encargó que humillara la casa de Hia y que le retirase el mandato imperial.

5. »Cheu, es más culpable que Kie. Ha despojado de su dignidad a un príncipe de una virtud extraordinaria (141), ha hecho morir inhumanamente a un príncipe que le ayudaba y le aconsejaba (142). Dice que el mandato del Cielo le pertenece, y no le puede ser retirado, que no tiene importancia alguna que cumpla bien con sus deberes, que los sacrificios no son de utilidad alguna, que la tiranía no tiene inconveniente. Tiene ante sus ojos un espejo, un ejemplo que no es muy antiguo, en la persona del Emperador Kie, de la dinastía de los Hia. Parece que el Cielo quiere servirse de mí para gobernar al pueblo. Mis sueño sestán en armonía con los signos dados por la tortuga, y, como ellos, son presagios favorables. Atacaré al príncipe de Chang y la victoria es segura.

6. »Cheu posee miríadas y millones de hombres ordinarios, todos de voluntad y sentimientos muy distintos. Yo, por mi parte, tengo diez ministros que me ayudan a bien gobernar y que están unidos de sentimiento y de voluntad. Sus más cercanos parientes están con él, pero no valen lo que los hombres perfectamente virtuosos.

7. »El Cielo ve por los ojos de mi pueblo y oye por los oídos de mi pueblo (143). Ahora bien, todo el pueblo critica mi tardanza. Es preciso que marche adelante.

8. »Desplegando las fuerzas de mis armas, voy a invadir los Estados y a apoderarme del cruel malhechor. Castigándole, haré una gran obra y adquiriré mayor gloria que T'che eng T'ang.

9. »Ánimo, valerosos guerreros. No creais que nada tenéis que temer; persuadíos más bien de que no seréis capaces de sostener el choque del enemigo y desplegad toda vuestra energía. Todo el pueblo tiembla delante de Cheu, como un toro sin cuernos. Pero unid vuestros brazos, unid vuestros corazones y realizad una obra que todas las edades venideras os agradecerán.»

Artículo III

1. Al día siguiente, el Emperador pasó revista a sus seis legiones, y declaró sus propósitos a todos los soldados (144).

2. El Emperador dijo: «¡Oh, nobles guerreros de las regiones occidentales! La ley impuesta por el Cielo al género humano es manifiesta, y sus diferentes artículos son muy claros. Ahora bien, el Emperador Cheu, de la dinastía de los Chang, menosprecia y viola las cinco grandes virtudes que regulan las relaciones sociales. Entrégase a la pereza y no respeta nada. El mismo se ha separado del Cielo y se ha hecho odioso al pueblo.

3. »Ha hecho cortar la pierna a un hombre que atravesaba el agua por la mañana y ha abierto el corazón de un hombre bueno (145). Tirano, cruel, mata, asesina, siembra a su alrededor la aflicción y el dolor. Ha otorgado su estimación y su confianza a hombres corrompidos; ha destituido y arrojado de su palacio a sus preceptores y a sus guardianes. Ha abolido las leyes administrativas y las leyes penales. Ha encarcelado y reducido a la esclavitud luego a un oficial irreprochable (146). No ofrece sacrificios ni al Cielo ni a la Tierra, ni ofrenda a los manes de sus antepasados. Emplea extraños sacrificios e invenciones extravagantes para distraer a una mujer (147). El grito del Cielo irritado

contra él exige la supresión de su dinastía. Espero que ayudaréis con todas vuestras fuerzas a vuestro soberano y ejecutaremos con respeto la sentencia de condenación dictada por el Cielo.

4. »Los antiguos decían: «El que verdaderamente me hace bien es en verdad un soberano; el que me oprime es mi enemigo.» Un hombre abandonado de todos, Cheu, ejerce su mandato con gran crueldad; es vuestro enemigo y el enemigo de vuestros descendientes en la eternidad. El que siembra la virtud, dice un adagio, debe poner cuidado en regarla, el que destruye el vicio debe cuidarse de destruir también su raíz.» Por tal razón, yo, débil niño, con vuestro poderoso socorro aniquilaré a vuestro enemigo. Espero que todos vosotros despleguéis valor y constancia, a fin de que vuestro soberano realice enteramente su obra. Los que lo merezcan serán recompensados; los que no cumplan con su deber, serán castigados de muerte, y sus cadáveres expuestos en la plaza pública.

5. »¡Oh! La virtud de mi padre Uen uang, semejante a la luz del Sol y de la Luna iluminando al Mundo, ha iluminado todas las regiones del Imperio; en occidente, en la región de Tcheu es en donde primero ha brillado. Nuestra casa de Tcheu ha llegado a gobernar gran número de principados.

6. »Sí triunfo de Cheu, lo deberé, no al poder de mis armas, sino a la virtud irreprochable de mi padre Uen unag. Si Cheu me vence, será preciso atribuir este fracaso no a una falta de mi padre Uen uang, sino a mi poca virtud.»

Capítulo II

Arenga Pronunciada En Mu

1. Era el primer día del ciclo (148). El Emperador U Uang, que había llegado la misma mañana al llano de Mu, no lejos de la capital de Chang, dirigió una arenga a los soldados. Empuñando con la mano izquierda el hacha dorada, y con la diestra un pendón de crin, blanco, para dar las señales, dijo: «Venís de muy lejos, hombres de las regiones occidentales.»

2. El Emperador continuó: «¡Oh! vosotros, ilustres príncipes, mis amigos, y vosotros que estáis a mi servicio, ministros de la instrucción, de la guerra y de obras públicas, ayudantes de los ministros, oficiales inferiores de todo rango, jefe de la escolta, jefes de mil hombres, centuriones;

3. »Vosotros también, guerrers de Lung, de Chu, de K'eang, de Meu, de Uei, de Lu, de P'eng y de Pu;

4. »levantad vuestras lanzas, juntad vuestros escudos, preparad vuestras largas picas. Quiero hablaros.»

5. El Emperador dijo: «Los antiguos tenían este adagio: La gallina debe cuidarse de no anunciar el amanecer. El cacareo de la gallina es la ruina de la familia (149).

6. »El Emperador Cheu, de la familia de los Chang, no sigue sino los consejos de una mujer. En su ceguedad se olvida de presentar sus ofrendas y de testimoniar su agradecimiento a sus antepasados. ¡Insensato! Aleja a los príncipes de sangre imperial y a sus parientes del lado materno, olvidando las consideraciones que les debe. Malhechores cargados de crímenes han venido de todas partes del Imperio a buscar un refugio en la corte. Y estos son los hombres que él trata con honor y respeto, a quienes ha dado su confianza y distribuido sus empleos, a quienes ha nombrado grandes prefectos y ministros de Estado. A causa de ellos una gran tiranía pesa sobre el pueblo; la turbación y la perfidia reinan en la capital de los Chang.

7. »Yo, Fa, no hago sino ejecutar con respeto la sentencia de condenación del Cielo. En el combate de hoy, no deis más de seis a siete pasos, sin deteneros momentáneamente para alinearos de nuevo. ¡Ánimo, bravos soldados!

8. »No ataquéis al enemigo más de cuatro, cinco, seis o siete veces sin deteneros y formar de nuevo vuestras filas. ¡Ánimo, bravos guerreros!

9. »Espero que seréis valerosos como tigres, como panteras, como osos comunes, como osos de gran talla. En este llano, próximo a la capital de los Chang, no ataquéis, no matéis a aquellos enemigos que puedan escapar, porque ellos mismos se rendirá luego y podrán servirnos en nuestras regiones occidentales. ¡Valor bravos soldados!

10. »El olvido de una sola de estas recomendaciones bastará para que seais castigados con la pena capital.»

Capítulo III

Feliz Término De La Guerra

1. El vigésimo noveno día del ciclo caía el 2 del primer mes del año. Al día siguiente, trigésimo día del ciclo, el Emperador (150) abandonó la capital de los Tcheu (151) y se puso en marcha para atacar al Emperador Tcheu de la dinastía de los Chang.

2. Enumeró todos los crímenes de Chang delante del augusto Cielo y de la augusta Tierra, ante los Espíritus de las montañas célebres y de las grandes corrientes fluviales que encontró. Y les dijo: «Yo, Fa, príncipe de Tcheu y Emperador, descendiente de soberanos que han seguido el camino de la virtud, voy a realizar una gran reforma en la capital de los Chang. Cheu, Emperador de la familia de los Chang, ha abandonado el camino de la virtud, ha maltratado cruelmente a los seres que el Cielo ha creado y abrumado con toda clase de males al pueblo. Se ha convertido en el encubridor de todos los malhechores del Imperio; su palacio es como la caverna en donde se refugian todos los reptiles, la ciénaga en donde se reúnen todos los cuadrúpedos. Aunque yo sea como un debil niño, teniendo a mi servicio a hombres muy virtuosos, me atreveré a cumplir con respeto la voluntad del Cielo, poniendo término a los desórdenes. En la gran nación de China, en las tribus salvajes del norte y del mediodía, todos se someten voluntariamente a mis leyes.

3. »Vosotros, Espíritus tutelares, me ayudaréis, como espero, a fin de que alivie el destino de numerosos pueblos, y no llegue a ser para vosotros motivo de vergüenza.» El quincuagésimo quinto día del ciclo (152) las legiones de U-Uang atravesaron el río Amarillo por el Vado de Meng. El sexagésimo día del ciclo (153) fueron formadas en los llanos de Mu, y esperaron para empezar la batalla el momento favorable fijado por el Cielo. El primer día del ciclo siguiente (154), al amanecer, Cheu se puso al frente de sus cohortes, que presentaban el aspecto de un bosque, por el gran número de soldados, y los reunió en los llanos de Mu. Sus soldados no lucharon contra los nuestros, sino que aquellos que se encontraban en primera fila volvieron sus lanzas contra los que estaban detrás de ellos y se mataron unos a otros, y la desbandada comenzó. La sangre corrió a arroyos y arrastraba los escudos de los saldados muertos. U Uang revistió una sola vez el traje militar y todo el Imperio disfrutó de la tranquilidad. Luego fue cambiada la administración del último de los Chang, y fueron puestas en vigor las leyes de los antiguos soberanos de esta dinastía. Sacó de la prisión al príncipe de Ki y levantó un túmulo sobre la tumba de Pi Kan; saludó desde lo alto de su carruaje la puerta del pueblo del sabio Chang Yung. Distribuyó las riquezas atesoradas en la torre de los Ciervos (155) y los granos amontonados en Kiu K'iao. Mostróse muy generoso con el Imperio y todo el pueblo se sometió a él con alegría.

4. Cuando la Luna comenzó a crecer por cuarta vez (156), el Emperador, de vuelta de la capital de los Chang, llegó a Fung (157). Inmediatamente dejó los trabajos de la guerra y se entregó a las ocupaciones de la paz. Hizo conducir al sur del monte Hua los caballos que habían tirado de los carros de guerra, e hizo soltar en los llanos de T'ao lin los bueyes que habían arrastrado los bagajes, mostrando así a todo el Imperio que no los emplearía ya más en semejantes servicios.

5. Al día siguiente a la Luna llena, los ilustres jefes de los principados y todos los oficiales recibieron sus respectivas jurisdicciones del fundador de la dinastía de los Tcheu.

6. El cuadrigésimo cuarto día del ciclo, el Emperador hizo ofrendas en el templo de los antepasados de los Tcheu. En esta ceremonia, los príncipes de la capital, del territorio imperial y de las diferentes circunscripciones del Imperio, marchando con paso rápido, llevaron los vasos de madera y los vasos de bambú. Tres días después, el cuadragésimo séptimo día del ciclo, el Emperador ofreció al Cielo una víctima sobre una hoguera, hizo ofrenda a los Espíritus de las montañas y de los ríos y anunció solemnemente el término de la guerra.

7. El Emperador habló sobre poco más o menos en estos términos: «¡Oh príncipes! el primer soberano de nuestra familia. Heu Tsi, fundó nuestro principado y fue el primero en cuidar del territorio. Uno de sus descendientes, el príncipe Liu, consolidó la obra comenzada. Más tarde, T'ai uang estableció los fundamentos del poder imperial. Uang Ki (158), trabajó poderosamente para preparar el advenimiento de nuestra familia al Imperio. Mi padre Uen uang, príncipe perfecto, se destacó por sus gloriosos trabajos y recibió el mandato del Cielo, para extender sus beneficios y su autoridad sobre todas las regiones del Imperio. Los grandes principados temieron su poder; los pequeños amaron

su bondad. No obstante, el cabo de nueve años, cuando murió, no había reunido todos los pueblos bajo su mando. Yo, débil criatura, prosigo la ejecución de su designio.

8. »Obedeciendo con respeto la orden formal del Cielo, he ido al Este para castigar con las armas al príncipe culpable y para devolver la tranquilidad a los habitantes, y todos, hombres y mujeres, trayendo cestas llenas de seda de color azul y amarillo, han prestado un homenaje brillante a la familia de los Tcheu. Por el influjo del Cielo, que nos era favorable, se han colocado todos bajo la dependencia de la gloriosa capital de los Tcheu.»

9. U Uang estableció cinco clases de feudatarios y tres clases de dominios feudales y no confió los cargos sino a hombres virtuosos y de talento, y la administración de los negocios a hombres capaces. Dio gran importancia a las cinco enseñanzas, a la subsistencia del pueblo, a las ceremonias fúnebres, a las ofrendas y a los sacrificios. Mostró una gran sinceridad y fue señalada su justicia. Honró la virtud y recompensó el mérito. Con la túnica flotante y las manos juntas (159) gobernó perfectamente todo el Imperio.

Capítulo IV

La Gran Regla

1. Al décimo tercer año, después de la muerte de Uen uang, el emperador U-uang consultó al príncipe de Ki (160).

2. El Emperador dijo: «¡Oh príncipe de Ki!, el Cielo, en un profundo secreto, forma al hombre y le ayuda a practicar las virtudes que le son propias. Como el Cielo no lo dice, ignoro cómo se deben explicar las grandes leyes de la sociedad y los deberes mutuos de los hombres.»

3. El príncipe de Ki respondió: «He oído decir que en la antigüedad, Kuen (161) habiendo querido oponer un dique a las aguas desbordadas, en lugar de hacerlas correr a lugares apropiados, había perturbado el orden de los cinco elementos; que el Cielo encolerizado no había dado los nueve artículos de la gran regla, y que por lo tanto, las grandes leyes y los deberes mutuos habían caído en el olvido. Kuen fue relegado a la montaña de In, y murió así. Su hijo Iu le sucedió y terminó felizmente los trabajos. Entonces el Cielo dio a Iu los nueve artículos de la gran regla y han servido para explicar las grandes leyes de la sociedad y los deberes mutuos (162).

4. »El primer artículo concierne a los cinco elementos; el segundo, a la realización atenta de los cinco actos; el tercero al empleo diligente de las ocho partes de la administración; el cuarto al empleo de los cinco reguladores del tiempo, para fijar exactamente las estaciones; el quinto, a la adquisición y el ejercicio de la alta perfección que conviene a la dignidad imperial; el sexto, a la adquisición y ejercicio de las tres virtudes requeridas en el que gobierna; el séptimo, al uso inteligente de los medios de estudiar las cosas inciertas; el octavo, a la meditación y al uso de los objetos diversos; el noveno, a la promesa y al uso de las cinco venturas, a la amenaza y al uso de las desventuras extremas.

5. »En primer lugar, los cinco elementos. El primero es el agua, el segundo es el fuego, el tercero la madera, el cuarto el metal, el quinto la tierra. Las propiedades del agua son las de mojar y descender; las de fuego las de quemar y elevarse. La madera se deja domar y enderezar. El metal obedece a la mano del obrero y toma diferentes formas. La tierra recibe la semilla y da cosechas. El agua moja, desciende y produce la sal (163). El fuego quema, se eleva y produce gusto amargo (164). La madera curvada y enderezada luego, produce gusto ácido (165). El metal obedece, cambia de forma y produce sabor acre. La tierra recibe la semilla, da cosechas, y produce el sabor dulce.

6. »Segundo, los cinco actos. El primero se refiere a la actitud exterior. El segundo a la palabra, el tercero a la mirada, el cuarto al oído, el quinto a la reflexión. La actitud exterior debe ser reservada, la palabra conforme a la razón, la mirada perspicaz, el oído muy atento, el espíritu meditativo y penetrante. Una actitud seria es respetuosa; una palabra conforme a la razón es agradable; una mirada perspicaz conduce a la prudencia: la aplicación a escuchar es madre de los buenos consejos, un espíritu reflexivo y penetrante conduce a la más alta sabiduría.

7. »Tercero, las ocho partes de la administración. La primera, tiene por objeto los víveres; la segunda, las comodidades de la vida; la tercera, los sacrificios; la cuarta, los trabajos públicos; la quinta, la instrucción del pueblo; la sexta, el procedimiento judicial; la séptima, la hospitalidad; la octava, el servicio militar.

8. »Cuarto, los cinco reguladores del tiempo. El primero es el año; el segundo es el mes; el tercero es el día; el cuarto los doce signos del zodíaco y las otras estrellas; el quinto el cálculo del tiempo o calendario.

9. »Quinto, la soberana perfección que conviene al Emperador. Príncipe, dando el ejemplo de la más alta perfección, obtendrás las cinco felicidades, y harás que de ellas participen tus súbditos. Tus numerosos súbditos imitarán tu sublime perfección y te ayudarán a conservarla.

10. »Cuando tus numerosos súbditos no formen cábalas, ni tus ministros conspiraciones, todo ello no será sino el resultado de la perfección de que tú darás ejemplo.

11. »Siempre que tus numerosos súbditos deliberen entre sí, intenten alguna empresa y se pongan en guardia contra los castigos, ten cuidado. Si algunos, sin llegar a la virtud perfecta, se abstienen de hacer el mal, no los rechaces, porque podrán llegar a ser mejores. A aquellos que os digan con alegre corazón y aire de regocijo: «Nosotros amamos la justicia», confíales los cargos importantes, porque estos hombres querrán imitar tu sublime virtud.

12. »No oprimas a los débiles que no tienen ni hermanos ni hijos para ayudarles, y no temas a los que ocupen un rango elevado o distinguido.

13. »Entre los oficiales que tienen talento y dirigen bien los asuntos, excita el deseo de avanzar de continuo en el camino de la virtud, y el Estado florecerá. Los hombres encargados de gobernar son siempre virtuosos si se encuentran en buena situación (166). Si no sabes proporcionarles suficiente renumeración y por este medio facilitarles la forma de mantener la armonía entre sus familias que son las tuyas, cometerán crímenes. En cuanto a aquellos que no aman la virtud, aunque los colmes de favores, nada conseguirás y a consecuencia de ello tendrás que reprocharte el haber tenido a tu servicio hombres viciosos.

14. »Nada de inclinado, nada que no esté llano; practiquemos la justicia siguiendo el ejemplo del soberano. Ninguna afección particular ni desordenada; sigamos los principios que el soberano nos enseña con sus ejemplos. Nada de aversión particular y desordenada: sigamos la vía que el soberano nos muestra, con sus ejemplos. Nada de inclinación, nada de partido, la vía del soberano es ancha y se extiende lejos. Nada de partido nada de inclinación, la vía del soberano es llana y fácil de recorrer. No volvamos atrás ni marchemos de lado, la vía del soberano es recta y conduce directamente a la meta. Avancemos todos juntos hacia la sublime perfección de la que el soberano nos da ejemplo y lleguemos todos juntos a esta sublime perfección (157).

15. »La exposición detallada de las virtudes sublimes del Emperador es la regla de las costumbres, la enseñanza más perfecta, la enseñanza del propio Rey del Cielo.

16. »Cuando el pueblo oye la exposición de las sublimes virtudes del Emperador y pone en práctica esta enseñanza, su conducta se acerca cada vez más a la virtud brillante del Hijo del Cielo. Y dice: El Hijo del Cielo hace oficio de padre del pueblo, él es, en verdad, el soberano de todo Imperio.

17. »Sexto, las tres virtudes. La primera es la rectitud, la equidad; la segunda, la firmeza en el gobierno; la tercera, la dulzura en el gobierno. Es preciso gobernar con rectitud y equidad a los hombres pacíficos y sosegados y con firmeza a los que resisten y se niegan a obedecer; con dulzura a los que son sumisos y obedientes. Es preciso gobernar con firmeza a los que yacen en la indolencia, y con dulzura a los que se distinguen por sus talentos y sus buenas disposiciones.

18. »Sólo al soberano corresponde conceder las gracias, aplicar las penas y consumir manjares de elevado precio. No es lícito a ningún súbdito otorgar estas gracias ni aplicar los castigos ni comer manjares de elevado precio.

19. »Si entre tus súbditos existen grandes prefectos y príncipes que concedan gracias, apliquen las penas y coman manjares de elevado precio, estos grandes prefectos serán nefastos a tu dominio, y estos príncipes serán funestos en tus principados. A consecuencia de ello los oficiales inferiores no cumplirán con su deber y cometerán injusticias y el pueblo violará la ley natural y cometerá excesos.

20. »Séptimo, el examen de las cosas dudosas. Es preciso escoger y formar adivinos encargados de interrogar, los unos, a la concha de la tortuga, los otros, a las briznas de la aquilea y ordenarles que consulten al destino por estos dos medios.

21. »Las fisuras producidas en el tinte de la concha de la tortuga presentan el aspecto de la lluvia o de un cielo que se serena, de un cielo completamente nublado o de un cielo sembrado de nubes separadas, o de un cielo en el que las nubes se entrecruzan.

22. »Los símbolos formados por las briznas de aquilea son tcheng, la firmeza y huei, el arrepentimiento.

23. »Los signos obtenidos son en número de siete: cinco son proporcionados por la tortuga y dos por la aquilea. Es preciso conocer por adelantado los errores que se pueden cometer y que hay que evitar.

24. »Cuando los adivinos consulten a la tortuga y a la aquilea, tres interpretan los presagios. Si están en desacuerdo se sigue el consejo de los dos que estén de acuerdo.

25. »Cuando tengas dudas acerca de un asunto importante, delibera en tu fuero interno, delibera con tus ministros y oficiales y consulta al pueblo; haz consultar también a la tortuga y a la aquilea. Luego, si una empresa es aprobada por ti mismo, por la tortuga, por la aquilea, por tus ministros y oficiales, por el pueblo, si hay unanimidad, la empresa triunfará. Tú mismo serás poderoso y feliz y tus descendientes gozarán de una gran prosperidad. Si tú, la tortuga y la aquilea aprobáis y los ministros, los oficiales y el pueblo desaprueban, la empresa tendrá éxito. Si los ministros, los oficiales, la tortuga y la aquilea aprueban y tú, tus ministros y tus oficiales desaprueban, la empresa será feliz.

»Cuando tú y la tortuga, aprobais, y la aquilea los ministros, los oficiales y el pueblo desaprueban, si se trata de un asunto que concierne al interior del palacio tendrá éxito: si se trata de un asunto exterior no tendrá éxito. Cuando la tortuga y la aquilea se oponen a los deseos de los hombres no será prudente hacer nada; la acción sería fatal (168).

26. »Octavo, los diferentes efectos o fenómenos que están siempre en relación con la conducta del soberano y de los oficiales, hacen conocer si la administración es buena o mala. Estos fenómenos son la lluvia, el buen tiempo, el calor, el frío y el viento, así como las épocas en que se verifican. Cuando estos cinco fenómenos se producen en cantidad suficiente y cada uno a su debido tiempo, todas las plantas prosperan.

27. »Si uno de ellos es demasiado abundante o no se produce, ocurre una calamidad.

28. »Hay efectos afortunados: la gravedad del soberano obtiene a su debido tiempo la lluvia; su buena administración alcanza la serenidad del cielo, su prudencia obtiene el calor; su aplicación en la reflexión, el frío; su sabiduría eminente obtiene el viento. Existen también efectos desventurados: la desconsideración del Emperador hace durar la lluvia torrencial; sus errores, la serenidad del cielo; su indolencia, el calor; su precipitación, el frío; su estupidez, el viento.

29. »Que el Emperador examine, pues, estos cinco fenómenos, todos los años, los grandes dignatarios, todos los meses, y los otros oficiales a diario, para saber lo que vale su administración.

30. »Si en el curso del año, del mes o de la jornada no ha hecho mal tiempo, se reconocerá, por este signo, que todos los granos han madurado o madurarán, que la administración es inteligente, que los hombres de talento son honrados como es debido, que las familias gozan de tranquilidad y de bienestar.

31. »Si en el curso de la jornada, del mes o del año ha hecho mal tiempo, es evidente que los granos no han madurado ni madurarán, que la administración es ciega o poco inteligente, que los hombres de talento son mantenidos en la sombra, que las familias no gozan de tranquilidad.

32. »El pueblo es como las constelaciones; el Emperador y los ministros son como el Sol y la Luna. Ciertas constelaciones gustan del viento, otras de las lluvias, pero no pueden obtener por sí mismas ni el viento ni la lluvia: el Sol y la Luna se lo proporcionan (169). El Sol y la Luna realizan sus revoluciones y traen el invierno y el verano. La Luna recorre las constelaciones, y trae el viento y la lluvia. Así el Emperador y los ministros deben subvenir a las necesidades del pueblo y satisfacer sus deseos legítimos.

33. »Noveno, las cinco venturas. La primera es la longevidad; la segunda, la opulencia; la tercera, la salud del cuerpo y la paz del alma; la cuarta, el amor a la virtud; la quinta una vida completa, es decir, una vida con la conservación de todos sus miembros y que no es alterada por una falta o por un accidente.

34. »Los seis males extremos son: el primero, una vida abreviada por una desgracia; segundo, la enfermedad; el tercero, la pena; el cuarto, la pobreza; el quinto, la perversidad; el sexto, la debilidad de carácter.»

Capítulo V

El Perro De Liu

1. Después de la derrota del tirano Tcheu, el último de los emperadores de la dinastía de Chang, las comunicaciones quedaron establecidas y las relaciones comerciales comenzaron con todas las naciones vecinas. Los habitantes de Liu, región occidental, ofrecieron como tributo un perro de su país. El gran tutor, el sabio Cheu, compuso una memoria titulada «El perro de Liu», para instrucción del emperador U-uang (170).

2. En ella dice: «Los emperadores inteligentes se esforzaban en practicar la virtud, y de todas partes los extranjeros venían a rendirles homenaje. Todos, tanto los más cercanos como los más lejanos, les ofrecían objetos de su país, especialmente trajes, víveres, instrumentos utensilios, mas nunca cosas raras, curiosas e inútiles.

3. »Entonces los emperadores mostraban y daban estos presentes, atraídos por su virtud, a los príncipes feudatarios que no eran de familia imperial, a fin de que estos

príncipes cumplieran fielmente con sus deberes. Y distribuían las piedras preciosas entre los príncipes de la familia imperial, para ganar mejor su voluntad. Los príncipes estimaban mucho estos presentes, viendo en ellos el poder de la virtud que los había atraído cerca de los emperadores.

4. »La virtud perfecta evita la familiaridad y la falta de respeto. Un hombre distinguido, tratado de una manera demasiado familiar o poco respetuosa, no despliega toda la abnegación de que es capaz. Un hombre de pueblo, tratado demasiado familiarmente o sin respeto, no despliega todas sus fuerzas.

5. »No seais esclavos de vuestros oídos ni de vuestros ojos, y vuestra conducta será irreprochable.

6. »El que hace servir a los hombres para su diversión, arruina su virtud, el que hace servir las cosas para su entretenimiento, no alcanza el objeto que debería haberse propuesto.

7. »No se debe proponer uno sino cosas justas y buenas, y no admitir sino proposiciones conformes a la razón.

8. »No emprendáis cosas inútiles en detrimento de las que son útiles, y la medida de vuestros servicios estará llena y entera. Guardaos de estimar con exceso las cosas curiosas y poco las cosas útiles; el pueblo no carecerá de nada. No os nutráis de perros ni de caballos que sean de raza extranjera; en vuestros dominios no criéis pájaros de elevado precio ni cuadrúpedos raros. No estiméis las cosas de los países lejanos, y los habitantes de países lejanos vendrán a vosotros. No estiméis más que a los sabios y a vuestro lado reinará la paz.

9. »Desde por la mañana hasta la noche trabajad con ardor y sin descanso. Si no ponéis atención en vuestros menores actos, vuestra virtud será defectuosa en las grandes cosas. Seréis semejante a un hombre que levanta un montículo de setenta y dos pies y abandona el trabajo inacabado por falta de una espuerta de tierra.

10. »Si seguís fielmente la vía que acabo de trazaros, todos vuestros súbditos se quedarán en sus hogares y vuestros descendientes se transmitirán el Imperio de edad en edad.»

Capítulo VI

EL CORDÓN DE ORO

1. El año que siguió al de la derrota de los Chang, el emperador U-uang cayó enfermo; naturalmente no estaba contento (171).

2. Los dos príncipes T'ia Kung y Chao Kung (172) dijeron: «Quisiéramos consultar respetuosamente a la tortuga acerca de la enfermedad del Emperador en el templo de los antepasados de su familia.»

3. Tcheu Kung (173) respondió: «Aún no ha llegado el momento de contristar con el anuncio de la enfermedad del Emperador a los manes de los emperadores difuntos.»

4. Tcheu Kung se encargó personalmente de todo. En el límite septentrional de un terreno llano, hizo levantar tres altares de tierra orientados al mediodía, para los manes de T'ai-uang, de Uang-Ki y de Ueng-nang, y en el límite meridional un cuarto altar orientado hacia el norte y sobre el cual él mismo se instaló. Varias tabletas anulares de jade fueron depositadas sobre los tres altares. Tcheu Kung, sosteniendo en una mano la tablilla oblonga, insignia de su dignidad, dirigió la palabra a los manes de T'ai-ueng, de Ueng-Ki y de Ueng-uang.

5. El historiógrafo imperial escribió para Tcheu Kung la siguiente oración: «El más grande de vuestros descendientes, lucha contra una enfermedad cruel y peligrosa. Si vosotros tres, gloriosos soberanos, habéis recibido del Cielo el encargo de velar por la vida del más grande de sus hijos, obtened que yo, Tan, fallezca en lugar de N (174).

6. »Soy naturalmente bueno y me conformaré a vuestros deseos en el Cielo. Poseo muchos talentos y conocimientos prácticos, podré servir, pues, a vuestros manes. El más grande de vuestros descendientes no posee tantos talentos ni conocimientos prácticos como yo, Tan, y no puede ser tan útil a vuestros manes como yo.

7. »Fiel al mandato que ha recibido en la corte del Rey del Cielo extenderá sus beneficios a todas las partes del Imperio, y podrá establecer sólidamente vuestra dinastía en este bajo Mundo. En todo el Universo no hay nadie que no le respete y le tema. No dejad perder el glorioso mandato que viene del Cielo. Y vosotros, nuestros antiguos soberanos, tendréis herederos cuya piedad filial os estará asegurada, y cuyas ofrendas recibiréis.

8. »Voy a interrogar a la gran tortuga para conocer vuestra decisión. Si aceptáis mis ofrecimientos, tomad las tablillas anulares, colocadas sobre vuestros altares, y la tablilla oblonga insignia de mi dignidad, volveré a mi casa y esperaré la ejecución de vuestra voluntad. Si rechazáis mi petición guardaré estas tablillas.»

9. Tres tortugas fueron consultadas; las tres dieron respuestas favorables. El cofrecillo que contenía el libro de presagios fue abierto con ayuda de una llave. Este libro confirmó las respuestas favorables de los adivinos.

10. Tcheu Kung dijo: «Vista la apariencia de los signos observados sobre la concha de las tortugas, ninguna desgracia ocurrirá al Emperador. Yo, débil niño, acabo de recibir la respuesta de los tres soberanos; mi único deseo es la conservación de la dinastía. Ahora lo que espero es que los tres emperadores se acuerden de nuestro soberano y le devuelvan la salud.»

11. Tcheu Kung retornó y depositó en el cofrecillo de cordón de oro la tablilla en la cual estaba escrita su plegaria. Al día siguiente el Emperador ya estaba mejor.

12. Después del fallecimiento de U-uang, Kuan-chu y sus hermanos menores difundieron la noticia de que Tcheu-Kung no haría bien alguno al hijo de U-uang (175)

13. Tcheu-Kung dijo a los príncipes (T'ai-Kung y Chao-Keug): «Si yo me retiro no podré justificar mi conducta con los emperadores difuntos.»

14. Tcheu-Kung habitó dos años en la parte oriental del Imperio. En fin, los culpables fueron condenados, es decir, Tch'eng-uang reconoció la culpabilidad de Kuan-chu, de Ts'ai-chu y de Huo-chu.

15. Luego, Tcheu-Kung, para justificarse compuso y presentó al Emperador un canto titulado «El Buho» (176). El Emperador no se atrevió a censurar al príncipe.

16. En otoño, las cosechas eran abundantes y estaban casi maduras, y no esperaban más que la hoz. El Cielo tronó e hizo brillar los relámpagos de manera terrible, y luego desencadenó un viento huracanado. Las cosechas quedaron inclinadas y los grandes árboles derribados. Los habitantes se aterraron. El Emperador y los grandes oficiales, con la cabeza cubierta por una gran toca de piel, abrieron el cofrecito de cordón de oro para consultar los libros y conocer la causa de la cólera celeste. Entonces encontraron la oración en la cual Tcheu-Kung pedía responder él mismo a los deseos del Cielo y morir en lugar de U-uang.

17. Ambos príncipes (T'ai-Kung y Chao-Kung), juntamente con el Emperador, interrogaron al gran historiógrafo, a los adivinos y a sus ayudantes para saber si era verdad que Tcheu-Kung había ofrecido su vida en cambio de la U-uang. Y les respondieron: «Es cierto. Pero Tcheu-Kung nos había prohibido que habláramos de ello.»

18. El Príncipe tomó el escrito de Tcheu-Kung, y dijo con los ojos llenos de lágrimas: «Que no consulten a la tortuga, no es necesario. Tcheu-Kung ha trabajado mucho por el Imperio, pero yo, que soy joven,, no lo sabía. El Cielo ha desplegado su severidad para poner de manifiesto la virtud de Tcheu-Kung. Yo, débil niño, iré personalmente a su encuentro; los usos de nuestra familia y de nuestro Imperio requieren este acto.»

19. Apenas el Emperador había llegado al llano en busca de Tcheu la lluvia comenzó a caer y el viento cambió de dirección. Todos los cereales recobraron su posición normal. Los dos príncipes ordenaron a los habitantes que enderezaran y sostuvieran todos los árboles maltratados por el viento. La cosecha fue muy abundante.

Capítulo VII

EL GRAN CONSEJO

1. El emperador Tcheng-Uang habló sobre poco más o menos en estos términos: «Escuchad, tengo que daros importantes consejos, a vosotros, príncipes de todas las regiones, y a vosotros, mis ministros y mis oficiales. El Cielo, sin piedad para conmigo, ha castigado cruelmente a mi familia, sin concederme el menor respiro. Mi espíritu está

enteramente absorbido por el pensamiento de que yo, harto joven, soy el encargado de seguir la gran serie de los soberanos de nuestra dinastía y de gobernar regiones inmensas, no siendo capaz de seguir el camino de la sabiduría para conducir los pueblos a la felicidad. Y soy aún menos capaz de penetrar los designios del Cielo (177).

2. »Sí, yo, débil niño, soy como un hombre que quiere atravesar un agua profunda, y va de uno a otro lado buscando el medio de atravesarla. Encargado de hacer florecer por todos lados la administración y de extender el Imperio de U-uang, mi padre, y de mis predecesores, no debo olvidar sus grandes acciones. No me atrevo a resistir al Cielo que quiere desplegar su severidad y castigar a U-Ken.

3. »El emperador pacificador U-uang me ha dejado la gran tortuga preciosa para que ella me anuncie las intenciones del Cielo. La he consultado y me ha respondido que había grandes dificultades al oeste que los habitantes del oeste se encontrarían aun en la agitación. Ahora, he aquí que se sublevan (178).

4. »La casa de In (179), a pesar de su degradación, tiene la audacia de querer continuar la serie de emperadores de su raza. Esta ha sido castigada por el Cielo, pero desgraciadamente sabe que nuestro Imperio está enfermo (180) y que el pueblo no está tranquilo, y por eso ha dicho: «Me sublevaré», y pretende hacer de nuestro principado de Tcheu la extremidad de su Imperio.

5. »La casa de In se ha agitado; mas he aquí que, del seno del pueblo, se me presentaron diez sabios, que me han acompañado y que me han ayudado a restablecer el orden en el principado de U-Keng y a continuar la obra combinada y comenzada por mi padre. Así, tan grande asunto ha tenido un término feliz. Por lo demás, mis tortugas me dieron todas las respuestas favorables.

6. »Advertí, pues, a los jefes de los principados amigos, a los directores de los oficiales, a los oficiales de todas las categorías y a sus ayudantes. Les dije: Las tortugas me han dado respuestas favorables; yo quisiera con todos los príncipes atacar a los súbditos fugitivos y dispersos de la casa de In.

7. »Vosotros, príncipes de diferentes Estados, oficiales y empleados de todo grado, me responderéis todos: La dificultad es grande; el pueblo no está en paz. Por lo demás los disturbios proceden únicamente de la familia imperial y de las familias de los príncipes, cuyos Estados están en revolución. Todos, jóvenes y viejos, desaprobamos esta expedición. ¿Por que el Emperador no obra contra el consejo de las tortugas?

8. »Yo mismo, aunque muy joven, pienso de continuo en estas dificultades y me digo: Los males ocasionados por estos disturbios insensatos alcanzan ciertamente a los hombres y a las mujeres que viven en la viudez; ¡qué lamentable es esto! Pero obro como ministro del Cielo, que me ha confiado este gran asunto e impuesto este cargo difícil; por eso no me ahorro trabajo alguno. Vosotros, jefes de los principados, oficiales de todo rango, directores de los oficiales, intendentes de los negocios, es justo que me animéis, y

me digáis: «No te abrume la fatiga y la inquietud; te ayudaremos; no puedes dejar inacabada la obra proyectada y comenzada por tu padre, el Emperador pacificador.»

9. «Sí, yo, débil niño, temo resistir a las órdenes del Rey del Cielo. Cuando el Cielo, en su benevolencia con el Emperador pacificador (U-uang) quiso elevar al Imperio al jefe de nuestro pequeño principado de Tcheu, fue conformándose a las respuestas de las tortugas como el Emperador pacificador consiguió establecer la paz en todo el Imperio. Con mayor razón, ahora que el Cielo viene en ayuda del pueblo, debo seguir el consejo de las tortugas. Es preciso respetar la voluntad manifiesta del Cielo, que desea afirmar nuestra gran obra.»

10. El Emperador continuó: «Vosotros, antiguos ministros de mi padre, podéis consultar vuestros recuerdos. Ya sabéis cuántas fatigas se impuso el emperador pacificador. Ahora que el Cielo permite resistencias y dificultades, llegó el momento de acabar la obra de mi padre. No me atrevo a no ejecutar por entero el plan trazado por el emperador pacificador. Por esta razón me esfuerzo en persuadir y en atraer a mi sentimiento a los jefes de los principados amigos. El Cielo promete sinceramente ayudarme, lo que yo juzgo por la opinión pública representada por los diez sabios que me prestan su concurso y aprueban mis designios. ¿Cómo podría no terminar, con ayuda de ministros pacificadores, la obra que mi padre ha continuado y comenzado con ellos? Ahora el Cielo, por medio de perturbaciones, atormenta y aflige a mi pueblo y parece querer hacerle desaparecer como un enfermo trata de hacer desaparecer la enfermedad. ¿Es que no me atreveré con ministros pacificadores, a afirmar el poder que mi padre ha obtenido por medio de ellos?»

11. El Emperador añadió: «En cuanto he formado el proyecto de marchar contra los rebeldes, me he apresurado a exponer las dificultades de la empresa, reflexionando a diario acerca de ella. Mas supongamos que un hombre, que quiere construir una casa, traza el plano y que después de su muerte, su hijo no quiera ni aun echar los cimientos, ese hijo querrá aún menos construir el resto del edificio. El padre ha labrado un campo después el hijo no quiere sembrar; pues tampoco querrá cosechar. Un padre que ha sido tan diligente, ¿querrá tras de su muerte poder testimoniar de este modo de su vástago: «Tengo un hijo que cuida de su patrimonio?» ¿Es que siendo heredero de un emperador pacífico, no me atrevería a asegurar el gran mandato que he recibido del Cielo?

12. »Los hijos de un príncipe son atacados por los amigos de su hermano mayor o de su padre difunto; los súbditos que él nutre en su corte ¿habrán de proteger a los rebeldes en lugar de venir en socorro de los hijos?» (181).

13. El Emperador continuó: «¡Ea! Desterrad todo temor: jefes de los diferentes principados, oficiales que tomáis parte en los negocios. Con ayuda de sabios ministros fue como U-uang obtuvo para el Imperio los beneficios de una administración inteligente. Solamente encontró diez hombres que, observadores fieles de la ley moral, reconocieron la voluntad del Rey del Cielo, y la promesa cierta del socorro celeste (182) y trabajaron en

reemplazar la dinastía de los Chang por la de los Tcheu. Entonces no os atrevisteis a cambiar los planes de U-uang ni a oponeros a sus designios. Actualmente, que el Cielo envía calamidades a la casa de Tcheu, y que los autores de las perturbaciones obran como vecinos que atacan a sus vecinos en sus familias ¿no comprendéis que no está permitido el cambiar ni el violar las órdenes del Cielo?

14. »Yo me digo de continuo: el Cielo quiere aniquilar la casa de In, como un labrador destruye las malas yerbas de un campo. ¿Acaso podría dejar de limpiar completamente mi campo? Es también un favor que el Cielo quiere hacer a los antiguos ministros pacificadores que han secundado a U-uang.

15. »¿Podría resistir yo vuestros consejos para conformarme completamente a las respuestas de las tortugas? Los ministros pacificadores han fijado ellos mismos los límites de los territorios y no vacilaré en reprimir a los príncipes que se hagan culpables de usurpación, aunque fuera en contra de todos los presagios. Con tanta más razón debo hacerlo cuanto que las respuestas de las tortugas son favorables. Haré con vosotros esta expedición al Este. La voluntad del Cielo no ofrece duda alguna, los signos dados por las tortugas son todos favorables.»

Capítulo VIII

Investidura conferida al Príncipe de Uei

1. El emperador Tch'eng-uang habló poco más o menos en estos términos: «¡Oh! hijo mayor del penúltimo de los emperadores de la familia de los In (o Chang), puesto que, según los usos antiguos, la virtud de los antepasados difuntos debe ser honrada y celebrada en las ceremonias solemnes por aquellos de sus descendientes que son los imitadores de su sabiduría, sé el principal heredero de los emperadores de tu familia; conserva las ceremonias que ellos han instituido y los ornamentos que les pertenecieron. Tú y tus descendientes, recibid los honores de la hospitalidad en nuestra casa imperial, y participad de la prosperidad de la dinastía, de edad en edad y por siempre.

2. »Tu abuelo T'ang el Victorioso se señaló por lo profundo de su respeto y por su elevada sabiduría. Mereció el favor y el socorro del augusto Cielo y recibió el gran mandato. Socorrió al pueblo con bondad y le libró de injustos opresores. Sus obras fueron útiles a todos sus contemporáneos y sus virtudes se transmitieron a sus descendientes.

3. »Marcha sobre sus huellas y continúa la ejecución de sus designios. Desde hace mucho tiempo la fama publica tus virtudes. Alabo estas virtudes, y declaro que aumentas el mérito de tus antepasados sin que por ello pierdas de vista sus ejemplos. El Rey del Cielo aceptará tus ofrendas y tus súbditos vivirán en perfecta armonía. Te nombro Kung de primera clase y te encargo que gobiernes la parte oriental de China (183).

4. »¡Presta atención! Ve y propaga por todos lados tus enseñanzas. Pon cuidado en los trajes y en las otras insignias y en los privilegios que convienen a tu dignidad. Observa exactamente los reglamentos y los usos, y así serás el sostén de la familia imperial y

añadirás nuevos méritos a los de tu ilustre abuelo T'ch'eng T'ang. Sé la ley viviente de tus súbditos; por este medio guardarás siempre tu dignidad y prestarás servicio a tu soberano. La influencia de tu virtud se extenderá a todas las edades, serás el modelo de todos los príncipes, y los emperadores de la casa de Echeu no te rechazarán jamás.»

5. «Pues bien, ve; comienza tu obra sabiamente y pon cuidado en observar mis órdenes.»

Capítulo IX

Consejos Dados A K'ang Chu

1. En el tercer mes del séptimo año de Tch'eng-uang, cuando la Luna comienza a menguar (184), Tcheu-Kung trazó los fundamentos y emprendió la construcción de una nueva y gran población en Lo (185), en medio de los principados orientales. Los habitantes de todos los países de los alrededores, animados de un mismo espíritu, acudieron y se reunieron para comenzar el trabajo. Los oficiales de las cinco circunscripciones mas inme diatas vinieron con hombres, los exhortaron a la con cordia, y los presentaron para este trabajo emprendido en interés de la casa de Tcheu.

Tcheu-Kung estimuló el ardor de todos. En una proclama solemne prescribió lo que se debía hacer.

2. El Emperador habló poco más o menos en estos términos: «Jefe de los príncipes, mi hermano menor, Fung, mi querido hijo (186).

3. »Nuestro ilustre padre Ueng-uang supo hacer brillar su virtud y emplear los castigos con prudencia.

4. »No se permitía tratar con desprecio a los hombres ni a las mujeres que habían quedado viudos y no se volvían a casar. Empleaba a los que convenía emplear, respetaba a los que convenía respetar, castigaba a los que convenía castigar. Su virtud brilló a los ojos del pueblo, y fue el primero en desarrollar el poderío de nuestro principado de Tcheu que no era sino una parcela del Imperio. Siguiendo su ejemplo, varios de los príncipes vecinos regularon su administración siguiendo su ejemplo. Muy pronto, toda la parte occidental del Imperio tuvo confianza en él, y se colocó bajo su dependencia. Su fama llegó hasta el Cielo. El Rey del Cielo aprobó su conducta y le ordenó que derribara a la gran dinastía de los In. Uen-uang recibió el mandato del Cielo para gobernar a todo el Imperio; muy pronto los gobiernos y los pueblos fueron perfectamente ordenados. Luego, yo, vuestro hermano mayor, a pesar de mi poca virtud, he hecho toda clase de esfuerzos en igual sentido. He aquí por qué tú, Fung, mi querido hijo, posees esta región oriental.»

5. El Emperador continuó: «¡Oh! Fung, no lo olvides, la felicidad de tus súbditos depende de tu exactitud en seguir las huellas de tu padre Uen-uang. Imita lo que se te ha dicho de él y pon en práctica sus admirables máximas. Trata de conocer a los sabios y prudentes emperadores de la dinastía de los In a fin de guardar y gobernar bien a tus

súbditos. Remonta aún más lejos, en la antigüedad, estudia la conducta de los ancianos experimentados que vivieron bajo la dinastía de los Chang, a fin de tener principios fijos y aprender a enseñar al pueblo. Además pon todo tu empeño en conocer e imitar a los sabios emperadores de la antigüedad a fin de procurar la tranquilidad a tus súbditos y protegerlos. En fin, que tu ciencia abrace todos los principios cuyo manantial es el Cielo. En tal momento tu virtud será muy grande y cumplirás bien los deberes del cargo que el Emperador te confía.»

6. El Emperador continuó: «Fung, mi querido hijo, pon gran cuidado en sentir los dolores del prójimo como si fueran tus propios dolores. El Cielo es temible pero proteje a los hombres sinceramente virtuosos. Los sentimientos del pueblo son fáciles de descubrir, pero los hombres del pueblo son difíciles de mantener en la sumisión. Ve y emplea por entero todas tus fuerzas en esta obra. No permanezcas ocioso ni busques el reposo y la diversión, y gobernarás bien a tus súbditos. He oído decir que la satisfacción, o el disgusto del pueblo no dependen de las grandes ni de las pequeñas cosas, sino de la buena o mala conducta, de la energía o de la indolencia del príncipe.

7. »Sí, mi querido hijo, tu deber es aumentar la influencia del Emperador, el establecer la armonía entre los súbditos de los In, que ahora lo son de los Tcheu, impidiéndoles que se dispersen, y, por este medio, ayudar al Emperador a afirmar el poder que ha recibido del Cielo, excitando al pueblo a que se renueve en la virtud.»

8. El Emperador dijo: «¡Oh! Fung, pon cuidado en aplicar el castigo con discernimiento. Un hombre comete un crimen poco grave, pero lo comete con premeditación, y obstinación en el mal y voluntad de violar la ley. Su crimen es voluntario; aunque no sea grave debe ser condenado a muerte. Otro comete un gran crimen por error, por inadvertencia sin obstinación en el mal. La falta no ha sido voluntaria, después de haber confesado su crimen sinceramente, no es justo que se le castigue con la pena de muerte.»

9. El Emperador dijo: «¡Oh! Fung, existen grados de culpabilidad y de pena. El que en esta materia muestra un gran discernimiento, gana la confianza del pueblo, sus súbditos se exhortan mutuamente a huir del mal, y tratan de vivir en buena armonía. Obra como un hombre que quiere curar un enfermo, y todo el pueblo se corregirá de sus defectos. Imita la solicitud de una madre con su hijo recién nacido, y el pueblo estará tranquilo y sumiso.

10. »No eres tú, Fung, quien inflige los graves castigos y aun la pena de muerte (187). Pon cuidado en no castigar con penas graves arbitrariamente y aún menos con la pena capital. No eres tú quien cortas las narices y las orejas a los criminales, pero guárdate bien de cortar la nariz y las orejas de alguien a la ligera.»

11. El Emperador dijo: «En lo que se refiere a los asuntos judiciales, decreta tu mismo las leyes que se deban observar, mas, para el grado de la pena, que los jueces se conformen con el orden establecido por la dinastía de los In.»

12. El emperador añadió: «Después de haber examinado a fondo una causa capital, reflexiona cinco o seis días, diez días, y hasta tres meses y luego pronunciad la sentencia definitiva.»

13. El Emperador dijo: «Harás conocer las leyes y las demás cosas; la escala de las penas, establecida por los In, continuará estando en vigor, pero será preciso que la pena capital y las otras penas graves sean aplicadas con arreglo a la justicia y a las exigencias de los tiempos; que no sirvan sólo para la satisfacción de tus deseos particulares. Si observas estas prescripciones, habrás obrado convenientemente y se podrá decir que todo está en regla. Sin embargo, aunque así sea, no te muestres demasiado tranquilo y dite que quizá todo no marcha con arreglo a la justicia perfecta y a las exigencias de los tiempos.

14. »Sí, mi querido hijo, nadie tiene un corazón tan magnífico como el tuyo, mi querido Fung. Conozco tu corazón, y tú también conoces mi corazón y mi conducta.

15. »Los que se complacen en los crímenes, los bandidos, los ladrones, los rebeldes, los traidores, aquellos que asesinan y persiguen a los hombres honrados para despojarlos, aquellos que emplean la violencia sin cuidado alguno de su propia vida, todos estos malhechores son odiosos a todo el mundo y su castigo es causa de alegría.»

16. El Emperador dijo: «Fung se debe detestar a esos grandes criminales, pero más aún al hijo que no muestra piedad filial, al hermano que no ama a su hermano, al hijo que no cumple con respeto sus deberes con sus padres durante su vida y aflige sus corazones después de su muerte, al padre que muestra aversión y odio a su hijo, al hermano menor que menosprecia el orden establecido por el Cielo y no respeta a su hermano mayor, al hermano mayor que olvida las fatigas que se han impuesto sus padres para criar a sus hijos, y no muestra cariño alguno a su hermano menor. Si nosotros, que estamos encargados del gobierno, no tratamos como culpables a hombres tan desnaturalizados, la ley natural, que el mismo Cielo ha dado a nuestros pueblos no sería observada en manera alguna. Apresúrate, pues, a aplicar a estos culpables las leyes penales establecidas por Uen-uang, castigándolos sin piedad.

17. »Es preciso reprimir, mediante la severidad de las leyes, a los particulares que violen la ley natural, y con mucha mayor razón, a los maestros (encargados de instruir a los hijos de los príncipes y de los oficiales) a los jefes de los oficiales, y a los oficiales subalternos de todo grado cuando transmiten órdenes diferentes de las dadas por el Príncipe para hacerse admirar por el pueblo, violando las leyes, con gran desagrado de su Príncipe. Estos oficiales corrompen al pueblo y yo los detesto. ¿Acaso puede uno abstenerse de amonestarlos? Aplícales sin demora las justas leyes de Uen-uang, y condénales a todos a la pena capital.

18. »Ante todo da el buen ejemplo a tus oficiales. Si tú, príncipe y jefe de una familia y de un Estado, no sabes dirigir a las personas de tu casa, a tus oficiales subalternos, a los jefes de los oficiales de tu principado; si tu administración fuese cruel y tiránica, si no

tienes en cuenta las órdenes del Emperador, esto equivaldría a querer mantener a los demás en el deber, obrando mal tú mismo.

19. »En cualquier caso, puedes y debes respetar las leyes y por este medio hacer feliz al pueblo. Uen-uang tenía ese respeto a las leyes y ese temor a violarlas. Al hacer así feliz a tu pueblo piensa: «Trato de igualar a Uen-uang.» Y entonces yo, tu soberano, estaré contento.»

20. El Emperador dijo: «Fung, todo bien considerado, el pueblo debe ser conducido, no por temor a los castigos, sino por el celo hacia la tranquilidad y la felicidad. Yo pienso de continuo en la conducta de los sabios emperadores de la dinastía de los In, a fin de mantener el orden y la tranquilidad y de igualar a estos antiguos soberanos; tanto más cuanto que en la actualidad entre el pueblo no hay nadie que bajo la dirección de un príncipe virtuoso y bienhechor no esté dispuesto a seguir la vía de la virtud. Sin esta dirección suave y buena, el gobierno de un Estado es imposible.»

21. El Emperador dijo: «Fung, no puedo menos de estudiar la conducta de los sabios emperadores de la antigüedad, y de recordarte la necesidad de unir la influencia de la virtud al empleo de los castigos. El pueblo no está aún tranquilo y los espíritus no han tomado de terminación precisa. A pesar de mis instrucciones reiteradas, el pueblo no es tan virtuoso como en otro tiempo. Veo claramente que el Cielo quiere castigarme severamente, pienso de continuo en ello y no me quejo. Porque todas las faltas del pueblo, graves o leves, me deben ser imputadas. Siento tanto más temor cuanto que en la actualidad el olor infecto de las acciones impuras sube evidentemente hasta el Cielo.»

22. El Emperador dijo: «Fung, ten cuidado. No hagas nada que pueda excitar justas quejas, no sigas el mal ejemplo, los caminos inicuos. Que la verdad y la sinceridad presidan tus decisiones. Imita la diligencia de los príncipes de la antigüedad, a fin de que tu espíritu disfrute de reposo. Examina por ti mismo todos los asuntos, que tu previsión se extienda lejos en lo porvenir. Sé indulgente, a fin de que el pueblo esté tranquilo. Así evitarás los defectos que me obligarían a degradarte.»

23. El Emperador dijo: «Fung, mi querido hijo, ánimo! Pero ten en cuenta que el mandato que se te da no es irrevocable. Pon, pues, cuidado, a fin de que no me vea obligado a destituirte. Cumple con discreción los deberes de tu cargo; sigue con grandeza de alma las máximas y consejo de los antiguos sabios, el orden y la tranquilidad reinarán así en el pueblo de los In.»

24. El Emperador terminó su discurso poco más o menos en estos términos: «Ve Fung, no violes las leyes que debes respetar, sigue los consejos que te doy, y tú y tus descendientes gozaréis para siempre de vuestra dignidad en el pueblo de los In.»

Capítulo X

Consejos Acerca De Las Bebidas Fermentadas

1. El emperador U-uang se dirigió a su hermano K'ang chu, y habló poco más o menos en estos términos: «Publica en el principado de Mei las órdenes importantes que voy a darte.

2. »Cuando tu padre Uen uang, aquel príncipe tan fiel al cumplimiento de sus deberes, fundó su capital (la ciudad de Fung), en la parte occidental del Imperio, dio diversos consejos y recomendó diferentes precauciones a todos los príncipes, a todos los oficiales, a sus ayudantes y a sus empleados. El soberano les repetía de continuo: Las bebidas fermentadas son hechas para ser ofrecidas a los Espíritus. Cuando el Cielo, por la primera vez, ordenó al pueblo la preparación de estas bebidas, no permitió su utilización sino en las ceremonias más solemnes.

3. »Cuantas veces el Cielo en su cólera ha permitido que nuestro pueblo se abandonase a graves desórdenes, el abuso de los licores fermentados ha sido la causa de ello; y cuantas veces ha permitido la ruina de los Estados, grandes o pequeños, ha querido castigar la embriaguez.»

4. «A los jóvenes que eran hijos de oficiales y ejercían ellos mismos cargos, Ueng uang recomendaba que no usaran corrientemente bebidas embriagadoras. Quería que en los principados no se bebiera estos licores sino después de las ceremonias en honor de los Espíritus, y aun así con moderación, sin llegar a la embriaguez (188).

5. »Que mis súbditos, decía, enseñen a sus hijos a no amar sino los productos de la tierra; los jóvenes ocupados en el cultivo de la tierra, no se abandonan a la orgía y serán virtuosos. Que los jóvenes oigan con atención las enseñanzas ordinarias que vienen de sus antepasados y de sus padres, y que se apliquen a practicar la virtud en las pequeñas cosas como en las grandes.

6. »Habitantes del país de Mei, trabajad de continuo con todas vuestras fuerzas en el cultivo del mijo; ayudad con una pronta diligencia a vuestros padres y a vuestros mayores, conducid con ardor vuestros carros y bueyes, y haced el comercio en los países lejanos, para alimentar a vuestros padres cariñosamente. Vuestros padres serán felices, entonces clarificaréis los licores, les daréis fuerza, y usaréis de ellos.

7. »Vosotros todos, oficiales con cargo, y vosotros, jefes de los oficiales, hombres distinguidos, oíd y seguid constantemente mis consejos. Cuando ofrecéis festines a los ancianos o que servís a vuestro príncipe, si llenáis estas funciones convenientemente, podéis luego comer y beber hasta hartaros. Para hablar de cosas más elevadas, si de continuo vigiláis vuestra conducta y no os apartáis del justo medio, seréis capaces de hacer las ofrendas a los Espíritus, y después de la ceremonia podréis solazaros a vuestra vez. Si obráis así, si no bebéis licores embriagadores sino en estas circunstancias, llenaréis

bien las funciones que os ha confiado el Emperador; el mismo Cielo os secundará a causa de vuestra gran virtud, y vuestros servicios jamás serán olvidados por la familia imperial.»

8. El Emperador dijo: «Fung, otras veces en nuestra región occidental, los príncipes, los oficiales, los hijos de oficiales, que ayudaban a Uen uang, seguían estas enseñanzas y evitaron los excesos en el uso de las bebidas. Así es como ahora hemos podido obtener el Imperio que estaba entre las manos de los In.»

9. El Emperador dijo: «Fung, he oído decir que en la antigüedad el sabio fundador de la dinastías de los In, T'ang el Victorioso, temía el obrar en contra de la voluntad manifiesta del Cielo y de los deseos de sus más insignificantes súbditos; que cultivaba sin cesar la virtud y seguía fielmente las luces de la sabiduría; que desde T'ang el Victorioso hasta Ti i, todos los emperadores eran soberanos perfectos y trataban a los ministros de Estado con respeto; que, por su parte, los oficiales secundaban al Emperador con celo respetuoso, que no se permitían buscar el reposo ni las diversiones. Con tanta mayor razón, no se permitían estimar la bebida por encima de todo.

10. »En las diferentes circunscripciones situadas fue ra del dominio propio del Emperador, los príncipes y sus jefes, y en el dominio propio del Emperador, los oficiales con sus jefes, los oficiales inferiores, los ayudantes de los oficiales superiores, los parientes de los oficiales, los ministros y los oficiales retirados a la vida privada, no se permitían nunca entregarse a la embria guez. No sólo no se permitían embriagarse, sino que ni aún tenían tiempo para ello. Su único cuidado era el ayudar al Emperador a perfeccionar y a hacer brillar su virtud; y los inferiores ayudaban a sus jefes a servir al Emperador.

11. »Yo también he oído decir que, en la última época, el sucesor de estos soberanos perfectos, el tirano Tcheu, se embriagaba, que su gobierno ponía la confusión en el Imperio, que no parecía sino buscar el medio de disgustar al pueblo y no quería corregirse, y que, entregado por completo a los placeres, no respetaba ley alguna, encenagándose en la ociosidad, y no guardaba la menor reserva en sus actos. Todos sus súbditos experimentaban una gran aflicción, pero él continuaba entregándose a la embriaguez y no quería poner término alguno a su desenfreno. En su furioso frenesí, corría sin temor a su pérdida. Los crímenes se acumulaban en la capital de los Chang, el Imperio de los In tocaba a su fin, y el tirano no se preocupaba por ello. No pensaba en hacer subir al Cielo, en los sacrificios, el agradable olor de una virtud perfecta. No se elevaban al Cielo sino las quejas del pueblo y el olor infecto de las orgías de una banda de borrachos. Por eso el Cielo condenó a los In a perecer, les retiró su afecto, únicamente a causa de sus excesos. En esto el Cielo no se mostró cruel; fueron los hombres (Tcheu y sus cortesanos) los que se atrajeron el castigo.»

12. El Emperador dijo: «Fung, si te recuerdo todos estos hechos no es sólo por el gusto de aconsejar. Los ancianos repetían frecuentemente ese adagio: No tomad como espejo el cristal de las aguas, sino a los demás hombres (189). Los In han perdido el poder soberano; este ejemplo ¿no debe ser como nuestro gran espejo, incitándonos a asegurar la tranquilidad del pueblo?

13. »Digo, pues, que debes advertir a los prudentes oficiales que han servido a la casa de los In, a los príncipes que se encuentran en las diversas circunscripciones del Imperio, y con tanta mayor razón, al gran secretario y al secretario del interior, a tus familiares, y a todos los jefes de los oficiales, y con tanta mayor razón también a los que te sirven, es decir, al maestro que te enseña, al oficial que ejecuta tus órdenes; y con tanta mayor razón a aquellos que casi son tus iguales, a tus ministros de Estado, al ministro del Interior que expulsó a los insumisos, al ministro de Agricultura que cuida de la defensa del pueblo, al ministro de Obras Públicas, que fija los límites y los reglamentos. Tú, sobre todo, debes ponerte en guardia contra las bebidas que embriagan.

14. »Si vienen a advertirte que grupos importantes de hombres del pueblo beben juntos, no los dejes escapar. Hazlos prender, encadenar y conducir fuera de la capital del Imperio; yo los condenaré a la pena de muerte.

15. »En cuanto a los ministros de Estado y a los oficiales de diferentes grados que han servido a la casa de In y seguido el mal ejemplo del tirano Tcheu, si continúan embriagándose, no será necesario condenarlos a muerte en seguida, conténtate con advertirles:

16. »Oficiales de la casa de In, si seguís mis consejos, os concederé toda clase de dignidades Si, por el contrario, no ponéis en práctica mis enseñanzas, yo, vuestro soberano, no tendré compasión de vosotros. Si vuestras costumbres no llegan a ser más puras, os colocaré en el mismo rango que a los hombres del pueblo que se reúnen para beber y deben ser castigados con la pena de muerte.»

17. El Emperador dijo: «Fung, sigue constantemente mis consejos. Si no mantienes en el deber a tus oficiales, el pueblo se entregará a la embriaguez.»

Capítulo XI

LA MADERA DE CATALPA (190)

1. El emperador U-uang dijo a su hermano K'ang chu: «Fung. el principal deber de un jefe de principado es el de conciliarse todos los espíritus, el de unir mediante un lazo cordial a los hombres del pueblo y a los oficiales de su principado con las grandes familias, y a los súbditos del Emperador con el Emperador mismo.

2. »Si en tus discursos repites frecuentemente: Oh, vosotros los que me servís y os tomáis como modelo los unos a los otros, ministro de Instrucción Pública, ministro de la Guerra, ministro de Obras Públicas, jefe de los oficiales, grandes prefectos, en verdad os lo digo, no quiero molestar a nadie, ni condenar a muerte a un inocente; si tú, su príncipe, dándoles ejemplo, respetas y animas al pueblo, ellos también lo respetarán y lo animarán. Si a veces a causa de estas circunstancias tratas con indulgencia a los rebeldes, a los traidores, a los asesinos y a los encubridores, ellos también, siguiendo el ejemplo de su príncipe, tratarán con indulgencia a los hombres que hayan herido o maltratado a otros hombres.

3. »Los antiguos emperadores, al instituir los jefes de los príncipes (o bien al instituir los feudatarios) se proponían mantener el orden en el pueblo. Les decían: No os unáis para mutilar o matar inocentes ni para oprimir al pueblo. Respetad a los débiles y procurad el sostén de las viudas. Unid, dirigid a todos los ciudadanos sin excepción. Cuando los antiguos emperadores nombraban príncipes y oficiales ¿qué les recomendaban? Que ayudaran al pueblo a encontrar las subsistencias y la tranquilidad. Tal ha sido la conducta de los emperadores desde los tiempos antiguos. Jefe de príncipes, no tienes necesidad de emplear los castigos.»

4. El Emperador añadió: «Hay que imitar al labrador que, después de haber arrancado todas las plantas nocivas, traza y arregla los ribazos y las acequias de su campo; al constructor, que después de haber elevado el muro de límite y los otros muros de una habitación los enluce y techa con paja la construcción; al carpintero que después de haber desbastado y pulido la madera la tiñe de rojo.»

5. Un ministro de Estado dice a uno de los sucesores de U-uang: «Príncipe, dite a ti mismo: «Mis predecesores han desplegado con celo su brillante virtud y por su bondad han ganado todos los corazones; todos los príncipes han venido a ofrecer sus homenajes y se han convertido casi en sus hermanos desplegando también una virtud deslumbrante. Príncipe, a ejemplo de estos grandes soberanos, une los corazones y todos los príncipes te rendirán sus homenajes.

6. »Puesto que el augusto Cielo ha dado a tus padres los pueblos y todas las tierras del Imperio;

7. »Príncipe, por la sola influencia de la virtud restablece la concordia, haz felices y colma de cuidados a los hombres que han sido seducidos por los malos ejemplos. Así, serás agradable a los manes de tus predecesores que han merecido y obtenido el Imperio.

8. »Si meditas y sigues este consejo, será mi único deseo el de que durante una larga serie de siglos vosotros y vuestros descendientes seáis siempre designados para la guarda del pueblo.»

Capítulo XII

Consejo Del Príncipe De Chao

1. En el segundo mes del año, seis días después de la Luna llena, el trigésimo segundo día del ciclo, el emperador Tch'eng uang, marchó por la mañana de la capital de los Tcheu y se dirigió a Fung.

2. Desde allí, el gran guardián, el príncipe de Chao (191) precediendo a Tcheu, fue a ver el sitio en donde iba a levantarse la futura capital, e hizo el viaje de un tirón. El primer día tercer mes lunar era el cua-dradragésimo tercero del ciclo. Dos días después, que era el cuadragésimo quinto día del ciclo, el gran guardián llegó a Lo. Interrogó a la tortuga acerca de la situación de la ciudad. Habiendo obtenido respuestas favorables, trazó las divisiones y el contorno de la nueva capital.

3. Dos días después, que era el cuadragésimo séptimo día del ciclo, el gran guardián, con un grupo de hombres que habían sido súbditos de los In, preparó el lugar que deberían ocupar los diferentes barrios de la ciudad al norte del río Lo.

4. Al día siguiente, quincuagésimo segundo día del ciclo, Tcheu kung llegó por la mañana a Lo, y examinó atentamente el trazado de la nueva ciudad (192).

5. Dos días después, el quincuagésimo cuarto día del ciclo, inmoló dos bueyes en el campo, en honor del Cielo y de la Tierra. Al día siguiente, quincuagésimo quinto día del ciclo, inmoló en la nueva población sobre el altar de la Tierra un buey, una oveja y un cerdo.

6. Seis días después, que era el primer día del ciclo, Tcheu kung, desde por la mañana, tomando su cuaderno, dio sus órdenes a los jefes de los príncipes de las diferentes circunscripciones del Imperio de los In (193).

7. Estos transmitieron las órdenes a la multitud de los antiguos súbditos de los In, que comenzaron el trabajo con ardor.

8. Entonces el gran guardián, el príncipe de Chao, habiendo salido con todos los príncipes, recibió sus presentes que consistían en piezas de seda. Luego, entrando en los departamentos de Tcheu kung, se los dio a éste al mismo tiempo que decía: «De rodillas, inclino la cabeza hasta mis manos, y luego hasta el suelo; Príncipe, ofrezco al Emperador y a ti estos regalos y esta memoria. Deseo que se den consejos a la multitud de los antiguos súbditos de los In, pero que seas tú quien los dé, puesto que administras los negocios del Estado.»

9. La memoria escrita por el príncipe de Chao, y que fue llevada al Emperador por Tcheu kung, estaba con cebida en estos términos: «El rey supremo del augusto Cielo ha destituido a su hijo mayor (el tirano Tcheu) y retirado su mandato a los príncipes de la gran casa de In. Príncipe, este mandato os es confiado, es un inmen so favor, pero os impone una inmensa solicitud. ¿Podríais dejar de estar atento al cumplimiento de vuestros deberes?

10. «Cuando el Cielo retiró su mandato a la gran familia de los In, muchos prudentes emperadores de esta dinastía estaban en el Cielo (194). Pero aquellos de sus descendientes y sucesores que habían heredado el Imperio eran tan injustos que los hombres prudentes y sabios vivían ocultos, y los opresores ocupaban sus cargos. Los particulares, para escapar a la tiranía, no veían otro recurso sino el de tomar sus mujeres y niños en brazos o por la mano, llevándolos a sitios apartados. Cuando en medio de lamentaciones y de gritos partían para otras regiones, eran generalmente detenidos en su camino. ¡Oh! entonces el Cielo, en su misericordia con los pueblos del Imperio, confirió con bondad su mandato a un soberano que hacía generosos esfuerzos (U-uang). Príncipe, cultiva con cuidado la virtud.»

11. «Remontemos a la antigüedad y consideremos al fundador de la dinastía de los Hia (el gran Iu). El Cielo lo dirigió dejando su herencia a sus descendientes y los protegió. Es que Iu estudiaba la voluntad del Cielo y se conformaba a ella. Actualmente su dinastía se extinguió. Consideremos luego al fundador de la dinastía de los In (Tch'eng T'ang). El Cielo le dirigió y le ayudó a reformar el gobierno de los Hia, y le protegió. Tch'eng T'ang estudió la voluntad del Cielo y se conformó a ella. Ahora su dinastía ya no existe.

12. »Aún joven, estás en posesión de la herencia de tus padres: no alejes de tu lado a los ancianos. Di te a ti mismo: Consultarán los ejemplos de mis predecesores para regular su conducta y darme sus consejos. Mas sobre todo dite: Sabrán consultar al Cielo y darán consejos según la voluntad de éste.

13. »¡Oh, príncipe!, a pesar de tu juventud, eres hijo mayor del Cielo. Y espero que puedas por todos lados establecer la concordia entre el pueblo, y ésta será la gran felicidad inmediata. Que tu primer cuidado sea éste; estate sobre aviso, teme de continuo los peligros que te amenazan por parte del pueblo.

14. »Príncipe, ven aquí, y, ministro del rey del Cielo, cumple su obra en el centro del Mundo (195). Tan ha dicho: Cuando esta gran población esté construida, el Emperador dirigirá los asuntos desde aquí, como asociado del agusto Cielo, tal es al menos lo que espero, y ofrecerá con respeto sacrificios a los Espíritus del Cielo y de la Tierra. Instalado aquí en el centro del Imperio, gobernará perfectamente. Príncipe, cumplirás, como espero, el mandato del Cielo, y el buen gobierno del pueblo será nuestra felicidad presente.

15. »Comienza por ganar la confianza de los oficiales de la dinastía de los In, a fin de que ayuden a los oficiales de nuestra casa de Tcheu, corrijan sus propios defectos y hagan diariamente progresos en la virtud.

16. »Príncipe, que la aplicación en el cumplimiento de tus deberes sea como tu morada. No está permitido descuidar el cultivo de la virtud.

17. »No es lícito perder de vista la dinastía de los Hia ni la de los In. No considerando sino los decretos del Cielo, no me permitiré juzgar ni decir que los Hia debieron haber conservado el mandato del Cielo durante tan largo número de años, ni tampoco que debieron haberle conservado más tiempo. Sólo sé que por el descuido de sus deberes, han acelerado la ruina de su dinastía. No tendré tampoco la temeridad de pensar ni de decir que los In debieron tener el mandato del Cielo tan gran número de años, ni que hubieran debido conservarle más tiempo. Sólo sé que, por descuido en el cumplimiento de sus deberes, han apresurado la caída de su dinastía.

18. »Príncipe, tú les sucedes; has recibido el mandato que el Cielo les había confiado; porque el mandato confiado a nuestra dinastía es el mismo que había sido otorgado a estas dos dinastías imperiales. Sucediéndoles, imita a aquellos soberanos que han merecido la gratitud del Imperio; sobre todo ahora que vas a inaugurar nuestro gobierno en la ciudad de Lo.

19. »Es como cuando un niño entra en la vida. Todo depende de sus primeros años, pues, si desde la infancia contrae buenos hábitos, será virtuoso: él mismo obtendrá del Cielo, por sus buenas acciones, el don de la sabiduría. ¿Querrá el cielo que tu gobierno sea prudente y sabio? Permitirá que sea feliz o por el contrario será desgraciado? No lo sabemos, lo único acerca de lo cual estamos ciertos es de que empezamos un nuevo reinado y que todo dependerá de este principio.

20. »Desde tu llegada a la nueva población, Príncipe, te aplicarás sin demora, así lo espero, a cultivar la virtud, y pedirás que el cielo te conceda para siempre su mandato.

21. »Aunque el pueblo violara las leyes y cometiera grandes excesos, tú, que eres emperador, no trates de reprimirle con la pena capital y con castigos rigurosos. Por la dulzura es como conseguirás corregirle.

22. »Si tú, que ocupas el puesto más elevado, te mantienes siempre en la cima de la perfección, el pueblo te imitará, la virtud florecerá en todo el Imperio, y tu gloria será grande.

23. »Que el Emperador y sus ministros trabajen con todo su poder para aliviar al pueblo de sus cargas. Que ellos mismos se digan: Haremos de manera que el poder confiado por el Cielo a nuestra solicitud sea tan grande y dure tantos años como el de los Hia, y que luego, tras de haber durado tantos años como los In, no nos sea retirado. Yo deseo que mereciendo el cariño del pueblo, puedas conservar siempre el mandato del Cielo.

24. »Con la cabeza inclinada hasta las manos, y la frente en el polvo, prometo que yo, el último de tus ministros, con los hombres del pueblo y los oficiales (que en otro tiempo eran partidarios de los In) que te eran hostiles, con los súbditos que siempre han sido abnegados a nuestra familia, me atreveré a sostener y a respetar el poder de tu autoridad y el brillo de tu virtud. Deseo que cumplas perfectamente hasta el fin el mandato del Cielo, y gozarás de una gran gloria. Pero eso depende solamente de ti. No pretendo poder contribuir a ello. Me contento con ofrecerte con respeto diversas piezas de seda, para que este tributo, ofrecido por ti al Cielo, sirva para pedirle que continúe siempre concediéndote su mandato.»

Capítulo XIII

Consejo Acerca De La Ciudad De Lo

1. Tcheu kung (después de haber fijado el lugar de la nueva ciudad de Lo) se puso de rodillas, inclinó primero la cabeza hasta sus manos y luego hasta la tierra, como si hubiera estado en presencia del Emperador, y envió a Tch'eng uang el siguiente mensaje: «Voy a presentarte mi informe, a ti, mi hijo querido e inteligente soberano.

2. »Pareces no atreverte a ejecutar el mandato del Cielo que ha ordenado echar los cimientos y acabar las construcciones de la ciudad de Lo. Fui a buscar al gran guardián, al

príncipe de Chao, y examiné con cuidado toda esta región oriental, a fin de fundar una ciudad en donde puedas mostrar tu inteligencia en el gobierno de los pueblos.

3. »El quincuagésimo segundo día del ciclo por la mañana, llegué a la población de Lo, destinada a convertirse en la capital del Imperio. Consulté a la tortuga acerca de la región que se encuentra al norte del río Amarillo, cerca del Li; luego acerca de la orilla oriental del Kien y de la orilla occidental del Tch'en. La tinta no me pareció como absorbida sino cuando propuse a Lo (196). También consulté a la tortuga acerca de la orilla oriental del Th'en. La tinta no fue como absorbida sino cuando hablé de Lo. Envié un mensajero para presentarte las respuestas de la tortuga con el plano de Lo y de sus alrededores.»

4. El Emperador, de rodillas, inclinó profundamente la cabeza primero hasta las manos, y luego hasta el suelo en signo de respeto por su tío Tcheu kung, y le envió la siguiente respuesta: «Príncipe, no te has atrevido a no ejecutar con respeto las órdenes favorables del Cielo. Has ido a examinar el país, en donde nuestra familia debe responder a la confianza del Cielo. Después de haber determinado el lugar en que debía fundarse la nueva capital, me has enviado un mensajero que me ha hecho conocer los propósitos de ventura y de perpetua prosperidad dados por la tortuga. Tú y yo, ejecutaremos juntos esta empresa. Tu deseo es que yo cumpla con respeto las órdenes favorables del Cielo durante varias miríadas de años. De rodillas, inclino la cabeza hasta mis manos y luego hasta el suelo, dándote las gracias por tus enseñanzas.»

5. Tcheu kung dijo: «Príncipe, en cuanto entres en la nueva ciudad cumple las ceremonias solemnes, ofrece en el orden debido todos los sacrificios que estaban en uso bajo los In, aun aquellos que no están mencionados en los registros.

6. »Yo alinearé a todos los oficiales, los enviaré ante ti y les ordenaré que te escolten, desde tu llegada, de Hao a Lo. Les diré solamente: El Emperador tendrá tal vez algo que ordenaros.

7. »Publica sin retraso la orden siguiente: Que se anoten los servicios señalados; los que se hayan distinguido más recibirán los mayores honores después de su muerte. Añade: Vosotros, por quienes hago todo esto, ayudadme con todo vuestro poder.

8. »Muestra a todas las miradas los cuadernos en donde estén inscritos los servicios a fin de que vean tu imparcialidad; así, en todas las cosas darás el ejemplo a tus oficiales.

9. »Mi querido hijo, ¿serás capaz de parcialidad? Si tú, mi querido hijo, eres parcial, todos los oficiales te imitarán; desconfía que no ocurra como con el fuego, que da primero una débil llama, aumenta poco a poco, y termina por no poder ser apagada.

10. »Observa las leyes y regula todas las cosas, como yo mismo hago. Lleva a la nueva ciudad, no favoritos, sino solamente a los oficiales que se encuentran ahora en la capital, en Hao. Hazles conocer tus intenciones, y que cada uno de ellos ocupe su puesto juntamente con sus colegas. Anímales al bien, a fin de que se entreguen al trabajo con

ardor. Sé magnánimo y generoso, a fin de establecer costumbres de liberalidad. Así adquirirás una gloria inmortal.»

11. Tcheu kung añadió: «Sí, tú que eres joven, trabaja y completa la obra comenzada por tus padres.

12. »Obsérvate atentamente, y así te será fácil conocer qué príncipes te ofrecerán de corazón sus presentes y sus homenajes y los que no lo harán con igual franqueza. Los regalos deben ser ofrecidos con grandes testimonios de respeto. Si los testimonios de respeto son inferiores a los objetos ofrecidos, esto se llama no regalar nada. Si los príncipes no ofrecen de corazón su tributo, los particulares dirán que no tienen necesidad de ofrecer nada. El Estado será perturbado y perjudicado en sus derechos.

13. »Tú eres joven, y debes difundir las instituciones que yo no he tenido tiempo de desarrollar. Oye y sigue mis consejos acerca de la reforma de las costumbres. Si descuidas este deber, tu reinado no durará largo tiempo. Sigue paso a paso con cuidado las huellas de tu excelente padre (U-uang), imita mi conducta en todas las cosas, y nadie se atreverá a infringir tus órdenes. Ve a Lo y obsérvate de continuo. Yo soy viejo, y estoy retirado de los asuntos públicos; aquí aprenderé a cultivar perfectamente la tierra. Allí, en Lo, muestra un gran corazón en el gobierno de tu pueblo, y acudirán a ti. de todas partes, aun de las regiones más lejanas.»

14. El Emperador (estando en Lo con Tcheu kung) habló sobre poco más o menos como sigue: «Príncipe, me iluminas y me ayudas porque soy joven y lo necesito. Me presentas los más hermosos ejemplos de virtud, a fin de que, a pesar de mi juventud, pueda imitar las bellas acciones de Uen uang y de U-uang, para que cumpla con respeto el mandato del Cielo, a fin de que conserve la paz y la concordia entre los habitantes de todas las regiones, y de que instale a las multitudes en Lo.

15. »Me aconsejas que otorgue grandes honores póstumos a aquellos que lo hayan merecido, que instituya ofrendas solemnes proporcionadas a sus servicios, y que ofrezca en el debido orden todos los sacrificios que estaban en uso bajo los In, aun aquellos que no están mencionados en los registros.

16. »Tu virtud brilla en el Cielo y en la Tierra, tu acción se extiende a todas las regiones del Imperio. De todas partes atraes a los hombres eminentes que contribuyen a mantener el orden en el Estado y no se apartan en nada de los principios que Uen uang y U-uang han enseñado con celo. Yo, que soy joven, sólo tengo que presidir los sacrificios con respeto y asiduidad.»

17. El Emperador continuó: «Príncipe, me rindes muy grandes servicios ayudándome e instruyéndome; deseo que sea siempre así.»

18. El Emperador dijo: «Príncipe, yo que soy joven, abandonaré Lo y volveré a ejercer el gobierno en nuestra capital, en Hao. Te encargo que gobiernes en Lo después de mi partida.

19. »Gracias a tus cuidados, el orden se ha restablecido en todo el Imperio. Mas nada ha sido aún estatuido acerca de las ceremonias solemnes, y aun no puedo considerar tus trabajos como terminados.

20. »Fundarás en Lo las grandes instituciones que tus sucesores deberán mantener. Serás el modelo de mis oficiales, de sus jefes y de sus subalternos. Guardarás todos los pueblos que el Cielo ha dado a Uen uang y a U-uang. Por tu buena administración, serás el sostén del Imperio.»

21. El Emperador añadió: «Príncipe, quédate en Lo; en cuanto a mí voy a volver a Hao. El pueblo responde a tus cuidados con ardor y alegría respetuosos. No me pongas en dificultad privándome de tus servicios. Por mi parte, trabajaré sin descanso a fin de establecer la tranquilidad en el país. Continúa dando buen ejemplo a tus oficiales. Tus beneficios se extenderán a todos los lugares y a todas las edades.»

22. Tcheu-kung inclinó la cabeza primero hasta sus manos, y luego hasta el suelo, y dijo: «Príncipe, me has ordenado que venga a Lo, me has encargado que guarde el mandato en el pueblo que el Cielo ha confiado a tu abuelo Uen-uang y a tu ilustre padre U-uang, y de probarte cada vez más mi respeto, recordándote de continuo tus deberes.

23. »Tú, mi querido hijo, ven frecuentemente a visitar esta fundación. Ten en gran estima los antiguos estatutos, y a los antiguos oficiales de los In. Aquí, por tu buen gobierno, serás verdaderamente el nuevo árbitro de todas las naciones; llegarás a ser un modelo de respeto para los soberanos de la dinastía de los Tcheu. Sí, aquí, en el centro del Imperio, gobernarás a los pueblos. Todos los pueblos serán felices, y tus méritos perfectos.

24. »Yo, Tan, con los altos dignatarios y los oficiales, afirmaré las obras de tus predecesores, y responderé a las esperanzas de la multitud. Seré un modelo de fidelidad con la casa de Tcheu. Te daré ejemplos cada vez más perfectos, a fin de instruirte, mi querido hijo, y así completaré el efecto de la virtud de tu abuelo Uen uang.»

25. Tch'eng uang, de regreso a Hao, envió a Tcheu kung dos copas de licor aromatizado, honor semejante al que recibían los Espíritus inmortales y los manes de los muertos, Tcheu Kung hizo responder al Emperador: «Tus enviados han venido para dar ciertos consejos a los antiguos súbditos de los In. Y tenían orden de ofrecerme una recompensa extraordinaria, dos copas de un licor hecho con mijo negro y aromatizado, y de decirme de tu parte: He aquí un licor puro semejante al que se ofrece a los Espíritus. De rodillas, inclino primero la cabeza hasta mis manos, luego hasta el suelo, y te ofrezco este licor para tu satisfacción.»

26. «No me he atrevido a aceptar para mí este presente, y se lo he ofrecido a Uen-uang y a U-uang.

27. »Les he dirigido la siguiente súplica: Que el Emperador, dócil a vuestras enseñanzas, marche de continuo tras de vuestras huellas; que no se vea atacado por

enfermedad alguna; que sus descendientes, durante diez mil años, busquen y encuentren la felicidad en la imitación de vuestras virtudes, y que el pueblo de los In viva mucho tiempo.»

28. «Príncipe, tus enviados han venido para dar al pueblo de los In una serie de instrucciones que deberá observar durante diez mil años. Mas esto no basta, será preciso también que este pueblo contemple y ame sin cesar tu virtud, mi querido hijo.»

29. El quinto día del ciclo, el Emperador, en la nueva ciudad (antes de su retorno a Hao y del envío de los mensajeros de que se acaba de hablar) hizo las ofrendas que tienen lugar todos los años durante el invierno. Ofreció un buey rojo a Uen-uang y otro a U-ueng. Ordenó también que se escribiera una declaración. I la compuso en forma de plegaria. El Emperador manifestaba en ella su deseo de dejar a Tcheu-kung junto a él, en Lo. Los huéspedes ordinarios del Emperador (los príncipes vecinos), vinieron todos a asistir a la inmolación y a la ofrenda de las víctimas. El Emperador entró en la sala principal del Templo, y ofreció libaciones (197).

30. El mismo día, el Emperador decidió que Tcheu-kung quedase junto a él en Lo, e hizo redactar un escrito informando al príncipe por medio de su secretario I. Era el duodécimo mes del año.

31. Tcheu-kung no conservó más que siete años el gran mandato que Uen-uang y U-uang habían recibido del Cielo (198).

Capítulo XIV

Los Oficiales Numerosos

1. Al tercer mes del año, Tcheu-kung tomó la dirección de los asuntos en la nueva ciudad de Lo, dando a los antiguos oficiales de Chang los siguientes consejos (199):

2. «El Emperador ha hablado sobre poco más o menos en estos términos: Numerosos oficiales supervivientes de la casa de In: como habéis visto, el Cielo no ha tenido piedad de la dinastía de los In. Armado de su poder destructor, los ha herido mortalmente. Nosotros, príncipes de Tcheu, provistos del mandato y del auxilio del Cielo, e instituidos ministros de su justicia, que estaba visiblemente irritada, hemos aplicado los castigos que sólo el Emperador puede infligir. Hemos reformado la administración de los In, y acabado la obra del Rey del Cielo.

3. »Ya lo veis, numerosos oficiales; nosotros, jefes de un pequeño principado, no nos hubiéramos atrevido a arrebatar el poder imperial a los príncipes de In, pero el Cielo no ha querido dejérselo. Por ello, el Cielo no afirmó su administración perturbada y en cambio nos ayudó a nosotros. ¿Es que nosotros hubiéramos aspirado a la dignidad imperial por nuestra propia voluntad?

4. »El Rey del Cielo había retirado el poder imperial a los príncipes de In; la conducta llevada por nuestro pueblo era una amenaza evidente de los castigos del Cielo.

5. »He oído decir, bajo forma de adagio, que el Rey del Cielo lleva a los hombres a gozar de la tranquilidad. El emperador Kie, de la dinastía de los Hia, no seguía el camino que conduce a la tranquilidad; el Cielo le envió calamidades, que fueron como clamorosas amenazas que resonaban en sus oídos. El jefe de la casa de los Hia no quiso aprovechar los avisos del Rey del Cielo. Hundióse cada vez más en los excesos, tratando de excusar su conducta. Mas el Cielo no quiso ni oirlo ni volver a acordarse de él. Y le retiró el mandato supremo, e hizo caer sobre él sus castigos.

6. »Por orden suya, vuestro abuelo Tch'eng T'ang derribó la dinastía de los Hia, y los hombres más notables gobernaron todas las regiones del Imperio.

7. »Desde Tch'eng T'ang hasta Ti, todos los emperadores cultivaron la virtud e hicieron de corazón ofrendas y sacrificios.

8. »Por eso el Cielo afirmó, protegió y dirigió a los emperadores de la dinastía de los In. Por su parte, estos príncipes no se atrevieron a alejarse en nada del camino trazado por el Rey del Cielo; todos unieron su acción a la del Cielo para el bien de los pueblos.

9. »En estos últimos tiempos, el tirano Tcheu, su descendiente y sucesor, no comprendió en manera alguna las vías del Cielo, y ni siquiera quería oir hablar ni acordarse de la solicitud de sus padres con respecto a su familia y con respecto a sus súbditos. Entregado a toda clase de excesos, olvidó por completo los principios más evidentes de la ley natural, y el temor respetuoso que el soberano debe tener a su pueblo.

10. »Entonces el Rey del Cielo cesó de protegerle, y envió esta gran catástrofe.

11. »Tcheu perdió el mandato del Cielo, únicamente porque descuidó el cultivo de la virtud.

12. »Por todos lados y siempre, cuando un príncipe ha perdido sus Estados, grandes o pequeños, ha sido fácil decir las causas del castigo.»

13. «El Emperador habló sobre poco más o menos en estos términos: «Numerosos oficiales de los In: los emperadores de nuestra casa de Tcheu (Ueng-uang y U-uang) a causa de su gran bondad, fueron encargados de ejecutar la obra del Rey del Cielo.»

14. «Tenían orden de poner fin a la dinastía de los In. Ellos declararon al Rey del Cielo que iban a obedecerle y a reformar el Imperio.

15. »Nuestra empresa no ha tendido sino a un solo objetivo, que era el cumplimiento de la voluntad del Cielo. Vosotros, de la casa imperial de In, debeis venir a nosotros.

16. »Os lo aseguro, únicamente a causa de vuestras numerosas y graves infracciones a las leyes ha sido necesario trasladaros de la antigua ciudad a la nueva población de Lo. No hubiera querido imponeros esta molestia, pero la causa de ello ha sido declarada en vuestra propia ciudad.

17. »Yo también he pensado que si el Cielo enviaba grandes males a los súbditos de los In, es porque los súbditos de los In tenían necesidad de reforma y debían ser trasladados a otro país.

18. »El Emperador ha dicho: «Sí, os lo declaro, numerosos oficiales: estos son los únicos motivos por los cuales os he enviado del oriente al occidente. En esta cuestión, yo, vuestro soberano, no he seguido los caprichos de un humor inquieto y turbulento, solamente he obedecido a la voluntad del Cielo. No opongáis pues resistencia alguna. No me permitiré aplicaros otro castigo; no murmuréis contra mí.»

19. «Vuestros padres, que vivían bajo los In, han dejado, ya lo sabéis, documentos, anales en los que se ve cómo los In reemplazaron a los Hia.

20. »Mas me diréis que los antiguos oficiales de los Hia, después del derrumbamiento de esta dinastía, han sido propuestos y escogidos para formar parte de la nueva corte y que han tenido diferentes empleos (200). Responderé a esto que yo, soberano de todo el Imperio, no oigo ni atiendo sino a los hombres de bien. Por esta razón os he ido a buscar en la ciudad en donde el Cielo había establecido la residencia de los Chang, enviandoos a Lo. Y en esto no he hecho sino seguir el ejemplo de los mismos Chang y obedecer a un sentimiento de compasión hacia vosotros. Mi intención es la de obligaros a que seais hombres de bien, dandoos luego empleos. Si hasta ahora no os he colocado, no es culpa mía; el Cielo es el que así lo quiere.»

21. El Emperador añadió: «Numerosos oficiales: a mi regreso de Ien, he dulcificado mucho la pena que merecíais, y os he perdonado la vida, a vosotros y a todos los habitantes de los países sublevados. Ejecutando con prudencia la sentencia de condenación dictada por el Cielo, os he transportado lejos de vuestro país (a Lo), a fin de que, tomándome afecto, me sirviérais con mucho respeto, y dependiérais de nuestra gran capital (201).»

22. El Emperador dijo: «Os advierto, numerosos oficiales de los In, que os he perdonado la vida, y ahora no haré sino repetiros lo que ya os he dicho a mi retorno de Ien. He hecho construir esta gran población de Lo, a fin de que los príncipes de estas regiones tuvieran, un lugar para presentarme sus homenajes, y vosotros, numerosos oficiales, un lugar para ejercer con abnegación y respeto diferentes empleos a mi servicio.

23. »En Lo, como en vuestra antigua capital, teneis la felicidad de poseer tierras, de poder trabajar y de vivir tranquilamente.

24. »Si sabeis manteneros con respeto en el camino del deber, el Cielo tendrá compasión de vosotros y os otorgará sus favores. Si salís de las vías del deber, no solamente no guardaréis vuestras tierras sino que yo, como ministro de la justicia del Cielo, os castigaré en vuestras personas.

25. »Si obedeceis a los emperadores de nuestra dinastía, os quedareis siempre en vuestras tierras o en vuestra ciudad y legareis vuestras moradas a vuestros sucesores.

Vosotros mismos tendreis recursos y una vida larga en la población de Lo y vuestros descendientes gozarán de prosperidad. Todas estas ventajas serán la consecuencia de vuestro cambio de país.»

26. El Emperador dijo finalmente: «Lo repito, todos estos consejos me son inspirados por mi deseo de aseguraros una estancia tranquila.»

Capítulo XV

Contra La Ociosidad Y Los Placeres

1. Tcheu-kung dijo a Tch'eng uang: «Ciertamente, un príncipe sabio y prudente se mantiene siempre en guardia contra la ociosidad y los placeres.

2. »El que como Chuen y Heu-Tsi ha conocido las fatigas y los sufrimientos del labrador antes de llevar la vida apacible de soberano, sabe que el trabajo es el único recurso de los hombres del pueblo.

3. »Ved a los hombres del pueblo. A veces, después que los padres han cultivado la tierra con mucho ardor y trabajo, los hijos no conocen siquiera las fatigas y los sufrimientos de la vida de los labradores. Se abandonan a la ociosidad y a los placeres, se acostumbran a emplear un lenguaje grosero y llevan una vida licenciosa; o bien, llenos de desprecio por sus padres, dicen que los hombres de otro tiempo no habían aprendido nada y no comprendían nada.»

4. Tcheu-kung continuó: «He oído decir que en otro tiempo el emperador Tchung-tsung (202), de la dinastía de los In, era serio, cortés, respetuoso y circunspecto; que él se dirigía a sí mismo según los principios de la ley natural, y gobernaba al pueblo con temor respetuoso; que no se permitía el abandonarse a una estéril ociosidad, y que por eso gozó de la dignidad soberana durante setenta y cinco años.

5. »Luego Kao tsung (203) comenzó por permanecer largo tiempo en el campo, trabajando con los hombres del pueblo. Después de la muerte de su padre, saliendo de esta vida laboriosa para tomar posesión de la dignidad imperial, lloró a su padre en la cabaña fúnebre y guardó un silencio absoluto durante tres años. Gustaba de guardar así el silencio para reflexionar, y luego, cuando hablaba, sus palabras desbordaban de sabiduría. No se permitía abandonarse a la ociosidad, e hizo reinar la virtud y la paz en el Imperio de los In; jamás nadie, en ninguna clase de la sociedad, murmuró contra él. Kao-tsung disfrutó así de la dignidad imperial durante cincuenta y nueve años.

6. »Tsu kia, creyendo que sin injusticia no podía aceptar el Imperio antes que su hermano Tsu keng, vivió largo tiempo como un hombre del pueblo (204). Cuando salió de esta vida humilde para tomar posesión de la dignidad imperial, conocía la gran necesidad de los hombres del pueblo. Supo prestar socorro y protección a la multitud y no se permitió jamás tratar con desprecio a los hombres viudos ni a las mujeres viudas. Y así reinó treinta y tres años.

7. »Los emperadores que reinaron después habían llevado una vida cómoda desde su nacimiento. Como habían disfrutado de una vida cómoda desde su nacimiento, no conocían los trabajos ni los sufrimientos de los labradores, y no habían oído hablar de las fatigas de los hombres del pueblo, entregándose por completo a sus placeres inmoderados. Sus sucesores reinaron todos poco tiempo, unos diez años, los otros siete u ocho años, los otros cinco o seis años, los otros tres o cuatro años.»

8. Tcheu-kung dijo: «En nuestra familia de los Tcheu ha habido también H'ai uang y Uang Ki que se distinguieron por su modestia y circunspección.

9. »Uen-uang llevaba trajes ordinarios, trabajaba en asegurar la tranquilidad del pueblo y fomentaba el cultivo de la tierra.

10. »De dulzura y cortesía admirables, protegía a sus súbditos con afecto y por sus buenas acciones hacía soportable la vida a los hombres viudos y a las mujeres viudas. Desde por la mañana hasta el mediodía y desde el mediodía hasta la noche, apenas tomaba tiempo para comer, y así estableció el orden perfecto en todos los pueblos.

11. »Nombrado jefe de los príncipes del oeste, no se permitía entregarse con exceso al placer de los viajes y de la caza, y no exigía de los principados sino el tributo fijado por las leyes. No comenzó a gobernar el principado a Tcheu sino a mediados de su vida, y lo gobernó cincuenta años.»

12. Tcheu Kung dijo: «¡Oh! desde ahora en adelante, tú que ocupáis el trono imperial, evita, siguiendo el ejemplo de Uen uang, de buscar demasiado el placer de ver, de divertirte, de viajar o de cazar; no exijas de tu pueblo sino un justo tributo.

13. »No te abandones a la ociosidad, diciendo: «Me entregaré a los placeres solamente hoy». No es este un ejemplo que conviene dar a tus súbditos ni una conducta que pueda atraerte los favores del Cielo. Los hombres de tu tiempo imitarán por todos lados tus excesos. No llegues a ser semejante al emperador Cheu (el tirano) de la dinastía de los In, que a causa de la embriaguez estaba en una especie de demencia y de frenesí.»

14. Tcheu Kung dijo: «He oído decir que en la antigüedad hasta los ministros de Estado se instruían y se advertían unos a otros, se defendían y se ayudaban mutuamente, formándose en las buenas costumbres, y que entre el pueblo nadie trataba de engañar al vecino con embustes ni exageraciones.

15. »Si no das fe a este relato y no aprovechas los ejemplos de nuestros padres, los ministros de Estado te imitarán. Las sabias leyes de tus predecesores serán cambiadas y perturbadas, desde las menos importantes a las más esenciales. El pueblo te desaprobará, y muy pronto todas las bocas expondrán sus quejas ante los Espíritu y les conjurarán a que te castiguen.»

16. Tcheu-Kung dijo: «Tchung-tsung Kao-tsung y Tsu Kia, de la dinastía de los In, así como Uen-uang, de nuestra casa de Tcheu, usaron los cuatro de una rara prudencia.

17.   »Si alguien les advertía y les decía: «El pueblo prorrumpe en quejas y en palabras injuriosas contra vosotros» inmediatamente vigilábanse a sí mismos con gran atención y cuando les reprochaban faltas, aun sin fundamento, decían: «Hemos cometido estas faltas». Hablaban y procedían verdaderamente así, y no se contentaban con no indignarse contra sus calumiadores.

18.   »Si eres sordo a la voz de los ejemplos, quizás tus ministros tratarán de engañarte con embustes y exageraciones, y te dirán: «El pueblo se queja y te injuria.» Y darás fe a sus informes. Luego, a veces, olvidarás tus deberes de príncipe. No tendrás ya un corazón grande y magnánimo: castigarás a ciegas y condenarás a inocentes a muerte. Las quejas serán generales e irán todas ellas dirigidas contra tí.»

19.   Tcheu Kung dijo: «Oyeme bien; tu que sucedes en el Imperio, reflexionad sobre todas estas cosas.»

Capítulo XVI

El Sabio Cheu

1.   Tcheu-Kung habló poco más o menos en estos términos:

2.   «Sabio Cheu: El Cielo, sin ninguna conmiseración, ha derribado la dinastía de los In. Habiendo perdido los In el mandato del Cielo, los príncipes de Tcheu lo hemos recibido en su lugar. No me atreveré a asegurar que esta nueva dinastía será eternamente próspera, pero, si el Cielo ayuda a los hombres de buena voluntad, tampoco me atreveré a afirmar que tendrá un fin desgraciado.

3.   »¡Oh! sabio príncipe, antes decías: Todo depende de nosotros. Yo tampoco me atreveré a poner únicamente mi confianza en el mandato del Cielo y a no temer la severidad del Cielo en lo por venir aunque ahora el pueblo no se queje ni se aleje de nosotros. Sí, todo depende de los ministros. Supongamos que el hijo o el nieto de nuestro U-uang sea completamente incapaz de llenar sus deberes con el Cielo y con el pueblo, y que no sigue las huellas gloriosas de sus padres, ¿os quedaríais en vuestra casa, sin querer ni aun saber cómo van los asuntos públicos?

4.   »El mandato del Cielo no es fácil de guardar: es preciso evitar el no hacer nada con demasiada facilidad, confiando en demasía en la bondad del Cielo. Pierde el mandato del Cielo, todo aquel que no es capaz de imitar de continuo la diligencia ni de sostener la gloria de sus padres.

5.   »Ahora, yo, Tan, que no soy sino como un niño, no soy capaz de dirigir al Emperador; para instruir a mi querido hijo Tch'eng uang, me contento con proponerle los gloriosos ejemplos de sus padres.»

6.   El Príncipe repitió: «No puede uno descansar únicamente en el favor del Cielo. A nosotros corresponde copiar de continuo con nuestra conducta las virtudes del Emperador pacificador, y el Cielo no desgarrará el mandato que ha dado a Uen-uang.»

7. Tcheu-Kung dijo: «Sabio Cheu, según lo que he oído decir, en la antigüedad, en la época en que Tche'eng T'ang recibió el mandato del Cielo, había un hombre como I-in cuya virtud estaba unida a la del Cielo: en tiempo de T'ai-Kia había un hombre como el gran guardián I-in; en tiempos de Tai-men, hombres tales como I-theu, hijo de I-in, y Tch'en-hu, cuya virtud obraba de concierto con la del Rey del Cielo, y un hombre tal como U-hien gobernador de la casa imperial: en tiempos de Tsu-i, hubo un hombre como U-hien, en tiempos de U-ting un hombre como Kan-p'an.

8. »Estos seis ministros célebres, siguiendo los principios de la sabiduría, rindieron servicios señalados, conservaron y regularon el Imperio de los In. Gracias a ellos, los cinco emperadores de la dinastía de los In, a la que sirvieron, alcanzando el Cielo después de su muerte, participaron de los honores tributados al Rey del Cielo por sus descendientes en la Tierra, y su dinastía reinó durante una larga serie de años.

9. »Habiéndose mostrado el Cielo completamente propicio, el imperio de los Chang (que poseía muchos hombres capaces) fue muy poderoso. Los oficiales que descendían de familias ilustres y los ministros del Emperador cumplían sus deberes con fidelidad constante y prestaban su concurso con celo e inteligencia. Con mucha mayor razón los oficiales inferiores, y los príncipes que guardaban las fronteras o los dominios llamados heu-tien, se apresuraban todos a responder al llamamiento del príncipe. Gracias a su virtud insigne, el gobierno del Emperador era perfecto. Cuando el soberano tenía un asunto en cualquiera región del Imperio, sus decisiones eran como los oráculos de la tortuga o de la aquilea: todos le prestaban entera confianza.»

10. Tcheu Kung dijo: «Sabio Cheu, el Cielo otorgó una larga vida a estos seis ministros justos y religiosos; ellos conservaron y dirigieron el Imperio de los In. El último emperador de la dinastía de los In (el tirano Cheu) pereció bajo los golpes del Cielo. Pensad, pues, en el porvenir; tú afirmarás nuestro Imperio y tu administración hará ilustre nuestra dinastía fundada recientemente.»

11. Tcheu-Kung dijo: «Sabio Cheu, el Rey del Cielo ha suprimido la dinastía de los In, hace que florezca de nuevo la virtud del Emperador pacificador U-uang y ha reunido en su persona todo el poder.

12. »Pero ya antes Uen-uang había conseguido establecer el orden y la concordia en la parte del Imperio que estaba bajo su dependencia. Y es que tenía a su servicio a hombres tales como su hermano Chu, príncipe de Kuo, Kung Iao, San-I-cheng, T'ai-Tien y Nan-Kung-Kuo.»

13. Tcheu-Kung añadió: «Si estos hombres no hubieran sido capaces de difundir por todas partes la enseñanza de los principales deberes, la influencia de la virtud de Uen-uang no hubiera descendido hasta el pueblo.

14. »Gracias a la bondad del Cielo, que era completamente propicio, estos cinco hombres que seguían constantemente la vía de la virtud y conocían la majestad terrible del Cielo, ilustraron el espíritu de Uuen-uang. Con su socorro se señaló él y protegió al

pueblo. Su fama llegó a oídos del Rey del Cielo, y recibió el mandato que había sido confiado a los príncipes de In.

15. »Cuatro de entre ellos han bastado para hacer obtener a U-uang el mandato del Cielo y todas las riquezas del Imperio. Luego, con U-uang, fueron los ministros de la justicia del Cielo, e hicieron perecer a todos los adversarios de este príncipe. U-uang, aconsejado por estos cuatro hombres, protegió al pueblo, y todo el pueblo alabó sin restricción su virtud.

16. »Yo, Tan, cuya debilidad es igual a la de un niño, me encuentro como un hombre que debe atravesar un gran río; Cheu, espero pasarlo contigo (205). Mi hijo querido ocupa el trono y es como si no lo ocupase; no dejéis todo el peso del gobierno gravitar sobre mis hombros. Si te retiras y no animas mis débiles esfuerzos, mi larga experiencia no aprovechará al pueblo. No oiré la voz del fénix anunciarme una gran prosperidad, y aun menos podré ayudar poderosamente la acción del Cielo.»

17. Tcheu-Kung dijo: «¡Oh!, príncipe sabio, reflexiona bien. El mandato que hemos recibido del Cielo es un favor sin límites, pero también un manantial de grandes dificultades. Príncipe sabio, te incito a tener grandes pensamientos. En lo que a mí respecta no quiero abandonar mi puesto dejando al sucesor de U-uang extraviarse.»

18. Cheu-Kung dijo: «El emperador precedente U-uang te abrió su corazón confiándolo a tus cuidados. Al nombrarte uno de los tres principales jefes del pueblo, te dijo: «Ayuda al Emperador mi hijo con inteligencia y abnegación. Unidos por una mutua confianza, sostened juntos el peso de este gran mandato del Cielo. Piensa en la virtud de U-uang, y toma sobre ti este cargo que exige una solicitud sin límites.»

19. Tcheu-Kung dijo: «Sabio príncipe, te he expresado mis verdaderos sentimientos. Cheu, tú que eres un gran guardián, sabrás aprovechar con cuidado mis consejos, considerar la ruina de la casa de In y las grandes perturbaciones que la han acompañado, y pensar en la justicia del Cielo que debemos temer.

20. »¿Podré permitirme hablar de manera contraria a mis sentimientos? Yo digo: «El Emperador no tiene más que a nosotros dos para ayudarle.» Tú eres ciertamente de mi opinión, tú dices: «Todo depende de nosotros dos.» Porque el favor del Cielo nos ha sido otorgado plenamente, quizá temas que nosotros dos no seamos capaces de estar a la altura de nuestra misión. Pero sabrás, lo espero, aplicarte a practicar la virtud, y a formar hombres de talento. Y luego quedarás en libertad para ceder la plaza a un sucesor, cuando todo esté próspero.

21. »¡Oh!, nosotros dos somos los únicos que ayudamos seriamente al Emperador. Y a nuestra abnegación debe el Imperio su actual prosperidad. Acabemos juntos y con ánimo la obra de Uen-uang y protejamos al pueblo. Que por todos lados, hasta en las regiones por donde el Sol sale, todos reconozcan y sirvan al Emperador.»

22. Tcheu-Kung dijo: «Sabio príncipe, ¿no son estos consejos fruto de la razón? Todos ellos me son inspirados por mi solicitud por el mandato del Cielo y por la felicidad del pueblo.»

23. Tcheu-Kung dijo: «¡Oh!, sabio y prudente príncipe, tú conoces a los hombres, ni uno solo existe que no pueda ser bueno al comienzo, mas es preciso pensar en el fin; actualmente el pueblo está muy sumiso, pero sus disposiciones pueden cambiar. Atiende mi consejo, y continúa administrando los negocios públicos con celo.»

Capítulo XVII
Instrucciones Dadas A Tchung Príncipe De Ts'ai

1. Cuando Tcheu-Kung era primer ministro y dirigía a todos los oficiales, varios de los tíos del Emperador difundieron falsos rumores. Tcheu-Kung castigó de muerte a Chu, príncipe de Kuang, en la antigua capital de Chang. Confinó a Chu, príncipe de Ts'ai, en las tierras de Kuo lin, y le dejó siete carros de a cuatro caballos. Redujo a Chu, príncipe de Huo, a la condición de simple particular, y le borró de la lista de los príncipes de la familia imperial durante tres años. Ts'ai tchung (hijo de Ts'ai Chu) muy inclinado a la práctica de la virtud, fue nombrado ministro de Estado por Tcheu Kung, y después de la muerte de Tsíai, Chu, le confió en nombre del Emperador, el principado de Ts'ai (206).

2. El Emperador habló poco más o menos en estos términos: «Mi querido hijo Hu, has imitado la virtud de tu abuelo Uen uang, evitado las faltas de tu padre Ts'ai Chu (207) y regulado perfectamente tu conducta. Una vez que llegues a tus dominios, observa atentamente tu propia conducta.

3. »Espero que repares las faltas de tu padre, con tu lealtad y tu piedad filial. No pudiendo seguir las huellas de tu padre, tú mismo trazarás tu camino. Siempre diligente, jamás ocioso, servirás de modelo a tus descendientes. Sigue las prudentes enseñanzas de tu abuelo Uen uang; no imites a tu padre en su desobediencia al Emperador.

4. »El augusto Cielo no tiene favoritos, no favorece sino a la virtud. El favor del pueblo es invariable, no ama sino a los príncipes bienhechores. Las buenas acciones no son todas semejantes, pero todas juntas contribuyen al buen gobierno. Las malas acciones no son todas semejantes, pero todas juntas contribuyen al desorden general; está, pues, sobre aviso.

5. »En todas las cosas es preciso cuidar el principio y tener el fin siempre ante los ojos, y así se alcanza el fin sin haber agotado todos los recursos. El que no piensa en el término que debe alcanzar, se encuentra antes del fin completamente desprovisto de medios para llegar a él.

6. »Esfuérzate en prestar señalados servicios. Haz reinar la concordia entre tú y todos los príncipes vecinos, a fin de defender a la familia imperial, de mantener la unión entre vuestros parientes del lado paterno y procura la paz y presta socorro al pueblo.

7. »Mantente constantemente en el justo medio. No trates de hacer el sabio aboliendo todos los antiguos estatutos. Examina atentamente lo que ves y lo que oyes, no alteres tu regla de conducta a causa de una palabra poco prudente que te sea dicha; y yo, tu soberano, te elogiaré.»

8. El Emperador dijo: «¡Oh! Hu, mi hijo querido, ve, no hagas que mis instrucciones resulten inútiles.»

Capítulo XVIII

Numerosas Regiones

1. El quinto mes del año, el vigésimo cuarto día del ciclo, el Emperador, de vuelta de Ien, entró en la gran capital de los Tcheu.

2. Tcheu Kuang dijo: «El Emperador ha hablado poco más o menos en estos términos: «Oíd mis consejos, vosotros, príncipes y oficiales de los cuatro principados y de otras muchas regiones. Vosotros, príncipes y súbditos de los In, no ignoráis que he disminuido mucho la pena que habéis merecido y os he perdonado la vida (208).

3. »Para satisfacer una inmensa ambición y obtener el mandato del Cielo, habéis descuidado el vigilar de continuo y con respeto y perpetuar las ceremonias, en honor de vuestros antepasados.

4. »Antiguamente el Rey del Cielo envió diversas des dichas al emperador Kie, de la dinastía de los Hia, para advertirle que se corrigiera. Este, cada vez más entre gado a sus pasiones, no quiso, ni aun con una palabra, testimoniar su conmiseración por el pueblo. Sus excesos cegaron en tal forma su inteligencia que durante todo el curso del día no sintió jamás la inspiración del Rey del Cielo.

5. »En su loca presunción, estaba persuadido de que el rey del Cielo no le retiraría nunca su mandato, y no ayudó al pueblo a procurarse recursos, y, no contento con esto, empleó frecuentemente los más crueles suplicios y aumentó la turbación en el Imperio. Introdujo primero el desorden en su palacio, mediante sus orgías, luego no supo tratar con bondad a la multitud, ni la prestó cuidados diligentes y no fue generoso con su pueblo. Los hombres ávidos y crueles eran los únicos que él colmaba de honores a diario y hacía cortar la nariz y los miembros a sus súbditos, en la capital de sus padres.

6. »Entonces, el Cielo buscó un soberano para su pueblo y dio un glorioso y bienhechor mandato a T'ang el Victorioso, castigando y aniquilando a la dinastía de los Hia.

7. »El Cielo no quiso dejar su mandato a Kie porque los hombres virtuosos y capaces de vuestras numerosas comarcas no habían podido conservar sus cargos, y porque los numerosos oficiales honrados en la corte de los Hia, no se esforzaban en procurar la paz sino que, por el contrario, oprimían al pueblo y hacían imposibles sus diversos trabajos.

8. »T'ang el Victorioso mereció ser elegido por vuestras numerosas naciones y llegar a ser el soberano de los pueblos en lugar de los Hia.

9. »El nuevo soberano se aplicó a establecer el fundamento de su administración, es decir, a practicar la virtud, y por este medio animó al pueblo y el pueblo lo imitó, animado por el ejemplo del príncipe.

10. »Desde Tche'eng T'ang hasta T'i i, todos los emperadores se distinguieron por sus virtudes y usaron de los castigos con gran circunspección; por este medio animaron también al pueblo.

11. »Después de haber examinado bien las causas capitales, condenaban a muerte a los malhechores cargados de crímenes. Por este medio impulsaban también al pueblo a practicar la virtud. Absolvían a los que no eran culpables de crímenes voluntarios. Este era también otro medio de estimular a sus súbditos.

12. »Cuando Tcheu, vuestro último Emperador, llegó al poder, no supo conservar el mandato que le había confiado el Cielo, ni la posesión de vuestras numerosas regiones.»

13. El Emperador habló poco más o menos en estos términos: «Os lo declaro, príncipes y oficiales de las principales naciones; no es el Cielo quien en primer término ha querido alejar a la dinastía de los Hia, ni a la dinastía de los In, sino que ellas mismas se han perdido.

14. »Vuestro último Emperador, dueño absoluto de numerosas comarcas, se entregó a los mayores excesos, creyendo conservar para siempre el mandato del Cileo y dando pretextos fútiles para excusar su conducta.

15. »Porque Kie, el representante de los Hia, con su administración, no buscaba ni empleaba todos los medios necesarios para disfrutar por mucho tiempo de la dignidad imperial, el Cielo puso fin a su dinastía y la reemplazó por otra.

16. »Luego, porque Tcheu, el último Emperador de vuestra dinastía de los Chang, por completo entregado a los placeres, no consultaba en la administración del Estado sino su lubricidad y su pereza, el Cielo suprimió su dinastía.

17. »El propio sabio llegaría a ser insensato sí no reflexionara y el insensato llegaría a ser sabio y prudente si supiera reflexionar. El Cielo dejó en reposo a Tcheu, descendiente de Tch'en T'ang y esperó cinco años antes de castigarle, a fin de dejarle la facultad de llegar aser un verdadero soberano del pueblo, pero Tcheu no quiso reflexionar ni escuchar.

18. »Entonces, el Cielo buscó en vuestras numerosas comarcas a un príncipe digno de gobernar el Imperio y difundió el terror con sus castigos antes de manifestar su providencia favorable. Pero en vuestras numerosas regiones no encontró a nadie digno de recibir sus favores.

19. »Unicamente el jefe de nuestro principado de Tcheu (U-unag) trataba con bondad a la multitud, sabía llevar el yugo de la virtud, servir a los Espíritus y al mismo Cielo. Entonces, el Cielo le instruyó, le colmó de favores y lo escogió para llenar su mandato en lugar de los In, para gobernar vuestras numerosas comarcas.

20. »¿Por qué me he permitido hablar tan extensamente? Es que, disminuyendo mucho la pena merecida, he perdonado la vida a los habitantes de vuestros cuatro principados.

21. »¿Por qué, en vuestras numerosas regiones no poseeis ni lealtad ni grandeza de alma? ¿Por qué negáis vuestro apoyo, vuestros servicios al soberano de nuestra dinastía y no le ayudáis a conservar por largo tiempo el mandato del Cielo? Gracias a él, habitáis aún vuestras casas y cultiváis aún vuestros campos. ¿Por qué no le ayudais a cumplir con gloria el mandato del Cielo?

22. »Me he contentado con advertiros así, con hacer prender a los culpables, con la mayor circunspección y como temeroso, y de mantenerlos encadenados, esto, dos o tres veces. En lo porvenir, si hay gentes que no quieran aprovechar las gracias que os he acordado dejandoos la vida, emplearé los grandes castigos, la pena de muerte, y no es que yo, príncipe de Tcheu, tenga el espíritu turbulento, sino que vosotros mismos os habréis atraído este castigo.»

24. El Emperador ha dicho: «Os advierto a vosotros, oficiales de todas las regiones, y a vosotros, oficiales de los In, que habéis trabajado bajo las órdenes de mis inspectores desde hace cinco años.

25. »En lo por venir, aquellos de vosotros que ocupen un empleo, oficiales, directores, grandes o pequeños, pueden y deben dedicarse seriamente a los asuntos.

26. »Si hasta ahora no habéis mostrado moderación, porque vuestras pasiones son violentas, poned cuidado en moderarlas. Si la concordia no reina en vuestras familias, haced cuanto podáis por establecerla. En lo por venir si nuestras ciudades son gobernadas con inteligencia, es que habéis cumplido cuidadosamente con vuestros deberes.

27. »Si no os dejáis asustar por las malas inclinaciones del pueblo, ocuparéis vuestros cargos con calma y dignidad, y podréis buscar y encontrar en vuestras ciudades hombres capaces de ayudaros.

28. »Si en esta ciudad de Lo, os aplicais seriamente y de continuo a cultivar vuestras tierras, el Cielo tendrá compasión de vostoros y os concederá sus favores, y nosotros, príncipes de Tcheu, o sayudaremos y recompensaremos. Seréis propuestos, y, si cumplís bien, ocuparéis un puesto entre los grandes oficiales.»

29. El Emperador ha dicho: «¡Oh numerosos oficia les!, si no queréis exhortaros unos a otros a tener con fianza en mis consejos, es que no queréis obedecerme. Todo el

pueblo dirá: «No os obedeceremos», os abandonaréis a la licencia, a toda clase de desórdenes y des obedeceréis las órdenes del Emperador.

»Entonces, en vuestras numerosas regiones, sufriréis los efectos de la severidad del Cielo; yo, ministro de su justicia, os desterraré lejos de vuestros hogares.»

30. El Emperador ha dicho: «No quiero pronunciaros largos discursos; he querido simplemente daros estas instrucciones.»

31. El Emperador ha añadido: «Ahora podéis comenzar una nueva vida, y reparar vuestras faltas pasadas. Si no os esforzais en hacer reinar la concordia, os castigare y vosotros seréis la causa de ello; no murmuréis contra mí.» (209).

Capítulo XIX

Constitución Del Gobierno

1. Tcheu Kung, acompañado de otros ministros, se presentó ante Tch'eng uang, y le habló poco más o me nos en estos términos: «De rodillas, con la cabeza inclinada hasta nuestras manos, y luego hasta el suelo, dirigimos nuestros consejos al heredero del Imperio, al Hijo del Cielo.» Inmediatamente después todos los ministros dirigieron al Emperador el siguiente consejo:

«El Emperador debe tener siempre cerca de su persona tres clases de ministros, tres clases de oficiales que no cambian: los gobernadores del pueblo, los intendentes de los negocios, y los guardianes de las leyes; además debe tener a los guardianes de los trajes y de los instrumentos y a los oficiales de la guardia imperial.» Tcheu Kung respondió: «¡Oh! perfectamente; pero pocos soberanos ponen cuidado en escoger bien estos diferentes oficiales.

2. »En la antigüedad, el que mejor cumplió con este deber fue el fundador de la dinastía de los Hia, el gran Iu. La casa imperial era muy poderosa. Llamaba a la corte a los hombres más eminentes, a fin de que honraran al Rey del Cielo. Cuando uno de sus ministros había descubierto a los hombres que practicaban con sinceridad las nueve virtudes y que eran dignos de la confianza del príncipe, no vacilaba en señalárselo. Le decía: «con la cabeza inclinada hasta mis manos, y la cabeza inclinada hasta el suelo, príncipe, te ruego que nombres a Fulano intendente de negocios, a Zutano gobernador del pueblo y a Perengano guardián de las leyes.» Por este medio Iu era verdaderamente soberano. Si sólo por la inspección de un rostro juzgais de la virtud y concedéis los cargos, las tres principales dignidades no serán ocupadas por hombres capaces.

3. »Kie, que era malvado, no escogió sus oficiales como lo habían hecho sus predecesores, no dio cargos sino a los hombres crueles. No tuvo herederos de su raza.

4. »Tch'eng T'ang, llegado al poder, cumplió perfectamente el brillante mandato del Rey del Cielo. Los que él elevó a las tres grandes dignidades eran capaces de ocuparlas con honor. Los hombres que gozaban de las tres clases de talento (requeridas para estas tres dignidades) eran verdaderamente capaces de desplegar estas tres clases de talentos.

Tch'eng T'ang, considerando e imitando de continuo a aquellos tres hombres eminentes, supo hacer útiles las tres dignidades y las tres clases de talentos. A causa de ello los habitantes de la capital de los Chang vivieron en buena inteligencia en su ciudad y los habitantes de los diversos países imitaron igualmente sus virtudes que tenía ante sus ojos.

5. »Cuando vino el reinado de Cheu (Tcheu), como era este de carácter cruel, dio la administración de los principados a hombres crueles y de una severidad bárbara, y la administración del dominio imperial a una tropa de hombres acostumbrados a llevar una vida licenciosa. El Rey del Cielo, en su solicitud por los pueblos, castigó al tirano y nos dio el Imperio. Nos encargó que cumpliéramos su mandato en el puesto de los Chang, y que gobernásemos a todo el pueblo.

6. »Uen uang y U-uang conocieron perfectamente las disposiciones de los ministros que ocupaban las tres principales dignidades y discernían claramente las disposiciones de aquellos que poseían los tres grandes talentos requeridos, para estas tres dignidades. Por este medio sirvieron con respeto al Rey del Cielo y escogieron prudentemente a los jefes de los príncipes.

7. »En la administración constituida por ellos había los hombres de negocios, los hombres de ley y los gobernadores de provincia para las tres funciones principales (210).

8. »Había los jefes de la guardia imperial, los guardianes de los vestidos, los inspectores de las caballerizas, los jefes de los oficiales inferiores, los servidores personales del Emperador, los conductores de los coches, los jefes de los oficiales particulares, los guardianes de los diversos almacenes.

9. »Había también los príncipes que gozaban de grandes territorios (211), los ministros de Estado que disfrutaban de más pequeños territorios, los hombres hábiles en las artes, los oficiales inferiores fuera del dominio imperial, los grandes secretarios, los jefes de los oficiales inferiores. Estos dignatarios y estos oficiales eran todos de una probidad constante.

10. »En los principados, había los ministros de instrucción pública, de la guerra y de obras públicas y un gran número de oficiales subalternos.

11. »Los países extranjeros como los de Uei, de Lu y de Tcheng, los tres Puo y los lugares escarpados tenían gobernadores.

12. »Uen-uang conocía perfectamente las disposiciones de los oficiales a quienes confiaba los tres principales cargos. Supo confiar la administración de los negocios y el gobierno de las provincias a hombres que brillaban por sus talentos y sus virtudes.

13. »No intervenía por sí mismo en los edictos, los pleitos, los asuntos particulares. Se contentaba con dar sus instrucciones a los gobernadores de provincia tanto a los que seguían exactamente sus órdenes como a los que a veces se apartaban de ellas.

14. »En cuanto a los litigios y asuntos particulares parecía no atreverse ni a tener conocimiento de ellos.

15. »Luego U-uang continuó como su padre asegurando la tranquilidad del Imperio, y no se permitió cambiar los oficiales capaces y virtuosos. Continuando la ejecución de los planes de Uen-uang, oyó los consejos de aquellos hombres heroicos. Por eso, Uen-uang y U-uang heredaron el Imperio.

16. »¡Oh joven príncipe, mi querido hijo!, desde ahora en adelante, para nuestra administración, para la elección de los hombres de negocios, de los oficiales de justicia y de los gobernadores de provincia, sabremos, como espero, discernir las aptitudes, de cada cual. Luego aprovecharemos ampliamente sus servicios; los encararemos de restablecer el orden, de ser útiles al pueblo que el Cielo nos ha confiado, de fallar los pleitos y de tomar las medidas preventivas que sean necesarias; no permitiremos a nadie que se les interponga como un obstáculo.

17. »No estaremos ni un solo instante, ni siquiera el tiempo de pronunciar una palabra, sin pensar en atraer a nuestro lado sabios de virtud perfecta a fin de que gobiernen al pueblo que nos ha sido confiado por el Cielo.

18. »¡Oh, mi joven soberano, mi querido hijo!, yo, Tan, te he comunicado todas las buenas enseñanzas que he recibido. Desde ahora en adelante, hijo distinguido de U-uang nieto distinguido de Uen-uang, no cometas el error de ocuparte por ti mismo de todos los procesos que sea preciso juzgar, de todos los consejos que haya que dar. Este cuidado debe de ser dejado a los oficiales que tienen tal misión.

19. »Desde los más antiguos soberanos hasta el fundador de la dinastía de los Chang y desde este hasta Uen-uang, jefe de nuestro principado de Tcheu, los sabios príncipes que han ordenado la administración y nombrado los hombres de negocios, los gobernadores de provincia y los oficiales de justicia, todos han sabido escogerlos, así como supieron desarrollar y emplear sus talentos obteniendo con ello un precioso auxilio para el gobierno.

20. »En el Imperio, jamás soberano alguno pudo formar una buena administración con hombres de lenguaje artificioso y de conducta desordenada. No hubiera brillado ante los ojos de sus contemporáneos, de haber, hecho semejante elección. De ahora en adelante ordena tu administración y no emplees hombres de lenguaje artificioso; sírvete únicamente de hombres de bien y anímalos para que trabajen por nuestro Imperio y por nuestra dinastía.

21. »Hijo distinguido de U-uang, nieto distinguido de Uen-uang, príncipe, mi querido hijo, no cometas la falta de ocuparte personalmente de todos los procesos particulares. Abandona este cuidado a los gobernadores actualmente en funciones.

22. »Espero que prepares tus uniformes militares y tus armas ofensivas, a fin de llegar más lejos que el gran Iu, y de viajar por todos lados bajo el cielo hasta más allá de

los mares, sometiendo todo a tu Imperio, añadiendo nuevo esplendor a la gloria de Uen-usang, haciendo para siempre célebres las acciones de U-uang.

23.   »¡Oh!, de ahora en adelante espero que tú y tus sucesores no empleareis en la administración sino a hombres virtuosos.»

24.   Tcheu Kung (dirigiéndose al gran historiógrafo) habló poco más o menos en estos términos: «Gran historiógrafo: cuando el príncipe de Su era ministro de Justicia, desplegó una gran diligencia en el examen de las causas criminales y contribuyó mucho al engrandecimiento de mi poder imperial. Los jueces, siguiendo su ejemplo, serán diligentes y aplicarán con justicia los diferentes grados de penas.»

Capítulo XX

Oficiales De Los Tcheu

1.   El Emperador Tch'eng-uang, de la dinastía de los Tcheu, restableció el orden en todos los principados. Recorrió y visitó los dominios llamados heu-tien y sometió por la fuerza de las armas a los príncipes que se negaban a ir a la corte imperial, y procuró la tranquilidad a todos los pueblos. Todos los príncipes de las seis circunscripciones rindieron homenaje a su virtud. De retorno a Hao, su capital, usó de su autoridad soberana y fijó las diferentes clases de oficiales y sus atribuciones.

2.   El Emperador dijo: «Según la gran regla de los antiguos, es preciso establecer el orden en la administración, antes de que ésta sea perturbada, y preocuparse de la seguridad del Estado, antes de que esta corra peligro.»

3.   El Emperador dijo: «Yao y Chuen, consultando el uso antiguo, no nombraron más que cien oficiales. En la capital se encontraba el director de los oficiales y el jefe de los príncipes de las cuatro regiones; fuera de la capital estaban los gobernadores de provincias y los jefes de los cantones. Todas las partes de la administración estaban en armonía, y todos los principados en paz. Los Hia y los Chang doblaron el número de oficiales, y también consiguieron gobernar bien. Los soberanos perspicaces, al formar su administración, buscan más bien la calidad que el número de sus oficiales.

4.   »Yo, débil como un niño, me aplico seriamente a practicar la virtud desde por la mañana hasta por la noche, con la solicitud de un hombre que teme no poder alcanzar el fin que se propone. Pienso con respeto en los emperadores de las dinastías precedentes, y trato de instruir y de dirigir como ellos a mis oficiales.

5.   »He nombrado al gran preceptor, al gran maestro y al gran guardián. Estos son los san Kung (212). Ellos exponen los principios, establecen el orden en el Imperio, y ponen perfectamente en armonía los dos principios de todas las cosas. No es necesario que estos tres empleos estén siempre ocupados; lo esencial es no confiarlos sino a hombres capaces de desempeñarlos bien.

6.   »He nombrado al segundo preceptor, al segundo maestro, y al segundo guardián. Se les llama los san Ku (213). Kung, segundos (o asesores de los Kung), que extienden

por todas partes la reforma, se aplican con respeto a hacer brillar la acción del Cielo y de la Tierra y me ayudan a gobernar todo el Imperio.

7. »El gran administrador, empuñando el timón del Estado, tendrá a sus órdenes a todos los oficiales y mantendrá el equilibrio en todas partes entre los cuatro mares.

8. »El director de la multitud estará encargado de la instrucción pública y enseñará por todas partes las cinco grandes leyes de las realciones sociales y habituará al pueblo a la obediencia.

9. »El prefecto del templo de los antepasados dirigirá las ceremonias del Imperio. Prestará sus cuidados a los espíritus del Cielo y de la Tierra y a los manes de los muertos. Por medio de la música establecerá la armonía entre las diferentes clases de hombres.

10. »El ministro de la guerra dirigirá las expediciones militares del Imperio, mandará las seis legiones y mantendrá la tranquilidad en todos los Estados.

11. »El ministro de la Justicia velará por la observancia de las leyes prohibitivas del Imperio, perseguirá los fraudes y los crímenes secretos y castigará las violencias y los desórdenes.

12. »El ministro de Obras Públicas se ocupará de las tierras del Imperio, fijará el lugar de las habitaciones de las cuatro clases de pueblo y regulará los diversos trabajos con arreglo a las estaciones, a fin de aumentar los productos de la tierra.

13. »Cada uno de los seis ministros tendrá sus atribuciones detreminadas y dirigirá a sus subalternos. Dando así el ejemplo a los nueve gobernadores de provincias, trabajarán con ellos para la prosperidad y la formación moral del pueblo.

14. »Los príncipes de las cinco circunscripciones irán a saludar al Emperador una vez cada seis años. Cada doce años el Emperador recorrerá los principados durante las cuatro estaciones del año y examinará los reglamentos y las medidas, cerca de las cuatro montañas célebres. Recibirá los homenajes de los príncipes de cada región junto a la montaña célebre del país y decretará públicamente las destituciones y las promociones.»

15. El Emperador dijo: «¡Vosotros, hombres distinguidos que estáis a mi servicio! Llenad con cuidado las funciones que estén a vuestro cargo. Reflexionad bien antes de dar una orden; porque una vez que una orden esté dada es preciso que se la ejecute y nunca debe ser retirada. Consultad la razón y la justicia y prescindid de vuestro sentimiento particular; todo el pueblo será de vuestro parecer.

16. »Estudiad la antigüedad antes de entrar en funciones, deliberad sobre los asuntos antes de resolverlos y vuestra administración estará exenta de errores. Espero que tomaréis por guía las leyes y los estatutos y no introduciréis el desorden en vuestros empleos, con pretextos especiosos. Las dudas acumuladas estropean todos los planes; la pereza y la negligencia son la ruina de la administración. El que no estudia es como el que tiene el rostro vuelto a la pared y no ve nada; en los asuntos su espíritu se embrolla.

17. »Os prevengo, ministros de Estado, que el número y la grandeza de los servicios dependen sobre todo de la voluntad; el acrecimiento de las posesiones depende sobre todo del trabajo. El que sabe tomar una determinación animosa no encuentra dificultades.

18. »Las dignidades engendran naturalmente el orgullo y los grandes sueldos la prodigalidad. El respeto y la economía deben ser virtudes reales y no solamente simuladas. La práctica de la verdadera virtud reposa en el corazón y le hace mejor cada día. Una conducta hipócrita fatiga el corazón y le hace cada día más débil.

19. »Cuando estéis en posesión del favor, temed la desgracia de que estáis amenazados, y no estéis nunca sin temor. El que no teme caerá en las desdichas que debió temer.

20. »Elevad a los cargos a los hombres virtuosos, ceded con gusto a los hombres capaces y todos los oficiales se mostrarán de acuerdo. Si no lo estuvieran, el desorden reinaría en la administración. Al elevar a los cargos a aquellos hombres capaces de desempeñarlos daréis pruebas de capacidad. Al nombrar a hombres incapaces mostrareis vuestra propia incapacidad.»

21. El Emperador dijo: «¡Oh! ministros de Estado que regulais las tres partes de la administración, vosotros, grandes prefectos, cumplid con cuidado los deberes de vuestro cargo y ordenad vuestra administración para ayudar a vuestro soberano y asegurar la tranquilidad de todo el pueblo. De este modo no habrá ningún descontento en los principados.»

Capítulo XXI

Kian T'cheu

1. El Emperador (Tc'eng uang) habló poco más o menos en estos términos: «Kiun Tch'en (214), tienes virtudes muy notables, una gran piedad filial (215), un gran respeto a los mayores. Dotado de gran piedad filial y de una grande afección hacia tus hermanos, puedes extender estos sentimientos de respeto y de afección a muchos hombres y ejercer el gobierno. Te encargo que gobiernes el territorio de esta capital del oriente. ¡Pero ten cuidado!

2. »Antes, Tcheu Kung enseñaba en esta región oriental, protegía a todos los pueblos y estos amaban su virtud. Ve, cumple con tu deber cuidadosamente; sigue las mismas reglas que Tcheu Kung, esfuérzate en dar un nuevo brillo a sus esperanzas y el pueblo estará bien dirigido.

3. »Oí decir a Tcheu Kung que un gobierno perfecto exhala un perfume agradable que regocija las inteligencias espirituales, y que el perfume del mijo no es nada comparado con el de una virtud eminente. Espero que aprobarás estas enseñanzas de Tcheu Kung; despliega todos los días una gran diligencia y no busques ni el reposo ni los placeres.

4. »La mayor parte de los hombres experimentan un vivo deseo de ver a un gran sabio y se aflijen como si no pudiera ver nunca uno y cuando han visto a un gran sabio no pueden resolverse a seguir sus huellas. Ten cuidado porque eres como el viento y tus súbditos como la hierba.

5. »Al combinar tus medidas administrativas ten presente que cada asunto tiene sus dificultadse. Antes de suprimir o de adoptar una cosa, examínala bajo todos sus aspectos y toma consejo de tu pueblo. Aun cuando todos los pareceres fueren concordes, reflexiona sin embargo.

6. »Cuando tengas un buen consejo que dar, una buena enseñanza, entra y comunícala a tu soberano en el interior del palacio. Luego, poniéndola en práctica en el exterior, di: «Este consejo, esta enseñanza, es debida a la sabiduría de mi soberano.» ¡Oh! si todos los ministros obrasen de este modo, ellos y yo alcanzaríamos una gran virtud y un gran renombre.»

7. El Emperador dijo: «Kiun tch'en, modera en su aplicación las grandes enseñanzas de Tcheu Kung: No abuses de tu poder para oprimir a tus súbditos, ni de las leyes para violar los derechos del prójimo. Sé indulgente pero no con exceso: sé tolerante con naturalidad y sin esfuerzo.

8. »Si uno de los antiguos súbditos de In merece un castigo, y yo te dijera que le castigases, no lo hagas por complacerme; y si te digo que le perdones, no lo hagas por ello. No consultes sino la justicia.

9. »Si alguien resiste a tu autoridad y a la influencia de tus enseñanzas, castígale; pero recuerda que al castigar, debes tener por objetivo reprimir los desórdenes e impedir que tengas necesidad de castigar en lo sucesivo.

10. »La costumbre de ser taimado y pérfido; la violación de las leyes constantes de la sociedad, la corrupción de las costumbres públicas, son tres crímenes que no debes nunca dejar sin castigo aun cuando la falta no haya sido grave.

11. »No muestres cólera ni resentimiento con aquellos que tardan en corregirse, y no exijas que un hombre reúna las cualidades sin ningún defecto.

12. »Es preciso que seas paciente, y triunfarás. Muestra gran corazón, sé indulgente y generoso, y tu virtud será grande.

13. »Marca con signos distintivos, entre los habitantes de los pueblos, a aquellos que cuidan bien sus negocios; señala también por medio de otros signos, las moradas y los pueblos de aquellos que descuidan sus asuntos. Eleva a los cargos a aquellos que son virtuosos, a fin de atraer a la virtud a los hombres viciosos.

14. »El hombre nace bueno; bajo la influencia de los objetos exteriores, sus disposiciones cambian; descuida lo que su príncipe le recomienda, y busca lo que su príncipe busca (el reposo y los placeres). Si observas las cinco grandes leyes de las

relaciones sociales sinceramente, constantemente, todos se regenerarán y avanzarán en la gran vía de la perfección. Yo, tu soberano, alcanzaría el colmo de la felicidad, y todas las edades celebrarán por siempre tus buenas obras.»

Capítulo XXII
ULTIMAS VOLUNTADES DE TCHENG-UANG (216).

1. En el cuarto mes del año, cuando la Luna comenzaba a menguar (217), el emperador Tch'eng-uang cayó gravemente enfermo.

2. El primer día del ciclo, se lavó las manos y el rostro. Con ayuda de sus servidores, se puso su toca y su traje de ceremonia, y se sentó y se apoyó en un taburete adornado con piedras preciosas.

3. Luego hizo venir juntos al gran guardián Cheu, al príncipe de Juei, al príncipe de T'ung, al príncipe de Pi, al príncipe de Uei, al príncipe de Mao, al jefe de los guardias de palacio, a los jefes de los oficiales y a los intendentes de los negocios.

4. El Emperador dijo: «¡Ay! la enfermedad ha hecho grandes progresos, y toco a mi fin. Temo que si espero mucho, no tenga tiempo de manifestaros mis voluntades para lo por venir. Desde ahora, tras madura reflexión, voy a daros mis instrucciones y mis órdenes.

5. »Mis predecesores Uen-uang y U-uang, uno tras otro, haciendo brillar por todos lados el esplendor de su virtud, han establecido sólidamente la agricultura, que es el sostén de la vida, y difundido sus enseñanzas. El pueblo ha puesto en práctica sus instrucciones, sin faltar a ellas. A causa de ello, pudieron extender su influencia por todo el Imperio de los In, y reunir en sus manos toda la autoridad.

6. »Yo, hombre poco inteligente, que he venido después de ellos, he recibido con respeto el terrible mandato del Cielo. He conservado las grandes enseñanzas de mis predecesores Ueng-uang y U-uang, sin permitirme modificarlas imprudentemente.

7. »Ahora el Cielo me ha enviado una grave enfermedad; estoy a punto de no poderme levantar ni oir nada; voy a morir. Espero que comprenderéis las recomendaciones que voy a dirigiros; así, pues, velaréis con respeto por mi hijo mayor Tchao, y le ayudaréis con todas vuestras fuerzas en medio de las dificultades que pueda encontrar.

8. »Tratad con bondad a los que vienen de lejos, y haced sumisos a los que estén cerca de vosotros. Procurad la tranquilidad a todos los pueblos, grandes y pequeños, y haced cuanto podáis por excitarles a practicar la virtud.

9. »Pienso que todos los hombres deben guardar en su conducta la dignidad, y observar las conveniencias. No permitáis que Tchao siga imprudentemente un mal camino.»

10. Los ministros, después de haber recibido estas recomendaciones, se retiraron. Fue llevado al patio el dosel, bajo el cual había hablado el Emperador y al día siguiente, segundo día del ciclo, el Emperador falleció.

11. Por orden del gran guardián, que era primer ministro, Tchung-huan y Nnan Kung Mao (jefes de la guardia) enviaron a decir a Ki, príncipe de Ts'i, que mandara dos hombres con lanzas y escudos con cien guardias de corps, para ir a esperar a Tchao, el heredero del trono, junto a la puerta del mediodía, a fin de conducirle a los departamentos laterales donde, como jefe de la familia, debía llorar la muerte de su padre (218).

12. El cuarto día del ciclo, el gran guardián ordenó que se escribiera sobre las tablillas las últimas voluntades de Tch'eng-uang, y que se publicaran con las ceremonias acostumbradas.

13. Seis días después, era el décimo del ciclo, el gran guardián, jefe de los príncipes del oeste y ministro de Estado, ordenó a los empleados que suministrasen la madera necesaria para los funerales.

14. Los servidores colocaron el biombo en el que estaban representadas las hachas, y levantaron el dosel, como si el Emperador estuviera aún vivo.

15. Entre la ventana y la puerta, bajo el dosel que estaba al norte y miraba al mediodía, pusieron tres esterillas, unas sobre otras, de delgadas tiras de bambú con bordes mezclados de blanco y negro, y colocaron, como de costumbre, el escabel adornado con piedras de diferentes colores (219).

16. En el edificio que estaba en la extremidad oriental de la sala principal y miraba al occidente, extendieron una sobre otras tres esterillas de colores variados, y colocaron, como de costumbre, el escabel adornado de conchas marinas.

17. En el edificio que estaba en la extremidad oriental de la sala principal y miraba al occidente extendieron unas sobre otras tres esterillas de delgados juncos, con orillas de colores variados, y colocaron, como de costumbre, el escabel adornado de piedras talladas,

18. Ante el edificio occidental que miraba al mediodía, extendieron unas sobre otras tres esterillas de delgadas cortezas de bambú con orillas azules y negras, y colocaron como de costumbre, el escabel barnizado (220).

19. Luego, dispusieron las cinco clases de piedras de gran precio y los objetos preciosos: a saber, en la extremidad occidental de la gran sala, la espada (o el cuchillo) de vaina encarnada, las grandes enseñanzas dejadas por los antiguos emperadores, la gran tablilla anular, la gran tablilla oblonga y la tablilla puntiaguda de los mensajeros; en la extremidad oriental de la gran sala, la gran piedra preciosa, la piedra preciosa ordinaria, la piedra musical color azul cielo, y el dibujo salido del río Amarillo (221), en el edificio occidental, los trajes de los mimos de In, las grandes conchas preciosas (222), y el gran

tambor (223), en el edificio oriental, la lanza de Touei, el arco de Huo y las flechas de Chuei (224).

20. El gran coche estaba junto a la escalinata de los huéspedes, dando frente al mediodía; el coche de los príncipes más lejanos, ante el edificio que se encontraba al lado derecho de la puerta principal (225).

21. Dos hombres que llevaban el gorro color de gorrión (226) y tenían la lanza triangular de tres puntas (huei) se encontraban más allá (al norte) de la quinta gran puerta. Cuatro hombres tocados con el gorro de color leonado, y que llevaban la lanza Kuo, con la punta hacia arriba, estaban junto a las dos escaleras, en los ángulos de la plataforma de la gran sala. Un hombre (un gran prefecto) llevaba el gorro de ceremonia y el hacha de guerra liu y estaba frente a la plataforma oriental (227).

Un hombre (un gran prefecto) que llevaba el gorro de ceremonias y la lanza de tres puntas Kiu (228), estaba junto a la escalera lateral (al norte de la gran sala).

22. El Emperador K'ang-uang, que llevaba el gorro de cáñamo y el vestido inferior ornado de hachas y otros emblemas, subió por la escalera de los invitados a la gran sala donde reposaba el cuerpo de su padre difunto. Los ministros de Estado del Emperador y los jefes de los principados, que llevaban el gorro de cáñamo y el traje inferior color de hormiga, entraron para ocupar sus plazas respectivas (229).

23. El gran guardián, el gran secretario, y el gran maestro de ceremonias iban tocados con el gorro de cáñamo y su traje inferior era rojo pálido. El gran guardián llevaba la gran tablilla de jade y el gran maestro de ceremonias la copa empleada para las ofrendas y el molde de las tablillas de jade (230). Subieron por la escalera del dueño de la casa.

El gran secretario, con su libro, subió por la escalera de los invitados, y presentó al Emperador las tablillas sobre las cuales había registrado las últimas voluntades de Tch'eng-uang.

24. Y dijo: «El augusto Emperador tu padre, apoyado junto al escabel ornado de piedras preciosas, ha manifestado sus últimas voluntades. Te encarga que continúes la ejecución de las ordenanzas de sus predecesores, que gobiernes el Imperio de los Tcheu, que observes fielmente las grandes leyes, que unas todos los pueblos por los lazos de la concordia, que te conformes y des nuevo lustre a las gloriosas enseñanzas de Uen-uang y de U-uang.»

25. El Emperador, de rodillas, se inclinó dos veces; luego se levantó y dijo: «Yo, el último de los hombres y el más débil de los hijos, ¿podré, cómo mis padres, gobernar las cuatro partes del Imperio, con un temor respetuoso a la majestad del Cielo?»

26. Entonces el Emperador tomó la copa y el molde de las tabletas de jade. Tres veces llevó la copa llena de licor junto al féretro de su padre, tres veces ofreció y derramó

el licor, tres veces depositó la copa en el suelo. El gran maestro de ceremonias dijo: «Tu ofrenda ha sido agradable a los manes de tu padre.»

27. El gran guardián recibió la copa del Emperador y la guardó. Descendió luego al pie de la escalera de la sala y se lavó las manos. Tomando luego otra copa, y manteniéndola sobre la tableta de jade, que la servía de soporte, ofreció a su vez libaciones. Entregó la copa a uno de los ayudantes del maestro de ceremonias, y de rodillas saludó al cuerpo del Emperador difunto. El Emperador K'ang-uang, en nombre de su padre, devolvió el saludo.

28. El gran guardián tomó de nuevo la copa, ofreció una libación, llevó la copa a sus labios y volvió a su puesto. Habiendo entregado la copa al ayudante del maestro de ceremonias, saludó de rodillas al cuerpo del Emperador difunto. El Emperador K'ang-uang, en nombre de su padre, devolvió el saludo (231).

29. El gran guardián salió de la gran sala y quedaron en ella, los objetos que habían servido para la ceremonia. Todos los príncipes excepto los ministros, salieron de la parte del palacio que era la morada ordinaria del Emperador, y, que por entonces, estaba transformada en templo, y esperaron a que el nuevo Emperador saliera para darles sus órdenes.

Capítulo XXIII

Consejos De Kang-Uang

1. El Emperador K'ang-uang, saliendo de sus habitaciones particulares, permaneció entre la cuarta y la quinta puerta. El gran guardián, a la cabeza de los príncipes del Oeste, entró por la cuarta puerta y se quedó a la izquierda y al norte de la cuarta puerta. El príncipe Pi, a la cabeza de los príncipes del Este, entró por la cuarta puerta, y tomó plaza a la derecha de esta puerta. Todos los príncipes alinearon a ambos lados del patio sus coches tirados por cuatro caballos amarillos con crines rojizas. Levantando y presentando sus tabletas de jade (insignias de su dignidad) así como las piezas de seda y otros objetos que ofrecían al Emperador, dijeron: «Nosotros, tus súbditos y defensores del Imperio, nos tomamos la libertad de ofrecerte los productos de nuestras regiones.» Todos, poniéndose de rodillas, saludaron dos veces, primero, inclinando la cabeza hasta las manos apoyadas contra el suelo, luego, apartando las manos e inclinando la frente hasta la tierra. El Emperador, imitando la virtud de sus padres, les devolvió el saludo, como debía.

2. El gran guardián y el príncipe de Juei, ministro de Instrucción Pública, se adelantaron, y se saludaron el uno al otro con una profunda inclinación. Luego, de rodillas, saludaron por dos veces al Emperador, primero, inclinando la cabeza hasta sus manos y luego, inclinando la frente hasta el polvo. Y dijeron: «Nos tomamos la libertad de expresar con respeto nuestros sentimientos al Hijo del Cielo. El augusto Cielo, retiró su mandato a la gran dinastía de los In. Los príncipes de Tcheu, Uen-uang, librados de la prisión de Iu-li y su hijo U-uang recibieron este gran favor del Cielo, porque habían sabido hacer el bien en las regiones occidentales.

3. »El Emperador tu padre, que acaba de subir al Cielo, recompensando y castigando con arreglo a la más estricta justicia, ha podido consolidar su obra y dejar a sus sucesores una herencia vasta y próspera. Príncipe, pon gran atención. Mantén en buen orden nuestras seis regiones; no pierdas el mandato que el Cielo otorga tan difícilmente y que confió a tus gloriosos antepasados.»

4. El Emperador respondió poco más o menos en estos términos: «Jefes de los diversos principados, príncipes establecidos en las circuncripciones llamadas heu, tien, nan, uei; yo Tchao, vuestro soberano, voy a responderos y a daros mis consejos.

5. »En otro tiempo, Uen-uang y U-uang, se mostraron muy justos, enriquecieron mucho al pueblo y no buscaron ni castigaron con severidad a los culpables. En ésto, alcanzaron la más alta perfección y obraron con la mayor sinceridad. Por este medio brillaron en todo el Imperio, y merced a su conducta tuvieron guerreros valientes como osos, ministros fieles, que defendieron y ayudaron a la familia imperial. Por este medio, obtuvieron también del Rey del Cielo, el mandato supremo. Porque el augusto Cielo, satisfecho de su conducta, les di☐ todas las regiones del Imperio.

6. »Luego, cuando formaron principados y los establecieron como muros del Imperio, lo hicieron para nosotros, que debíamos venir después, que ellos. Actualmente vosotros, mis tíos paternos, espero que todos juntos pondréis empeño, en obedecerme y servirme como los príncipes vuestros padres sirvieron a los emperadores que me han precedido. Ausentes de cuerpo, estaréis siempre presentes de corazón en la casa del Emperador. Compartid mis cuidados, secundad mis esfuerzos; que vuestro descuido no sea una causa de deshonor para mí, que soy un débil niño.»

7. Todos los príncipes, después de haber oído las palabras del Emperador, se saludaron unos a otros con una profunda inclinación y se retiraron apresuradamente. El Emperador se quitó la toca de ceremonia y volvió a ponerse el traje de luto.

Capítulo XXIV

Mandato Dado Al Príncipe De Pi

1. El décimo año del reinado de K'ang-uang, el primer día del sexto mes lunar, era el séptimo del ciclo. Dos días después, que era el noveno día del ciclo, el Emperador partió por la mañana de la gran capital (Hao) y se dirigió a Fung (232). Allí, en interés de los pueblos que dependían de Lo, la capital fundada posteriormente, encargó al príncipe de Pi, que gobernara y guardara la parte oriental del Imperio.

2. El Emperador habló poco más o menos en estos términos: «¡Oh, mi tío y mi maestro! Ueng-uang y U-uang, extendieron la influencia de su gran virtud por todo el Imperio, mereciendo así, recibir el mandato celeste que hasta entonces estaba en manos de los In.

3. »Tcheu-Kung ayudó asiduamente a mis predecesores, Uen-uang, U-uang y Tch'eng-uang. a establecer sólidamente su dinastía. Desconfiando de los habitantes de las poblaciones, que, habiendo permanecido fieles a los In, se negaban a obedecernos, los transportó a la ciudad de Lo, junto a los príncipes de la familia imperial, y les di□ una nueva formación. Desde entonces treinta y seis años han pasado, y los hábitos han cambiado con las generaciones. En todo el Imperio no se vislumbra motivo alguno de inquietud, y yo, el único soberano, estoy tranquilo

4. »La práctica de la virtud, ya asciende, ya baja. Las medidas administrativas deben cambiar con arreglo a las costumbres. Actualmente los habitantes de las regiones orientales son mejores que en tiempos de Tcheu-Kung. Si no manifestáis vuestra aprobación por todo lo bueno que se haga, el pueblo no se sentirá estimulado para perserverar en el buen camino.

5. »Príncipe, sois virtuoso, metódico y diligente hasta en las menores cosas. Habéis ayudado e iluminado con vuestros consejos a cuatro generaciones de soberanos, y dirigís a vuestros inferiores con vuestros buenos ejemplos; todos ellos siguen con respeto vuestras instrucciones. Vuestros señalados servicios han sido aún más numerosos durante mi reinado que en los reinados precedentes. Así a pesar de mi debilidad, espero gobernar perfectamente, con la túnica flotante y las manos juntas, es decir, sin dificultad ni esfuerzo alguno.»

6. El Emperador dijo: «¡Oh, mi tío y mi maestro! te confío con respeto el cargo que Tcheu-Kung ocupaba. Ve.

7. »Concede las distinciones a los hombres virtuosos, separa de ellas a los hombres viciosos. Señala con marcas honoríficas las casas y los pueblos de los hombres de bien. Coloca en los puestos de honor a los hombres virtuosos, rebaja a los viciosos, establece la influencia y la reputación de los hombres de bien. A los que no sigan tus consejos y tus leyes, asígnales tierras separadas, a fin de que apredan a temer los inconvenientes de la

desobediencia y a esperar las ventajas de la sumisión. Traza claramente los límites del dominio propio del Emperador, no te olvides de fortificar los dominios confiados a la guardia de los príncipes, a fin de que la tranquilidad reine entre los cuatro mares.

8. »Es muy importante que los reglamentos administrativos sean estables, que las proclamas sean substanciales y concisas. El amor a las cosas extraordinarias es peligroso. Bajo los Chang, la adulación era habitual. Aún subsiste un resto de este desorden. Príncipe, pon mucho cuidado en ello; así lo espero.

9. »He oído decir que las familias en donde los cargos lucrativos son hereditarios, se mantienen raramente en los límites de lo justo y de lo honrado. Se permiten mil licencias, pierden todo buen sentimiento y violan toda ley natural. Corrompidos, degenerados, vi ven en el lujo y la prodigalidad, y siguen de edad en edad la misma corriente.

10. »La mayor parte de los oficiales de la casa de In, que habían disfrutado de la magnanimidad del Emperador en todo sosiego desde hacía mucho tiempo, se abandonaban sin temor alguno a su amor al lujo y habían perdido todo sentimiento de equidad. Vestidos con más magnificencia que los demás, orgullosos, licenciosos, arrogantes, fanfarrones, parecían deber continuar este género de vida hasta el fin. Aunque Tcheu-Kung, haya puesto un freno a sus desórdenes, aún es difícil mantenerlos en el deber.

11. »Son ricos y pueden ser instruidos, y así vivirían largos años, siempre virtuosos. Las virtudes naturales, la equidad deben ser el primer objeto de la enseñanza. Pero ¿qué puede enseñar el que no se apoya en las doctrinas de los antiguos?»

12. El Emperador dijo: «¡Oh, mi tío y maestro! la tranquilidad del Imperio depende, sobre todo, de los antiguos oficiales de los In. No seas ni demasiado severo ni demasiado indulgente con ellos, y llegarán a ser sinceramente virtuosos.

13. »Tcheu-Kung cuidó de esta empresa en sus comienzos; Kiu-tch'en supo dirigirla en sus mediados, tú, príncipe, sabrás darle feliz remate. Vosotros tres habréis procedido como de mutuo acuerdo y seguido igualmente la verdadera ruta. Gracias a esta prudente y sabia conducta, el gobierno será bien regulado, y todos los pueblos del Imperio recogerán grandes beneficios. En todos los países inmediatos, los bárbaros que prenden sus túnicas al lado izquierdo (233), tendrán confianza en nosotros. Yo, débil niño, gozaré siempre de una gran felicidad.

14. »Príncipe, en esta capital fundada posteriormente, espero que establecerás el imperio de los Tcheu sobre una base imperecedera, y adquirirás así gloria inmortal. Tus descendientes imitarán tan bello ejemplo y gobernarán como tú.

15. »¡Oh! no digáis que semejante empresa está por encima de tus fuerzas; bastará con que des a la empresa toda tu aplicación. No objetes el pequeño número de habitantes; te bastará cumplir con tus deberes cuidadosamente. Continúa con respeto los

gloriosos trabajos de mis predecesores y perfecciona la administración ya establecida por Tcheu Kung y Kiu tch'en.»

Capítulo XXV

KLUN-IA

1. El Emperador Mu-uang (234) habló poco más o menos en estos términos: «¡Oh, Kiun-ia! tu abuelo y tu padre, con lealtad y rectitud muy sinceras, han trabajado mucho por la familia imperial. Los servicios que han prestado están escritos en el gran estandarte (235).

8. »Yo, débil niño, que recoge y debe guardar la herencia de U-uang, de Tch'eng-uang y de K'ang-uang, cuando pienso en los ministros que han ayudado a mis predecesores a bien gobernar el Imperio, y veo que carezco de este poderoso concurso, mi corazón está en la inquietud, como si pusiera el pie sobre la cola de un tigre o como si anduviera sobre el hielo en primavera.

3. »Te pido que me ayudes. Sé como mi brazo, mi pierna, mi corazón, mi columna vertebral. Rinde los mismos servicios que tu abuelo y tu padre; pon cuidado en no deshonrarlos.

4. »Enseña en todos lados las cinco grandes leyes de las relaciones sociales; pon cuidado en que sean bien observadas por el pueblo. Si sigues fielmente el camino del deber, nadie se atreverá a apartarse de él: existen hombres cuyos pensamientos y sentimientos no llegan aún al justo medio; a ti corresponde rectificarlos guardando tú mismo el justo medio.

5. »En verano, en la época de los calores y de las lluvias, el pueblo no hace sino gemir y suspirar. Durante los grandes fríos de invierno tampoco hace sino gemir y suspirar. Sus sufrimientos son la causa de ello. Piensa en estos sufrimientos y busca el medio de aliviarlos, y el pueblo será feliz.

6. »¡Oh! los consejos de Uen-uang han proyectado en todas partes una viva luz; luego los trabajos de U-uang han sido coronados por el mayor éxito. En ellos encontramos nuestra instrucción y nuestro socorro, los que hemos venido después de estos grandes hombres. Todo es irreprochable en ellos y nada falta. Trata, por tu parte, de hacer brillar la luz de sus enseñanzas. De este modo yo podré imitar con respeto a mis predecesores, llenar con nuevo brillo el mandato que Uen-uang y U-uang recibieron del Cielo; tú harás revivir a tus padres, igualándolos.»

7. El Emperador habló poco más o menos en estos términos: «Kin-ia, no tienes sino seguir las huellas de los ministros precedentes; imítales, el orden público depende de ello. Continúa lo que hicieron tu abuelo y tu padre y haz glorioso el reinado de tu soberano.»

Capítulo XXVI

Mandato Dado A Kiung

1. El Emperador habló poco más o menos en estos términos: «Pe-kiung (236), mi virtud es débil. Yo sustituyo a mis antepasados y soy gran soberano, pero tiemblo de pavor al pensar en el peligro en que me encuentro. Me levanto en medio de la noche y busco de qué modo podría evitar el cometer faltas.

2. »En otro tiempo, bajo el reinado de Uen-uang y de U-uang, que eran tan inteligentes, tan graves, tan prudentes, los oficiales y los servidores, tanto los grandes como los pequeños, tenían el corazón leal y honrado. Los hombres que rodeaban a estos príncipes o conducían sus carruajes, los que los servían o les acompañaban eran todos irreprochables. El soberano, gracias al socorro que recibía de ellos desde por la mañana hasta por la noche, no cometía descuido alguno, ni dentro ni fuera del palacio. Sus consejos, sus proclamas eran perfectos. El pueblo obedecía con respeto, y todos ls estados se hallaban prósperos.

3. »Yo, que me encuentro por encima de los demás y no soy virtuoso, pongo toda mi confianza en los oficiales que me rodean. Espero que suplirán mi incapacidad, que repararán mis faltas, que corregirán mis errores, enderezarán los extravíos de mi corazón y me harán capaz de marchar sobre las huelas gloriosas de mis padres.

4. »Te encargo de ocupar el puesto de gran director, de dirigir a todos mis criados, a mis ayudantes, a mis conductores de coches. Excita a tu soberano a cultivar la virtud, y con tus subordinados repara sus faltas.

5. »Escoge con cuidado a tus subalternos. No emplees hombres de lenguaje artificioso, de exterior engañoso ni aduladores viciosos, sino únicamente a los hombres de bien.

6. »Cuando los servidores y los oficiales son irreprochables, el príncipe puede ser irreprochable. Cuando los servidores y los oficiales son aduladores, el príncipe se cree muy sabio y perfecto. Los oficiales son los que hacen al príncipe virtuoso y ellos los que lo envician.

7. »No intimes con hombres viciosos. Si les encargas que sean como los ojos y los oídos de su soberano le inducirán a violar los reglamentos de sus predecesores.

8. »Si escoges a los hombres, no a causa de sus cualidades personales, sino por sus presentes, los empleos estarán mal distribuidos. Faltarías grandemente al respeto debido a tu soberano y yo te lo reprocharía como un crimen.»

9. El Emperador agregó: «¡Oh! pon cuidado. Ayuda siempre a tu soberano a observar las leyes constantes que deben regular su conducta.»

Capítulo XXVII

Leyes Penales Del Príncipe De Liu

1. He aquí las prescripciones publicadas por el príncipe de Liu (237) en nombre del emperador Mu-uang. El Emperador, aún revestido de la dignidad soberana a la edad de cien años, tenía la razón debilitada por la vejez y no prestaba servicio alguno al Estado. Mas pensó, sin embargo, en decretar leyes penales para ordenar la justicia en todo el Imperio.

2. Por orden suya, el príncipe de Liu publicó las prescripciones siguientes: «El Emperador ha dicho: Las enseñanzas que los antiguos se transmitían nos enseñan que bajo Hung-ti, Tc'heu-iu, habiendo provocado una sublevación, se propagó ésta aun entre los ciudadanos más pacíficos, que todos se convirtieron en bandoleros, homicidas y asesinos con corazón de buho, rebeldes, traidores, ladrones, criminales encubiertos con la máscara de la virtud.

3. »El príncipe de Miao no mostraba ninguna benevolencia y se contentaba con reprimir al pueblo mediante suplicios. Para ejercer cinco clases de crueldad, puso en vigor los cinco suplicios mediante edictos a los que dio el nombre de leyes e hizo matar y asesinar a no pocos inocentes. Gran número de hombres quedaron con las orejas y las narices cortadas o fueron hechos ennucos o marcados en el rostro. Aquellos que caían bajo los golpes de leyes tan bárbaras eran condenados a los tormentos y todos eran igualmente castigados, aun aquellos que merecían excusa.

4. »La corrupción comenzó a difundirse de uno en otro entre todo el pueblo, que muy pronto cayó en la ceguedad y en la confusión. La buena fe desapareció en todos los corazones; los juramentos y los compromisos fueron violados. La multitud, oprimida, maltratada, entregada a los suplicios, empezó a elevar la voz al Cielo en favor de los inocentes. El Rey supremo fijó sus miradas en el pueblo. Ningún perfume de virtud subía al Cielo; por el contrario, los suplicios exhalaban un olor fétido.

5. »El augusto emperador Chuen tuvo compasión de la multitud de desgraciados que eran entregados a los suplicios sin haber cometido crimen alguno. Trató al tirano con severidad, reprimió y destituyó al príncipe de Miao, quien terminó su existencia en el destierro y no perpetuó su raza en sus Estados.

6. »Luego ordenó a Tch'ung y a Li que interrumpieran las comunicaciones entre el Cielo y la Tierra; los Espíritus cesaron de descender y de manifestar su presencia (238). Los príncipes y los oficiales, desde los más elevados hasta los más inferiores, ayudaron inteligentemente a restablecer la observancia de los deberes sociales; la voz de los hombres viudos y de las mujeres viudas no fue ahogada como antes.

7. »El augusto Emperador interrogó sin prevención y sin pasión a los súbditos del príncipe de Miao; los hombres viudos y las mujeres viudas presentaron sus quejas contra el tirano. La virtud del Emperador inspiró a este pueblo un temor respetuoso y lo iluminó con sus talentos.

8. »Luego encargó a los tres príncipes I, Iu y Tsi, que trabajaran con complacencia en interés del pueblo. El príncipe I señaló los deberes que debían ser observados y quebrantó las voluntades rebeldes con la amenaza del suplicio. Iu se ocupó del agua y de la tierra y designó las montañas y los ríos célebres cuyos Espíritus debían proteger las diversas provincias del Imperio, o que le servirían de límites. Tsi dio semillas, enseñó a sembrar y a obtener abundantes cosechas. Terminados los trabapos de los tres príncipes, el pueblo se encontró en la opulencia.

9. »El ministro de Justicia (Kia-iao) mantuvo al pueblo en el deber imponiendo penas proporcionadas a los crímenes que cometía y habituándole a practicar la virtud.

10. »La majestad amable del soberano, la inteligencia y la virtud de los ministros, arrojaban un vivo fulgor en todas las regiones. Todos se aplicaban a hacer el bien. Así, cuando cometían actos culpables, Kao-iao que sabía infligir penas proporcionadas a los crímenes perpetrados, mantenía el orden entre el pueblo y ayudaba los buenos sentimientos naturales con la amenaza de los castigos.

11. »Los jueces de las causas criminales no dejaban de aplicar las leyes a los poderosos y especialmente a los ricos, cuyos regalos rechazaban. Diligentes, circunspectos, no tenían necesidad de examinar, a propósito de su propia conducta, lo que podían decir y lo que debían callar. Porque sabían imitar la virtud del Cielo, y ejercían el más importante de todos los derechos, el de vida y muerte. Asesores del Cielo, gozaban de este derecho en la Tierra.»

12. El Emperador ha dicho: «¡Ah! vosotros, príncipes que dirigís los asuntos públicos y presidís la justicia en las diferentes regiones del Imperio, ¿no ejercéis en nombre del Cielo el cargo de pastores de los pueblos? ¿A quién debíais tomar por modelo? ¿No es al príncipe I, promulgando leyes penales y reformando así los abusos? ¿Quién es aquel cuyo fin desgraciado debe serviros de advertencia? Sin duda el príncipe de Miao que no interrogaba a los acusados ni escogía a los hombres honrados que pensaban en aplicar bien los cinco suplicios, sino que, muy al contrario, complacíase en emplear hombres que hacían inclinarse la justicia ante la amenaza de los poderosos y los regalos de los ricos, y condenaban indistintamente a los cinco suplicios a los inocentes y a los culpables, hasta que al fin el Rey del Cielo, fatigado de perdonar, desencadenó sus castigos contra el príncipe de Miao, que no teniendo excusa alguna que alegar, fue privado de posteridad.»

13. El Emperador ha dicho: «¡Oh! reflexionad en ello. Vosotros, grandes príncipes, mis hermanos, y vosotros, mis hijos, mis nietos, oid todas mis palabras. En ellas encontraréis excelentes prescripciones. Que cada uno de vosotros cifre su dicha en el cumplimiento diario de sus deberes, que ninguno de vosotros se vea obligado a borrar el mal efecto de una negligencia cometida. El Cielo, para establecer el orden entre el pueblo, nos da un día. De los hombres depende el corregirse o el persistir en sus desórdenes. Si vuestros súbditos se corrigen, debéis cesar de castigar. Cumpliréis con respeto, así lo espero, la voluntad del Cielo y de este modo obedeceréis a vuestro soberano. Aun

cuando yo mismo quiera castigar, nada hagáis por complacerme; aun cuando yo quisiera perdonar, no perdonéis por complacerme, no tratéis sino de aplicar los cinco suplicios y de practicar perfectamente las tres virtudes de un buen juez (239). El soberano será virtuoso, todos los pueblos mostrarán confianza y la tranquilidad será de larga duración.»

14. El Emperador ha dicho: «Oh! acercaos, vosotros que gobernáis Estados o que poseéis dominios, y os enseñaré a hacer de los suplicios instrumentos de felicidad. Actualmente, para procurar la tranquilidad del pueblo ¿cuál es la elección que se deberá hacer? ¿No es la elección de los hombres? ¿A qué objetos dais vuestra principal atención? ¿No es a los suplicios? ¿Qué debéis examinar más duramente? ¿No es la culpabilidad de los acusados?

15. »Cuando las dos partes han llegado y los testigos, y las piezas del proceso están preparadas, es preciso que los jueces reunidos oigan todo lo que concierne a los crímenes que merecen las cinco clases de suplicios. Después de haber discernido con certidumbre lo verdadero de lo falso, es preciso que examinen si el crimen debe ser castigado con uno de los cinco suplicios. Si no conviniera aplicar uno de los cinco suplicios, que examinen si el crimen es uno de los cinco que pueden ser rescatados por dinero. Si no es seguro que el delito sea bastante grave para ser colocado entre los cinco que pueden ser rescatados con dinero, que se le clasifique entre las cinco faltas involuntarias.

16. »Los motivos que determinan a un juez a clasificar entre las cinco faltas involuntarias delitos cometidos con deliberado intento, son el temor de perder el puesto, el deseo de pagar un favor recibido o de realizar una venganza, la complacencia con su esposa, los regalos, las súplicas. Semejante crimen en un juez debe ser castigado con la misma pena que es aplicable al crimen por él juzgado. Examinad las causas con gran cuidado.

17. »Cuando dudéis de si debéis aplicar uno de los cinco suplicios, no lo apliquéis; cuando dudéis de si el crimen es bastante grave para ser colocado entre los cinco que se rescatan con el dinero, no exigid nada. Después de haber examinado la causa con todo el cuidado posible y adquirido la certidumbre en gran número de puntos, observad el aspecto del rostro y la actitud de las personas. Si no encontráis nada de evidente, no prolonguéis la investigación. En todas las cosas temed la justicia del Cielo.

18. »Cuando se dude acerca de la gravedad de la falta se cambiará la pena de la marca negra por una multa de seiscientas onzas de cobre, pero es preciso que la falta esté bien demostrada. Cuando en la duda se desiste de aplicar la pena de la amputación de la nariz, se exige en lugar de ella una cantidad de cobre dos veces y media más considerable (1200 onzas), pero es preciso que la falta esté bien probada. Cuando en la duda se desiste de aplicar la pena de la amputación de los pies, se exigirá en lugar de ella una cantidad de cobre dos veces más considerable que la precedente (3000 onzas), pero es preciso que la falta esté bien probada. Cuando en la duda se desiste de aplicar la pena de la castración se exigirá en su lugar una multa de tres mil seiscientas onzas de cobre, pero es preciso que la falta esté bien probada. Cuando en la duda se desiste de aplicar la pena capital, se

impondrá en su lugar una multa de 6000 onzas, de cobre, pero es preciso que la falta esté bien probada. La pena de la marca negra puede rescatarse en mil especies de casos, la de amputación de la nariz también en mil, la de la amputación de los pies en quinientos, la de la castración en trescientos y la de la pena capital en doscientos.

»En total, tres mil clases de crímenes deben de ser castigados con uno de los cinco suplicios. Las penas deben ser proporcionadas a las faltas. No os dejéis engañar por acusaciones confusas, no apliquéis las leyes abolidas. Conformaos a las leyes que están actualmente en vigor y examinad las causas con todo el cuidado posible.

19. »Si existen circunstancias atenuantes, la pena debe ser rebajada en un grado; si hay circunstancias agravantes debe ser aumentada en un grado. Se debe pesar también las circunstancias para imponer multas más o menos elevadas. Para establecer la regularidad en medio de estas desigualdades, existen reglas y principios.

20. »Las multas no causan la muerte de los culpables, pero cuando son excesivas los reducen a la más extremada miseria. Que las causas no sean juzgadas por hombres de lenguaje artificioso; sino por hombres buenos y amables, que se mantengan siempre en el justo medio. Los jueces reconocerán la falsedad de un informe en las contradicciones que haya en él. Para no ceder a sus prevenciones, que se esfuercen en inclinarse del lado opuesto a aquel al que se inclinen. Que juzguen las causas con conmiseración y gran cuidado. Después de haber consultado y bien aprendido el código penal, que deliberen juntos. Sus sentencias es de esperar que serán justas y moderadas. Antes de infligir un castigo o una multa, que examinen las causas con toda la minuciosidad posible. Terminado el proceso, el pueblo mostrará confianza en sus decisiones, y el príncipe, al recibir sus informes, tendrá confianza también. Que los informes presentados al príncipe después de las condenas sean completos. Si un hombre ha sido condenado por dos crímenes, ambas condenaciones deben ser mencionadas.»

21. El Emperador ha dicho: «¡Oh! ¡poned gran cuidado! Vosotros, jueces, y vosotros, príncipes, que sois en vuestra mayor parte parientes míos; sabed que os hablo con gran temor. Los castigos me causan inquietud, y no deben ser aplicados sino por hombres virtuosos. El Cielo, deseando ayudar al pueblo a practicar la virtud, os ha escogido como sus asesores en la Tierra. Mostraos perspicaces e íntegros, cuando oigáis el informe de una de las partes. El buen orden entre el pueblo depende siempre de la felicidad de los jueces en oír a ambas partes. No enriquezcáis vuestras familias a costa de ambas partes. Los regalos de los litigantes no valen nada. El que los acepta no reúne sino tesoros de malas acciones, y se atrae muchos males. No es que el Cielo sea excesivamente severo, sino que es el mismo hombre quien se precipita en el infortunio. Si los castigos del Cielo no fueran soberanamente justos, jamás bajo el Cielo el pueblo tendría un buen gobierno.»

22. El Emperador ha dicho: «¡Oh! vosotros, descendientes y futuros sucesores de los príncipes actuales, ahora y siempre ¿cuáles son los que habéis de tomar como modelos? ¿No son aquellos que por el buen uso de los castigos han conducido al pueblo

a practicar la virtud y a guardar el justo medio? Oid, os lo ruego, y comprended bien mis palabras. Esos hombres insignes han castigado con prudencia y reciben elogios sin fin. En el empleo de los castigos alcanzaron la más alta perfección, manteniéndose en el justo medio y se han hecho célebres. Cuando los emperadores os confíen el cuidado de su buen pueblo, tened los ojos fijos en estos hombres para que los suplicios se conviertan en instrumentos de felicidad.»

Capítulo XXVIII
Mandato Dado Al Príncipe Uen (240)

1. El emperador Ping-uang (241) habló poco más o menos en estos términos: «Mi tío I-huo (242) y los muy ilustres soberanos Uen-uang y U-uang se aplicaron a cultivar sus virtudes naturales, cuyo brillo resplandeció hasta el Cielo, y su fama se difundió por toda la Tierra. Por esta razón el Rey del Cielo confió su gran mandato a Uen-uang. Vuestros padres ejercieron cargos importantes, prestaron un socorro poderoso y rindieron servicios señalados a sus soberans. Les secundaron siempre con sumisión en sus consejos y en la ejecución de sus planes. Gracias a ellos, los emperadores mis padres estuvieron tranquilos en el trono.

2. »¡Ay! yo, débil niño, soy digno de lástima. Desde mi advenimiento al Imperio, el Cielo, juzgándome muy culpable, me ha quitado los recursos que me eran necesarios para haber el bien del pueblo, y los bárbaros han invadido gran parte de mis Estados. Actualmente entre los oficiales que administran por mí los negocios, no hay quizá un solo anciano experimentado y capaz. En mi impotencia me digo: ¿Es que los príncipes nombrados por mi abuelo no tendrán compasión de mí? ¡Oh! si hubiera algunos que me prestaran verdaderos servicios, yo, que soy soberano de todo el Imperio, disfrutaría de continua tranquilidad en el trono.

3. »Mi tío I-huo, tú has añadido un nuevo lustre a la gloria de tu abuelo (Iu, príncipe de T'ang) y eres el primero en seguir de nuevo los ejemplos de U-uang. Así has vuelto a anudar el hilo de las tradiciones de tus soberanos. Has hecho renacer la piedad filial de tu abuelo, aquel hombre tan perfecto. Has trabajado mucho en la reparación de mis males, y me has defendido bien en medio de las dificultades. Te alabo grandemente por tales servicios.»

4. El Emperador dijo: «Mi tío I-huo, vuelve a velar por tus numerosos súbditos y por mantener la tranquilidad en tus Estado. Te doy una copa de licor sacada del mijo negro y aromatizada, un arco encarnado con cien flechas rojas, un arco negro con cien flechas negras y un tiro de cuatro caballos. Marcha, tío mío. Recibe con bondad a los extranjeros que vienen de lejos y forma con cuidado a los súbditos que están junto a ti. Haz bien al pueblo y asegura su tranquilidad. No te entregues al reposo ni a la ociosidad. En tu capital inspecciona la gestión de los oficiales, ejerce una vigilante solicitud sobre el pueblo. Tus brillantes virtudes alcanzarán así la perfección.»

Capítulo XXIX

Arenga Pronunciada En Pi

1. El príncipe de Lu, llamado Pe K'ing (243) dijo a sus soldados y a los de los príncipes que estaban bajo su jurisdicción: «¡Ah, guerreros! guardad silencio, oid mis órdenes. Esos habitantes de las orillas del Huai que se sublevaron en otro tiempo, se han levantado de nuevo con los bárbaros de Sin.

2. »Cosed y aprestad sólidamente vuestras corazas y vuestros cascos de cuero, adaptad el brazal a vuestros escudos, y no lo hagáis descuidadamente. Preparad vuestros arcos y flechas, templad el hierro de vuestras lanzas, afilad la punta y el corte de vuestras armas, y no lo hagáis imperfectamente.

3. »Desde ahora, por donde pasen los soldados, deberán dejar pastar en libertad a los bueyes y a los caballos sacados de los establos y puestos al servicio del ejército. Habitantes del país, cerrad las trampas y colmad las zanjas que habíais dispuesto para cazar animales salvajes; no os permitáis dejar nada que pueda ser perjudicial a los animales sacados de los establos. Si se hieren, sufriréis las penas fijadas por las leyes.

4. »Si un caballo o un toro en celo huyen, si un criado o una criada escapan del campo, que nadie se permita franquear los atrincheramientos para perseguir al fugitivo. Si alguien lo detiene, que lo traiga fielmente y recibirá de mí la recompensa que merezca. Si alguien franquea los atrincheramientos, persigue a un criado o a un animal fugitivo, o si habiéndolo detenido no lo trajere, sufrirá las penas fijadas por las leyes. No cometáis hurtos ni latrocinios, no paseis por encima de las tapias de las casas o robeis caballos o bueyes, ni tratéis de corromper la fidelidad de los criados o criadas; si alguien se lo permite, sufrirá las penas fijadas por la ley.

5. »El undécimo día del ciclo, marcharé contra los bárbaros del Sin. Preparad vuestras provisiones de granos tostados y otros víveres. No os permitáis el no tener la medida justa. Si preparáis demasiado poco sufriréis un grave castigo. Habitantes de Lu, en cada una de las tres circunscripciones de las dos zonas, preparad vuestras estacas y tablas, porque el undécimo día del ciclo, levantaremos nuestras trincheras. No os neguéis a semejante contribución, o sufriréis penas, todos sin excepción, pero no la capital. Habitantes de Lu, en cada una de las circunscripciones preparad hierba y heno para los caballos y bueyes del ejército. Y si os atrevié rais a suministrar estos forrajes en cantidad insuficiente, sufriréis un grave castigo.»

Capítulo XXX

Declaración Del Príncipe De Ts'in (244)

1. El príncipe de Ts'in dijo: «¡Oficiales de mi reino!, escuchad en silencio. Voy a citaros una de las más importantes máximas.

2. »Los antiguos decían: «Como naturalmente el hombre gusta de seguir sus caprichos, no es difícil reprender a los demás; pero es muy difícil el aceptar las represiones o los reproches y de dejarles libre curso, es decir, de no oponerles excusa ni resistencia.»

3. »Mi gran pena es que los días y los meses pasan como si no debieran venir otros tras ellos (245).

4. »Decía yo que los viejos consejeros no se acomodaban a mis deseos y yo les aborrecía. Los consejeros jóvenes sólo trataban de complacerme y por el momento los tenía como mis hombres de confianza. Pero desde ahora he resuelto seguir los consejos de los ancianos de blanquecina cabellera y así evitaré toda falta.

5. »Los oficiales virtuosos cuyo cuerpo está debilitado por la edad, son aquellos que yo prefiero. Esos guerreros ardientes y atrevidos que manejan con maestría el arco o conducen a la perfección un carro de guerra, son hombres que no quiero a mi servicio. En cuanto a los oradores, que con sus discursos artificiosos hacen cambiar al príncipe de ideas y de lenguaje, ¿es que debo valerme de ellos?

6. »En el fondo del corazón me digo: Si hubiera un ministro de Estado que fuere de un carácter resuelto, cuyas cualidades únicas fueran la sencillez y la sinceridad, que fuese naturalmente de corazón recto y bueno, que animado de sentimientos grandes y generosos mirase como suyas las cualidades de los demás, que amase sinceramente el talento y la sabiduría del prójimo aún más de lo que su boca lo alabara, que verdaderamente los soportase sin envidia, y se consagrara al servicio de mis descendientes y del pueblo, ¡qué útil sería su administración!

7. »Por el contrario, si un ministro es envidioso y se aflije por los talentos de los demás; si impide a los hombres capaces y virtuosos que se den a conocer, no puede indudablemente mostrar un corazón grande y generoso, ni defender a mis descendientes ni a todo el pueblo. Y hasta diré, ¡qué peligroso es!

8. »A veces el Estado vacila y se arruina a causa de un solo hombre. A veces también es próspero y tranquilo porque la fortuna permitió que se encontrara a un hombre.»

FIN

NOTAS

(1) El Japón (Dai Nippon, en su lengua), archipiélago que en reducida extensión (381.000 km²) posee una densísima población, ha sido (hasta la última guerra) el tipo perfecto del pueblo rapaz. Es decir, del pueblo obligado, para poder vivir, a lanzarse sobre el pueblo o los pueblos inmediatos. Causa primera: la superpoblación. Es decir, la causa que obligó siempre a los ingleses a expandirse por el Mundo a la sombra de los cañones de sus escuadras; a los italianos, a expatriarse, a los alemanes, a repetir durante siglos aquellas primeras incursiones hacia el Sur, que fueron llamadas «das invasiones de los bárbaros». Si, pues, es indudable que bastaría para que cesasen muchas calamidades y la mayor parte de las guerras, conque desapareciera el hambre, y ésta, conque cada país no tuviese sino el número de habitantes que pudiese sin esfuerzo alimentar, ¿a qué ese loco y nefasto prurito de incitar el aumento de población que se advierte en todos los países, pese a ser evidente que ello tan sólo servirá para empujarlos al hambre, a la miseria y a las guerras? ¿No sería, por el contrario, sensato y prudente, y lógico y humanitario aconsejar la limitación de nacimientos en vez de estimular, incluso pecuniariamente, a los matrimonios torpe e insolentemente prolíficos?

(2) La sublevación de los Boxers, por ejemplo, fue en parte causada, o por lo menos excitada y sostenida, por la interpretación errónea dada por los taoístas a la siguiente frase de Laotsé: «Cuando se encuentra en medio de soldados, no tiene que temer los golpes.» Concepto que dio a los fanáticos taoístas de aquella época la convicción de que eran invulnerables a las balas extranjeras. Y empujados por celo rabioso, trataron de expulsar de China a los representantes del cristianismo.

(3) Los chinos llaman a sus tres religiones (an Kiao) del modo siguiente: Ju, Che, Tao, San Kiao. Ju kiao designa el confucismo, porque ju significa letrado, cultivado. Por consiguiente, Ju Kiao es el culto de los letrados. Che kiao es el budismo. La palabra che es una abreviación de Che-kia-muni, forma china de Sakiamuni, uno de los nombres de Buda. Tao-kiao es el taoísmo.

La palabra tao es casi imposible de traducir. Los sabios en sinología han propuesto, con objeto de dar una idea de su sentido, las palabras vía, senda, camino, razón, medio. Tal vez vía sea lo más aproximado. Cuando se tradujo por primera vez el Nuevo Testamento al chino, el primer versículo del primer capítulo del cuarto Evangelio decía: «Al principio fue el Tao, y el Tao estaba con Dios, y el Tao era Dios.» Con lo que el tao de Laotsé expresaba lo que más tarde debía de ser para los cristianos el Verbo (Logos). Cierto que Laotsé mismo no tenía interés en que su tao fuese comprendido, puesto que la primera frase de su Tao-te-king dice: «El tao que se puede comprender no es el verdadero tao.» Para Confucio, asimismo, lo más importante en la religión es la experiencia del sentido del Mundo, del Tao. «Escuchar por la mañana la verdad (Tao) y morir por la noche; esto no es malo.» (Lun Yu, IV, 8.) También para Laotsé el Tao era el sentido del Mundo, lo último y supremo. En las observaciones al Libro de los Cambios, da Confucio algunas explicaciones acerca de la esencia de este Tao. Véase: «Gran éxito por el correcto modo de ser: he aquí la Ley (Tao) del Cielo.» «El camino (Tao) del Cielo va hacia abajo y hace que todo sea llano, luminoso y claro. El camino de la Tierra (Tao) es pequeño y va hacia arriba. El camino (Tao) del Cielo consiste en vaciar lo que está lleno y en aumentar lo que es modesto. El camino (Tao) de la Tierra consiste en vaciar lo que está lleno y hacer que revierta en lo que es modesto. Los espíritus y los dioses perjudican a lo que está lleno y favorecen a lo que es modesto. El camino (Tao) de los hombres consiste en odiar lo lleno y amar lo que es modesto. La modestia, que es venerada, expande luz. La modestia, que es baja, no puede ser vencida. Este es el final que el noble alcanza.» «La ley divina (Tao) del Cielo puede reconocerse en que en las cuatro estaciones no cambia. El elegido utiliza esta ley divina (Tao) para crear cultura y la esfera terrestre se le somete.» «Cuando se ha perdido la inocencia, ¿a dónde ir? Cuando la voluntad del Cielo (Tao) no le protege a uno, ¿es posible obrar?» El Tao del Cielo, pues, es como una fuerza cuya actuación está de acuerdo con la ley moral más íntima del hombre. En cuanto a la palabra kiao, signo chino que etimológicamente, en la antigüedad, se componía de tres elementos: pegar, niño e imitar (pegar al niño para que imite a sus padres), significa hoy «enseñar», y empleado como sustantivo, escuela, culto doctrina.

(4) Laotsé, contemporáneo de Confucio, pero cincuenta años más viejo que él, compuso un libro, el Tao-te-king o Canon de la razón y de la virtud. Tal cual fue escrito es un profundo tratado de moral pura sin nada de sobrenatural ni supersticioso. Este libro exponía y enseñaba seis siglos antes de nuestra Era (en tiempos de angustia espiritual de la Humanidad que trataron de calmar al mismo tiempo que él, cada uno en su país. Zoroastro, el Buda, Jeremías y Ezequiel), principios y máximas sublimes que más tarde harían tan admirados los Evangelios: «Vengad las injurias mediante beneficios.» (Tao-te-king, LXIII, 2.) «La esencia de la virtud consiste en tratar a los virtuosos como tales y a los que no lo son como si lo fuesen también.» (Tao-te-king, XLIX, 2), etc. Pero Laotsé no se cuidó de llevar sus principios a la práctica. Y precisamente lo que distingue a los fundadores de religiones de los simples filósofos es esto: la acción, el sacrificio si es preciso. El Tao-te-king comprende 81 capítulos muy cortos y de lectura poco interesante; pues casi contiene únicamente consejos. Se cuenta de un emperador chino del siglo II d. de C., que tenía la costumbre de dar conferencias sobre el Tao-te-king, que veíase obligado en cada reunión a regañar «a los que se desperezaban, bostezaban o escupían» mientras hablaba. Tras la muerte de Laotsé, el taoísmo degeneró mucho, y hoy conserva muy poco de sus grandes cualidades de un principio. Prescripciones actuales como las de no pescar ni bailar el último día de cada mes, o la prohibición de no volverse hacia el Norte para escupir o llorar, o de no señalar con el dedo el arco iris, son prueba evidente de esta decadencia y de cómo la tontería humana estropea las cosas más eminentes. El año primero de nuestra Era, el taoísmo tuvo su papa, y uno de sus jefes ensayó el fabricar píldoras para alcanzar la inmortalidad. A partir del siglo VII la medicina engarzada en brujería y hasta la piedra filosofal, tuvieron gran importancia entre sus prácticas, y los emperadores mismos participaban en tales supersticiones. En fin, la magia, el fanatismo y la brujería son hoy tan corrientes entre los taoístas, que Bosse ha podido escribir: «No es

preciso esperar un resurgimiento religioso, político y moral en China mientras esta nación no se haya librado del taoísmo.» (Religion of Mission Fields, p. 181.) Y como tenía que suceder, la adulteración y falsificación de las doctrinas, trajo como consecuencia la de su autor. En el siglo II d. de C., se ofrecían sacrificios a Laotsé en los altares cual si fuese un dios. En el IV se veía en él, no a un filósofo, sino a un ser sobrenatural. Formó parte, incluso, de la trinidad taoísta, cuyos otros nombres eran Chaos o el Demiurgo y Yu-uang-chang-ti o «el emperador perla» (Soothill: Three Religions of China, p. 82-83).

(5) El origen de la religión en China, como en todas partes, debió de ser el miedo. (Prtmus in orbe deos fecit timor. Stacio: Tebaida, III, 661.) Lo primero seguramente que obligó al hombre a hincar la rodilla y pensar con espanto en potencias superiores, fue la violencia de los elementos naturales desencadenados. Pudo ocurrir también si no fue allí, en China, donde la raza humana tuvo los albores de conciencia origen de la «racionalidad» que la separa de los animales, que un pueblo de hombres pastores se instalase en ella en posesión ya de los primeros y aun poco luminosos destellos de la idea religiosa. En todo caso no se sabe, como no se sabe respecto a ningún pueblo, quiénes fueron los primeros hombres que en aquel país dieron forma a las primitivas creencias religiosas.

No obstante, el primer nombre que aparece cuando aun la mitología china estaba en plena formación, es decir, en el terreno gracioso y vago de la leyenda, es el de Fu-hi, al que se considera como el primer soberano chino, y que pudo reinar allá por los años 2852-2738 a. de C. A este Fu-hi se atribuye la invención del famoso pa kua, octógono que ha tenido un papel tan importante en la adivinación y en la filosofía de la Naturaleza, y el haber ofrecido el primer sacrificio en la cumbre del T-ai chan, la montaña sagrada situada en la provincia de Chan-tung: en virtud de lo cual tal sacrificio a la Potencia Suprema fue siempre una prerrogativa del Hijo del Cielo.

Nieto suyo fue el célebre emperador Yao (2277-2258 a. de C.), de quien dijo Confucio: «Grande es, en verdad, la manera como Yao fue soberano. Sublime: sólo el Cielo es grande; sólo Yao guardó proporción con él. Infinito: el pueblo no pudo hallar nombre para designarle. La perfección de sus obras era sublime. Sus prescripciones para la vida eran radiantes.» (Lun Yu, VIII, 19.)

Schun, sucesor de Yao (2258-2226) no fue menos célebre que éste. El Maestro dijo: «Sublime fue la manera como Schun y Yu dominaron el círculo de la Tierra sin proponérselo.» (Lun Yu, VII, 18.) «Quien sin hacer nada mantuvo el Mundo en el orden fue Schun. Porque, realmente, ¿qué hizo? Vigilarse, respetarse a sí mismo y dirigir con seriedad la cara hacia el Sur. Nada más.» (Lun Yu, XV, 4.) La «cara hacia el Sur» es la manera como el soberano se sentaba en el trono. El «no hacer nada» (Vu Ve) tiene también una gran importancia en la filosofía taoísta muy dada al quietismo. «Retirarse en la oscuridad, tal es la vía» (el camino del Cielo), dice Laotsé en el Tao-te-king (9, 2).

El gran emperador Yu, que sucedió a Schun (2226-2198), dominó el «Diluvio» y fundó la primera dinastía que recibió el nombre de Hia. De él dijo el Maestro: «En Yu no me es posible descubrir ninguna falta. Era sobrio en la comida y en la bebida. Era piadoso ante Dios. Para sí sólamente llevaba una ropa modesta; mas para el servicio divino presentábase con púrpura y corona. Habitaba en una pobre choza, pero utilizaba todos los medios para regularizar las aguas. En Yu no puede descubrirse falta alguna.» (Lun Yu, VIII, 21.)

Parece ser, pues, que lo que Kungtsé (Confucio) estimaba en estos tres soberanos modelos, no era lo que hicieron, sino su «no obrar». Es decir, el sublimar o nihilizar de tal modo su esencia propia, que el Tao, ley del Universo, pudiera actuar por medio de ellos de una manera casi automática. El modo de actuar de este soberano consistió, por tanto, en atraer a fuerza de cultura (inteligencia, talento, seducción) a los mejores (ministros), y dejarles actuar. Este gobernar tan reservado que actúa sin hablar, como el cielo, que sin hablar mueve el tiempo dentro de la órbita de las estaciones, es el ideal de Confucio. Su ideal de cultura y, por tanto, el ideal chino de su época era, en lo que al gobierno respecta, una república de base religioso-moral.

A los tres soberanos anteriores que se sucedieron por libre elección, siguió la primera dinastía que recorrió el mismo camino que todas las dinastías; después de poseer algunas figuras importantes, al principio, fue decayendo cada vez más hasta que, al fin, terminó en el tirano Kia; que siempre la ausencia de virtud trae como consecuencia la pérdida de la fuerza, y la pérdida de fuerza engendra el desorden, y éste, la tiranía.

Con T-and (1766-1754 a. de C.), que destronó al último soberano de los Hia que habíase hecho odioso a causa de sus costumbres licenciosas, aparece una figura nueva en el ideal confuciano: el renovador de la cultura, el rebelde santo, el fundador de la dinastía Chang, llamada también Yin, a causa del nombre de la capital donde residió.

Cuando esta dinastía cayó en la descomposición, y que el tirano Schu o Tschu-Hsin hubo reproducción en todo al tirano Kia, surgió la dinastía Tschu, que fue la que reinó durante más tiempo. De esta dinastía hay tres soberanos a los que Confucio consideraba como creadores de cultura: el rey Ven, el rey Vu y el príncipe Tschu.

El rey Ven (1231-1134 a. de C.). De este soberano «que alcanzó la suprema virtud» (Lun Yu, VIII, 20) se dice en el Libro de las Canciones: «¡Cuán profundo era el rey Ven! ¡Con qué claridad, con qué seria firmeza atendía a todo! Como soberano moraba en la bondad; como servidor, en el cuidado; como hijo, en el respeto; como padre, en la ternura; frente a su pueblo moraba en la fidelidad y en la fe.»

El rey Vu (1208-1115 a. de C.). «El rey Vu fue un rey clemente y justo. Tenía un corazón muy grande, y gracias a él se ganó el cariño del pueblo. Era fiel, y por eso el pueblo se confió en él. Era solícito, y por ello tuvo éxito. Era justo, y con ello todos estuvieron contentos.» (Lun Yu, XX, 1.)

El príncipe Tschu (muerto en 1105). De todos los santos de la antigüedad, tal vez era Tan, de Tschu, hijo menor del rey Ven, quien más afinidades tenía con Confucio. Y la razón de ello tal vez sea que este príncipe fue un santo que no se sentó en el trono, preparando con ello la nueva época que el propio Kungtsé inició: la época de la realeza no coronada. Una queja del Maestro lo demuestra: «Voy hacia abajo. Hace mucho tiempo que no he visto en mis sueños al príncipe Tschu.» (Lun Yu, VII, 5.)

Tales son los siete soberanos creadores de cultura de los que Confucio dijo: «Siete hombres hay que han creado.» (Lun Yu, XIV, 40.)

(6) La «comunización» de la China actual no habrá tenido tiempo aun para desarraigar las antiguas creencias religiosas. Y esto, porque en toda fe religiosa obran dos factores: uno, primordial y dominante, el sentimiento; otro secundario, la razón. Por ello se habla siempre de «sentimientos religiosos»; pero no de «razón religiosa». Conformar la razón a los sentimientos en cuestiones de religión es tarea gigante sólo al alcance de las inteligencias poderosas. La filosofía escolástica no tuvo durante toda la Edad Media otra pretensión. Anselmo, el sabio y admirable arzobispo de Cantorbery, a quien la Iglesia hizo santo, definió la especulación filosófica como una explicación de la fe (fides quarens intellectum) e insistía en la necesidad de creer para comprender (Prostogium). «No poner la fe en primer lugar es presunción; pero no llamar en seguida a la razón, negligencia.» Mas sólo un titán como Tomás de Aquino, santo también, pudo atacar la grave cuestión con razonamientos que aun admiran. Pero si conformar la razón a los sentimientos en cuestiones de religión es tarea ardua, creer por sentimiento es, por el contrario, fácil y al alcance de todos. Y precisamente porque el sentimiento, sobre todo cuando es profundo y sincero, es difícil de atacar mediante razonamientos escuetos, es por lo que es casi seguro que el frío materialismo comunista no haya podido demoler aún las antiguas creencias religiosas chinas. Hacerlo será empresa larga. De dos o tres generaciones a las que tendrán que coger desde la cuna e imbuirlas, casi por la fuerza, otros pensamientos y nuevos ideales.

(7) Dejando aparte el budismo, doctrina extraña a la China, como ya he indicado, voy a decir en pocas palabras las diferencias esenciales que separan al confucismo del taoísmo. Originariamente (el tiempo ensucia, corrompe y modifica a las religiones como a todas las cosas). Laotsé consideraba que «ser» era «obrar», mientras que Confucio enseñaba a «obrar» para «ser». Una vez más, sin duda la primera, la eterna cuestión de la fe y de las obras, cuestión que late en el fondo de todas las religiones de importancia. Laotsé era el quietismo. Según él, había que dejar al tao (orden eterno del Universo, Naturaleza, o su principio obrando sobre la materia. Principio, pues, impersonal, eterno y continuamente actuante que ha producido el Universo, le hace vivir y le rige), obrar en el corazón vacío, y el tao ejercería su acción sobre los demás hombres por medio del que se entregaba a él viviendo en la inacción. Confucio estaba conforme con ello, pero añadía que era preciso desarrollar la voluntad y cultivar la virtud. Que «obrar» era tan necesario para «ser» como «ser» para «obrar». Libre el tao, como quería Laotsé y sus partidarios, o guiado y adaptado, por decirlo así, a la condición y psicología humana, cual pretendían Confucio y sus discípulos, justo es reconocer en todo caso que tanto ambos sistemas de creencias como sus manifestaciones prácticas, estaban (y están) llenos de la más admirable filosofía, de enseñanzas que pocas veces repugnan a la razón y de ideas verdaderamente morales

que han dado como resultado a través de los siglos, una serie de sabios de tan clara inteligencia como noble espíritu. Quienes gusten conocer bien a fondo el origen psicológico-religioso de estas creencias que han dado a China su civilización milenaria, encontrarán materiales tan serios como abundantes en las obras siguientes: Religions of China, del doctor James Legge, y The Ancient Religions of China, del doctor John Ross. El estado de la religión actual (al decir «actual» me refiero siempre hasta la última revolución, pues a partir de la «comunización» no es posible saber algo con certeza de lo que allí ocurre material y espiritualmente) puede estudiarse con provecho en el libro del doctor J. J. M. de Groot, titulado: The Religions of the Chinese.

(8) Esta base anímica de las religiones, y a causa de ella el rendir culto a infinitas divinidades, es cosa lógica. Del mismo modo que la «imitación» es el proceso instructivo más fácil en los niños, que aprenden copiando los actos de quienes les rodean, la «inducción» es el proceso lógico elemental del hombre. Por ello, el ser pensante que observa que todo cuanto ocurre en torno suyo tiene una «causa» y un «factor», busca en los fenómenos naturales asimismo la causa, es decir, el ser que los origina. Y no encontrándole con los sentidos, induce que los fenómenos naturales que unas veces le favorecen y otras le perjudican, son obra de «espíritus» superiores ante los que hinca la rodilla para que le sean favorables; y les ofrece sacrificios, pues lógicamente también, piensa que como en la Tierra, en el Cielo será preciso ofrecer dádivas a aquellos de los cuales se quiere ganar los favores. Por el mismo procedimiento lógico y sencillo, un hombre de inteligencia tan eminente como Voltaire, llegaba a la idea de Dios: Puesto que todo reloj, decía, tiene su relojero, la máquina del Mundo forzoso es que tenga el suyo.

(9) Como más tarde la mitología griega divinizará a sus héroes, el servilismo romano a ciertos emperadores, y la Iglesia a los hombres que juzga dignos de ello a causa de sus virtudes. Pero, ¿es que esta tendencia de los hombres a llevar la admiración de aquellos a quienes juzga superiores, hasta la adoración, no está latente y viva en nuestros días? ¿No hemos sido testigos ayer mismo del verdadero culto rendido por dos pueblos a hombres evidentemente dignos de tales pueblos, cuales Hitler, Lenin y Stalin?

(10) Aproximadamente cien años después de Confucio, nació Mengtsé (Mencio), «un nuevo sabio», cuyo nombre ha sido dado a uno de los libros canónicos. Se le suele considerar como al discípulo más célebre de Confucio. Siguió las ideas de éste, insistiendo sobre que la naturaleza humana es más bien buena que mala. Tenía concepciones aún más democráticas que su maestro, y no vacilaba en declarar que el pueblo tiene para el Estado una importancia mucho mayor que el soberano. Su «el Cielo oye (entiende) lo que el pueblo entiende (comprenda, quiere)», es el Vox populi, vox dei de los chinos. Afirmaba, además, que el pueblo hambriento no puede ser bueno; y que el problema de la educación estaba resuelto dándole de comer, pues cada uno se educa a sí mismo en cuanto el hambre está satisfecha.

(11) Tchu-hi es aún más popular que Mencio, en China. Vivió en el siglo XII y escribió comentarios sobre los clásicos. Trató, como Confucio, al que admiraba en grado

superlativo, de resolver el problema del mal volviendo el hombre mejor. Sus doctrinas tuvieron éxito enorme.

(12) Kung-Fu-Tsé, Kungtsé o Kong-k-iu, nombre, el primero, que latinizado por los misioneros jesuitas dio el «Confucio» con que es conocido fuera de su país, nació en la ciudad de Tsu, provincia de Tsch-ang Píng, o de Chang-Tong, estado de Lu. Todos los datos relativos a su vida, como los relativos a la existencia de cualquiera de los hombres ilustres de la antigüedad, conviene tomarlos con toda reserva y más a título de simple curiosidad que de verdadera información. No se olvide que entre la «literatura» y la «historia» no hay más diferencia esencial que la siguiente: que la literatura, tratando siempre de acercarse a la vida y a la realidad, tiene muchas veces atisbos de verdad y de vida misma; mientras que la historia, tamizando vidas y realidades a través de la doble criba del tiempo y del temperamento, gustos y opiniones del historiador, pese a la ayuda con frecuencia caprichosa también de la geografía y la cronología, rara vez es digna de verdadero crédito. La experiencia diaria demuestra, en apoyo de lo anterior, que un mismo hecho, contemplado por diez hombres, es visto y referido luego por cada uno de ellos de modo diferente. ¡Qué no ocurrirá, pues, con aquello de lo que no se ha sido testigo y se tiene, tan sólo por referencias, de segunda o centésima mano!

(13) Otras versiones dicen simplemente, en el otoño del año 551. La tradición, que tanto gusta de que todo sea eminente en torno a los hombres eminentes, hace descender a Confucio nada menos que de la antigua casa real de Yin, que reinó en el Estado de Sung. Parece ser, en todo caso, que sus descendientes, que siguen habitando en la provincia de Chang-Tong, gozaron siempre de grandes honores y de la estimación general.

(14) De una concubina parece ser que tenía dos hijos. O uno tullido. Este, o el mayor, si eran dos, lo mismo da, no era aceptado por los ritos, por no ser legítimo, para celebrar el culto a los ascendientes.

(15) Kin quiere decir pequeña colina. Como Kung-Fu-Tsé significa el maestro o el filósofo Kung. Luego, y fue el nombre que conservó durante su infancia, fue llamado Tchong-Ni o segundo monte Ni. El primer monte Ni era su hermanastro, el hijo de la concubina de su padre.

(16) Por supuesto, y cual suele ocurrir, la infancia de Confucio, como la de todos los hombres extraordinarios destinados o franquear más tarde los linderos de la divinidad, infancia fabricada por la admiración que les ha seguido, se caracterizó por una precocidad e inteligencia asombrosas; tal dicen al menos los relatos transmitidos por sus discípulos. Así como el celo y admiración de sus secuaces (e incluso un puntillo seguramente de vanidad, pues nadie se inclina con gusto sino ante lo tenido por muy alto), ha sembrado esta infancia de hechos maravillosos.

Apuntaré como muestra, que del mismo modo que un ángel apareció a María para anunciarla que había de ser madre de un niño que reinaría eternamente, un espíritu apareció también a Tcheng-tsai y le dijo: «Tendrás un hijo cuya sabiduría aventajará a la de todos los hombres.» Y el Kilin, animal extraño entre unicornio, ciervo y dragón, se la apareció asimismo para dejar ante ella una piedra preciosa en la que estaban grabadas estas palabras: «Tu hijo será un rey sin trono.»

(17) Leyendas aparte, no se sabe nada cierto relativo a la infancia de Confucio, y apenas nada de su adolescencia hasta llegar a la edad de la pubertad. Lo que la leyenda ha tejido en torno a estos años de lógico silencio hay que tomarlo con la misma desconfianza y escrúpulo que cuantas circunstancias análogas ha hecho crecer a propósito de otros grandes maestros, profetas y fundadores de religiones. Aceptemos como norma, en esto, el ejemplo de prudencia y buen sentido que ofrece la Iglesia, calificando de «apócrifas» todas las amables y delicadas leyendas elaboradas en torno a la infancia de Jesús; pese a que sigan siendo tomadas como cosas verídicas por la ignorancia y candor popular. Obrar con esta prudencia es tanto más lógico cuanto que, en realidad, la vida de estos hombres extraordinarios sólo empieza a contar desde que comienzan a obrar. Es decir, a comportarse de acuerdo con su destino. En lo que a Confucio respecta, sabemos por sus Conversaciones (2, 4, 1), que aplicaba el espíritu al estudio, y que fuera de las horas de clase tenía que ingeniárselas cazando y pescando (9, 6, 3), con objeto de contribuir al mantenimiento de su familia; pues su padre, que había muerto, según unas versiones teniendo él tres años; según otra, antes de su nacimiento, había dejado escasos bienes de fortuna. En todo caso, el hecho de que más tarde fuese cazador diestro y buen conductor de carros, nos permite deducir con toda verosimilitud que su amor al estudio y su devoción por la música, en la que fue asimismo sumamente diestro, no debilitaron su cuerpo ni hicieron de él un joven enclenque ni enfermizo.

(18) Mencio, su comentador, dice que, habiendo sido algún tiempo inspector de granos, decía: «Lo único que me importa es que mis cuentas salgan bien.» Y cuando lo fue de ganados: «Lo único que me importa es que mis bueyes y mis ovejas estén gordos y fuertes y crezcan bien.»

(19) El hecho de que ya por entonces atraía la atención pública y ello no tan sólo a causa de su conducta, sino de su palabra, parece demostrarlo el rasgo de su señor (prestaba sus servicios en casa de la noble familia Ki, uno de tantos señores feudales de la época; a causa de lo cual sus cargos tenían mucho de oficiales), enviándole una carpa con motivo del nacimiento de su hijo (del hijo de Confucio), al que en atención a ello dio el nombre de Li (carpa). Posteriormente recibió el que había de conservar: Po Yu.

(20) Yan Hui era una de esas naturalezas que desde muy pronto parecen iluminadas, y como suele ocurrir en estos místicos sublimes, más fuerte y poderoso de espíritu que de cuerpo. La llama intelectual consume todo en ellos. Yan Hui, que ya a los veintinueve años tenía la cabeza blanca, murió prematuramente, llenando a Confucio de dolor: «¡Ay, Dios me abandona Dios me abandona!», exclamaba al verle expirar. Y lloraba tan violentamente, que los otros discípulos que le rodeaban, dijeron: «¡El maestro es demasiado violento!» El maestro respondió: «¿Que me quejo con demasiada violencia? Si no lloro amargamente a este hombre, ¿a quién habré de llorar?» En efecto, Yan Hui jamás le había causado inquietudes ni disgustos. Con tranquila constancia y apariencia

simple había ido ascendiendo de grado en grado sin cometer jamás la misma falta y ganando siempre en sabiduría. Confucio decía de él: «Hablé con Hui todo el día. El no me contestaba nada; parecía un tonto. Se retiró, y le observé cuando se quedó solo; disponíase a desarrollar todo lo escuchado. Hui no era un necio.» (Lun Yu, II, 9; V, 8; XII, 1; XI, 8, 9, 10; IV, 2.) Preguntó a otro discípulo una vez: «¿Quién de los dos está más adelantado, tú o Hui?» El discípulo respondió: «¿Cómo podría yo atreverme a mirar a Hui! Hui, cuando oye uno, sabe diez. Cuando yo oigo uno, sé dos.» El maestro dijo: «Tú no te pareces a él. Ni yo ni tú nos parecemos a él.»

(21) Obsérvese la coincidencia de este retiro espiritual que mantuvo Confucio con motivo de la muerte de su madre, con el de el Buda, durante varias semanas bajo un árbol esperando ser iluminado, tras el renunciamiento; con los cuarenta días de aislamiento de Jesús en el desierto, y asimismo con las escapadas de Mahoma a la cueva del monte Hira para elaborar su doctrina y encontrar su verdadera vía.

(22) Cuando le preguntaban el por qué de vestir de lino en lugar de con seda, respondía que a causa de la repugnancia que sentía siendo motivo de originar la muerte de un pobre gusano. Cuando se extrañaban de que no bebiese leche, decía, que no quería cometer la injusticia de privar al ternero de lo que era suyo, tan sólo por gozar él de lo que no le correspondía. Por nada del mundo hubiese pescado con red ni tirado sobre un pájaro parado: pescaba con caña y cabaza al vuelo con objeto de ofrecer a los animales la ocasión de salvarse.

(23) El secreto del arte consumado de Confucio como maestro estaba, como siempre suele ocurrir, en su aplicación previa al estudio y en la manera lenta, segura, profunda con que se daba a él hasta adquirir los conocimientos de los que quería apropiarse. Se cuenta que cuando aprendía a tocar la cítara con el maestro Hsiang, estuvo diez días con la misma melodía antes de pasar a otra. Habiéndole dicho Hsiang: «Vamos a continuar.» Kungtsé le replicó: «Todavía no he cogido el compás.» Y a una nueva invitación a cambiar de tema: «Todavía no tengo al hombre que ha hecho este trozo.» Luego, pasado un buen rato, añadió: «Tiene algo de grave, bastante de satisfecho, mucho de pensamiento profundo, el corazón elevado, la visión amplia. ¡Ahora, ahora ya veo al hombre! Tiene la tez oscura y su estatura es elevada; unos ojos que miran como si contemplase el mar. ¡No puede ser otro que el rey Ven!» Al oir esto, Hsiang se levantó lleno de admiración, y dijo, al tiempo que se inclinaba respetuosamente ante su discípulo: «¡Eres un santo!» La melodía. en efecto, era del rey Ven.

De su sensibilidad musical es prueba asimismo la curiosa anécdota siguiente, que refiere Sehong Tsi T-u: Una vez Confucio tocaba la cítara. Dos de sus discípulos le escuchaban detrás de la puerta. Súbitamente, sus notas, que antes expresaban la más pura armonía de espíritu, hiciéronse oscuras y confusas, de tal modo que uno de los discípulos entró asustado a inquirir el motivo. El Maestro le respondió que acababa de ver a un gato que se disponía a cazar un ratón. Su sobresalto habíase reflejado en la música.

(24) La ocasión de este viaje fue la siguiente: Habiendo dispuesto Hi-Tsi, jefe de la familia noble de Mong, que tras su muerte Confucio se encargase de la educación de Mong I Tsi y de Nan Kung King Schu, hijo y sobrinos, respectivamente, de aquél, así se hizo cumpliendo su voluntad. Y al hablar Kungtsé a sus nuevos discípulos de Lao Tan, de su sabiduría, del recogimiento y santidad de su vida y de la conveniencia de hacerle una visita, Nan Kung King Schu se lo dijo al príncipe, el cual aprobó y puso a dispusición de ambos un coche, caballos y criados.

(25) Se ha discutido mucho, no tan sólo de la realidad de este encuentro, sino sobre la existencia misma de Laotsé, que muchos eruditos niegan. Pero los datos relativos a él que se conservan en el Li Ki, parecen no dejar duda, no tan sólo sobre su existencia, sino sobre sus curiosas doctrinas. Sin contar que en la época Han existía el firme convencimiento de que los dos sabios habían estado frente a frente. De ser así como parece probable, Confucio tal vez encontraría que algunos de los principios del extraordinario anciano estaban de acuerdo con los suyos, pero que en el fondo sus filosofías eran enteramente opuestas. Laotsé era todo quietud, todo esperar, todo inacción, todo dejar obrar al Tao. Su tendencia era esencialmente crítica. Ante su juicio certero, frases vacías e ilusiones huecas quedaban reducidas a nada. Para él toda la cultura, toda la civilización que encontraba exagerada, nada valía. Observando las grandes leyes del Universo no hallaba otro medio de salvación para las angustias de su época sino abandonar todo lo adquirido y volver a la simplicidad de las leyes universales, de acuerdo con el «sentido» de todo el ser al que expresaba «insuficientemente» con la mencionada palabra Tao. No había, pues, para él, contra la angustia y corrupción de su época, sino desechar la carga de la historia y de la hipercultura, y volver a la sencillez de la Naturaleza. No hacer nada por sí mismo, sino dejar que los sucesos siguieran su curso. Tan sólo esto podía, según Laotsé, tranquilizar el Mundo.

Aunque, como dicho queda, Confucio era todo lo contrario, todo acción, parece ser que el sabio anciano le hizo una impresión profunda. Era natural. Sólo los genios pueden comprenderse enteramente. Dijo acerca de él: «Las aves, lo sé, pueden volar; los peces, lo sé, pueden nadar; los animales, lo sé, pueden correr...; pero, por lo que se refiere al dragón, no sé cómo hace para elevarse sobre el viento y las nubes hacia el cielo. He visto a Laotsé ahora. ¿No es éste como el dragón?» Por su parte, Laotsé, al despedirle, le dio consejos bien intencionados: «El que habla se pierde fácilmente en disputas —le dijo—; el que oye sufre con factilidad equivocaciones motivadas por las palabras. Cuando se conocen estos dos peligros, no se puede errar el buen camino.»

(26) Laotsé tenía, según se afirma, ochenta y cuatro años cuando Confucio, que contaba tan sólo treinta, llegó a su lado. Laotsé había escrito un libro, el Tao-te-king, tratado de moral pura, que no se ocupa ni de lo sobrenatural ni de lo supersticioso. En él hay algunos puntos de contacto con las ideas de Confucio, pero en el fondo, como dicho queda en la nota anterior, la filosofía de ambos maestros es opuesta. Como ejemplo de las ideas morales de Laotsé véanse las siguientes tomadas del Tao-te-king, XLIX, 2, y LXIII, 2: «Al que es virtuoso como a tal hay que tratarle; al que no es virtuoso también

hay que tratarle como si lo fuese.» «Para los buenos soy bueno; para los no buenos soy también bueno; porque la vida es bondad.» Un poeta moderno, muerto en 1895, José Martí, ha dicho esto mismo bellamente en verso:

Cultivo la rosa blanca en julio como en enero, para el amigo sincero que me da su mano franca.

Y para el cruel que arranca el corazón con que vivo, cardo ni ortiga cultivo: cultivo la rosa blanca.

«El colmo de la virtud es vengar las injurias mediante beneficios.» Siglos más tarde, ignorando esto, se atribuía a Cristo la primacía en aconsejar devolver bien por mal. Confucio, por su parte, entendía esta cuestión de un modo menos generoso, pero más humano. Como una vez le preguntasen: «¿Qué hay que pensar del dicho: ¿Paga la maldad con la resignación?», respondió: «¿Y con qué querrás entonces pagar la resignación? Paga la resignación con la resignación y la maldad con la justicia.» (Lun Yu, XIV, 36; Li Ki, XXIX, 11 y siguientes) En las Conversaciones, XIV, 36, se dice asimismo: «Responded a la injuria con la justicia y devolver el bien mediante otro bien.» El «Korán» diría más tarde que el mal es preciso pagarle con el mal.

(27) Durante este cargo mandó hacer trabajos sobre la diversa calidad de los terrenos, para que en cada uno se cultivasen las plantas más adecuadas a ellos.

(28) Como al ser nombrado Ministro de Justicia, cargo de la mayor responsabilidad en el Estado y el primero en jerarquía tras las tres principales familias nobles, Confucio dejase ver en su rostro la alegría que ello le causaba, Tsi Lu, el más cándido e ingenuo de sus discípulos, le dijo: «He oído decir, Maestro, que el puro no tiembla cuando tiene cerca la desgracia, ni se regocija cuando le acontece algo dichoso, ¿cómo es que tú te regocijas tanto por el honor que has obtenido?» Confucio le respondió: «Tienes razón. Pero ¿no se dice también que debemos alegrarnos, en las situaciones elevadas, de poder servir a los demás.»

Sobre sus ideas acerca de la justicia puede servir de ejemplo su afirmación siguiente, que tomo del Lun Yu, XII, 17, 18, 19: «Si ejercéis el gobierno, ¿qué necesidad hay de ejecuciones? Si queréis verdaderamente lo bueno, el pueblo será bueno. La esencia del gobernante se asemeja al viento, la esencia del pequeño se asemeja a la hierba. La hierba se dobla cuando el viento pasa por encima.»

Cierto que en Kia Yu, capítulo 3; Hsuntsé, capítulo 28; Schuo Yuan, capítulo 15, y Tchi Ki, V, 326, se encuentra una historia contraria a esta suavidad. Pero, ¿es verdadera? En todo caso, como es curiosa, la copio: No hacía aún siete días que tenía el cargo de Ministro de Justicia cuando hizo ejecutar a Schoa Tschong Mao, noble peligroso, y expuso, como ejemplo, su cadáver durante tres días.

Entonces Tsi Kung le dijo: «Schoa Tschong Mao era uno de los hombres más considerados de Lu. Y lo primero que haces, después de haber tomado las riendas del Estado, es mandarle ejecutar. ¿No será, acaso, un error?»

El maestro Kungtsé le replicó: «Espera, quiero decirte la razón de esto. Hay cinco delitos en la tierra que todavía son peores que el hurto y el robo. El primero es la insubordinación del sentimiento, unida a la astucia. El segundo es la maldad en el obrar, unida a la obstinación. El tercero es la mendacidad en el hablar, unida a la facilidad de palabra. El cuarto es la memoria del escándalo, unida a las relaciones muy extensas. El quinto es la aprobación de la injusticia, unida a su excusa. Cuando una de estas cinco cosas se encuentra en un hombre no escapa de ser castigado por el noble. Pero Schao Mao las había reunido todas en su persona. Donde quiera que se hallara estaba en condiciones de juntar adictos en tomo suyo y formar un partido. Por su charla estaba en condiciones de aturdir a la masa con alucinaciones hipócritas. Por su obstinada resistencia estaba en condiciones de trastornar el derecho y de imponerse. Era un miserable empedernido. No había otro remedio: era preciso desembarazarse de él.»

(29) Como Ts-i, duque de una provincia vecina, cuya administración dejaba mucho que desea, le preguntase en qué consistía el verdadero arte de mandar, Confucio le respondió: «En que el príncipe cumpla con sus deberes de príncipe; el subdito, los deberes de súbdito; el padre, los deberes de padre, y el hijo, los deberes de hijo.» Es decir: basta para que todo vaya como sobre ruedas con que cada uno cumpla con su deber. A otro príncipe que le hizo en otra ocasión pregunta semejante, le dijo: «Consagra a tu labor un ardor y una excitación sostenida.» (Conversaciones, 11, 12, 14.) El príncipe K-ang de Ki, preguntó al Maestro cuál era la esencia del gobierno. El Maestro le dijo: «Gobernar significa obrar bien. Si vuestra alteza toma la iniciativa en eso de obrar bien, ¿quién osaría entonces no obrar bien?» (Lun Yu, XII, 17.)

(30) Confucio está enterrado en el cementerio familiar de K-ufu. Junto a una colina, una modesta piedra señala aún el lugar donde reposa el más grande de los sabios y el mejor maestro de la China.

(31) Téngase en cuenta que en la época de Confucio, la China no era tan grande como en la actualidad. Se reducía a varias provincias que ocupaban el territorio que forma hoy la parte norte de la vasta república, y su límite por el Sur apenas se extendía al otro lado del Yan-tseu. El resto de este país, tan enorme en la actualidad, estaba ocupado por tribus aborígenes muy diseminadas; tribus que más tarde fueron paulatinamente absorbidas, o empujadas, al otro lado de las fronteras actuales, y que viven hoy aún en las montañas del Sur y del Oeste.

(32) En sus admirables anales «Primavera y Otoño», ante los cuales «temblaban todos los siervos rebeldes y todos los hijos criminales», enjuiciaba Confucio la anarquía reinante en su época comparándola con los antiguos tiempos de elevada creación cultural. Los dos pilares sobre los que la estirpe Tschu sustentaba su grandeza (su cultura), la relación patriarcal de la familia cuya base era el temor filial, y la relación feudal del vasallaje cuya base era la fidelidad viril, habían caído por tierra. Naturalmente, religión y moral habían sido arrastradas en esta caída. Dios ya no era el señor sabio y poderoso del Cielo (del cual el Soberano era el Hijo), que dejaba caer su vista sobre el género humano, premiando a los buenos y castigando a los malos, sino que en el Libro de las Canciones

aparecen claramente algunas dudas acerca de la omnipotencia y la bondad de Dios. Y como siempre ocurre, minado lo espiritual, lo material se derrumbó también, y el motivo inmediato de su hundimiento fue la caída del otro pilar básico de la sociedad: el Estado feudal.

Primitivamente, la comarca regia depositaría del predominio del poder, estaba en el centro del Imperio, rodeada de un sistema de Estados feudales. Los feudos más importantes (cuyo nacimiento fue debido a consideraciones familiares o a recompensas por méritos adquiridos) estaban en el centro en torno al soberano; los menos importantes, en la periferia. Al debilitarse el poder real por indignidad de sus soberanos, crecieron los Estados feudales, y la lucha entre éstos, pronto continúa, tuvo como consecuencia que los pequeños fuesen anexionados por sus vecinos poderosos; acabando los fuertes por levantar ejércitos y hacer la guerra a los débiles por cuenta propia. Resultado: el tener que sufrir incansablemente el pueblo bajo la ambición de los soberanos, en lucha permanente entre ellos por la supremacía, con lo que pronto la sangre y la miseria, que empezó a extenderse por todas partes, fueron aflojando paulatinamente los lazos de la autoridad, acabando los príncipes por no poseer una verdadera soberanía ni en sus propios Estados, sino que las familias nobles poderosas, intervenían a cada instante por la fuerza y cada vez era más inminente el peligro de que fuesen exterminadas las viejas dinastías y los usurpadores se sentasen en los tronos. Naturalmente, la anarquía cundió por todas las capas sociales y descendientes de príncipes eran vendidos como esclavos mientras que individuos pertenecientes a las clases más bajas llegaban a ministros. Al mismo tiempo, una organización económica capitalista desalojaba el viejo comunismo primitivo sobre el que descansó el imperio Tschu, y al temblar todo se tambaleó también, como era lógico, lo religioso y lo moral. Ya en el Libro de las Canciones, como dicho queda, se ve que la fe en el Dios patriarcal había vacilado seriamente. Las dudas sobre el poder y bondad del Cielo surgen a cada paso, y al tambalearse lo más sólido, los nuevos espíritus formaron dos clases: los que agitaban en su fondo ambientes revolucionarios y los que se encogían de hombros dejando que todo lo malo siguiese su curso, sin ocuparse de otra cosa que de sacar el mayor provecho posible del estado presente. Naturalmente, la moral no quedó mejor parada que la religión. Mencio dice de aquella época: «Estaban en boga doctrinas equivocadas y hechos criminales. Ocurría que los criados asesinaban a sus amos. Ocurría que los hijos asesinaban a sus padres.» En los doscientos cuarenta años que abarca el período de Primavera y Otoño, regístranse treinta y seis regicidios, en muchos de los cuales es el heredero el que asesina a su padre. Familias de nobles usurpaban la soberanía. Y signo de decadencia definitiva, en muchas cortes iba extendiéndose el gobierno de las mujeres, siendo éstas, como la princesa de Ve, Nant-si, por ejemplo, de la peor índole. El proverbio chino: «Mal gallinero donde canta la gallina y calla el gallo», tenía plena confirmación.

En tan caótico estado de cosas nada podía sostenerse: todo vacilaba, hasta los ideales que en otros tiempos parecían más fuertes. Se dudaba de la Tierra y del Cielo. He aquí cómo se expresa un filósofo de la época, Tong Si: «El Cielo no quiere bien a los hombres.

Los príncipes no quieren bien a los pueblos. ¿Cómo demuestro esto? El Cielo no consigue desviar las influencias perniciosas y prolongar la vida del hombre para que los buenos alcancen una edad avanzada. Esto prueba que el Cielo no quiere bien a los hombres. Si aparecen en el pueblo ladrones y bandidos, embusteros y falsarios, es porque las posibilidades de vida no son suficientes: la pobreza tiene la culpa. Pero los príncipes no saben hacer otra cosa que intervenir con leyes y castigos. Esto demuestra que los príncipes no quieren al pueblo.» En fin, nada describe mejor el desorden y anarquía que reinaba en tiempos de Confucio que el siguiente sucedido: Pasando un día el Maestro en unión de sus discípulos no lejos del monte Tai, encontraron a una mujer que en aquel paraje desierto se deshacía en gritos y lamentos. Habiéndola preguntado Confucio cuáles eran los motivos de su desgracia, la mujer le replicó: «El padre de mi marido ha sido muerto aquí mismo por un tigre, mi marido también y hasta mi hijo ha sido víctima.» «¿Por qué entonces —le dijo Confucio— sigues en un sitio tan peligroso?» «Porque aquí —añadió ella—, al menos, nadie me oprime.» Al oír esto, Confucio se volvió a sus discípulos y les dijo: «Discípulos, tened muy en cuenta esto: el poder tiránico es peor que un tigre.»

(33) Parece ser que las relaciones entre Confucio y su único hijo Po Yu no fueron particularmente íntimas. Como un amigo preguntase a éste si como hijo del Maestro había tenido ocasión de escuchar algo extraordinario, Po Yu le respondió: «Nunca todavía. Una vez estaba él solo y yo me paseaba por el patio. Me preguntó: «¿Has aprendido las canciones?» Le respondí: «Todavía no.» Entonces me dijo: «Si no se aprenden las canciones no se puede hablar.» Me retiré al oírle y aprendí las canciones. Otro día me hizo notar en forma análoga la importancia de los ritos para la firmeza interior. Lo que he escuchado de él son sólo estas dos enseñanzas.» (Lun Yu, XIV, 13.)

(34) Al nacimiento de Confucio, la tercera dinastía histórica, es decir, la de Tcheu, corría penosamente a su fin. La vigorosa sangre que había circulado en las belicosas venas de los Vu, deslizábase ya sin fuerza en las blandas arterias de sus degenerados descendientes. El régimen feudal establecido antiguamente para fortificar el Imperio, acababa con éste, como se ha visto, a causa de la debilidad de los monarcas. Y la China no fue sino una anárquica aglomeración de principados en continua lucha entre sí, hasta la llegada de Ts-in Che-huang-ti, el Napoleón de aquel país. Este monarca fue el que mandó construir, muerto ya Confucio, la Gran Muralla. Y quien acabó con el feudalismo, fundando el gran Imperio que no ha dejado de crecer hasta nuestros días.

(35) Ajeno a todo romanticismo y a toda sumisión que no fuese protocolaria e inteligente, el ofrecer la otra mejilla tras haber recibido una bofetada le hubiese parecido a Confucio cobarde. La benevolencia con el enemigo, como aconsejaba Laotsé, incomprensible. Si al mal había que corresponder con el bien, ¿qué hacer entonces con el bien mismo? Confucio proclamaba, por el contrario, que la venganza era un deber sagrado; que un hombre no podía vivir bajo el mismo cielo que el asesino de su padre, ni dejar de empuñar la espada contra el matador de su hermano. Esto no le impidió ser durante toda su vida profundamente religioso y bueno. Como el ser religioso no impidió

que su espíritu fuese tan perfectamente equilibrado como para no dejarse arrastrar jamás por ideas supersticiosas y extrañas a la razón. Por eso, con lo invisible y desconocido, si fue, como con todo cuanto ignoraba, respetuoso y prudente (como Sócrates, prudente asimismo en lo relativo al más allá, por si acaso), en modo alguno convencido y crédulo. No obstante, como entendía que las potencias invisibles ejercian un influjo indudable sobre el espíritu de los hombres y, por consiguiente, en sus relaciones con sus semejantes, nunca negó que Dios, el Soberano Supremo, era un Ser al que había que reverenciar y adorar. Así como afirmó que El era el que había establecido el orden en el Universo, y hasta decretado la creación de las diferentes clases entre los hombres. Creía también que una multitud de espíritus (Sócrates incluso, tenía un demonio particular) cooperaban con Dios en la dirección de los asuntos celestes y terrestres, y que protegían y guiaban a los buenos. Seguía asimismo y practicaba escrupulosamente el culto a los antepasados, creyendo que de tal culto, es decir, del respeto filial, dependía el bienestar de la sociedad. Con tales creencias, la diversidad de dioses y espíritus estaba asegurada, y se comprende que las divinidades nacionales chinas llegasen a ser numerosísimas. Si se añade aún las provinientes de los cultos taoísta y budista, legión.

Confucio admitía también los sacrificios, propiciatorios mejor que expiatorios, pues no le parecía prudente acercarse a la Divinidad con las manos vacías. El do ut des era para él regla fija hasta en sus relaciones con los seres celestes. Pero reconocía también que el estado de espíritu del que ofrecía, contaba más que la ofrenda misma (en los Recuerdos Socráticos, de Xenofón, encontramos asimismo idéntica afirmación). El pecado y su castigo lo admitía igualmente, pero Confucio estaba seguro de que éste se cumplía sobre todo en esta vida, pues el mal lleva invariablemente consigo el castigo en la intranquilidad de conciencia y en la inquietud que produce el haberle cometido. En cuanto a la oración, agradable al ser al que iba dirigida, de ser desinteresada y sincera, era un deber. Pero más bien que la cuotidiana palabra vana, debía de consistir en un estado consciente de espíritu o en un sacrificio formal precedido de ayuno y purificación. En los Evangelios resplandecerá más tarde la tendencia hacia la mejor de las religiones, hacia la única perfecta «en espíritu y en verdad». Para Confucio, el creyente era su propio sacerdote, pues a su juicio era innecesario todo mediador entre la criatura y la Divinidad. Claro que como a veces el ceremonial de los sacrificios era complicado, podía haber necesidad de un maestro de ceremonias que velase por el cumplimiento exacto del ritual. Pero sin otra misión que ésta. En cuanto al sacrificio al Rey Supremo, Chang-ti, sólo el emperador podía ofrecerle, bien que el Cielo escuchase las súplicas de todos los hombres. La vida futura, sin negarla, no tuvo interés para él, pues su buen juicio le empujó siempre a no ocuparse ni en pro ni en contra de lo desconocido.

En una palabra, su discreción suma le indujo a ser prudente con todo aquello que no estaba al alcance del hombre conocer (afirmación y propósito que encontramos igualmente en el sabio griego); por ello mismo, admitió sin discusión las ideas religiosas reinantes, bien que procurando alejarse de cuanto significaba fanatismo, mentira evidente y superstición. Pero dejando, en cambio, un culto discreto, seguro de que la creencia en la Divinidad era conveniente a los hombres. Ello no impedía el que instase a cuantos deseaban progresar a que, en vez de esperarlo todo de los seres sobrenaturales, tratasen de perfeccionarse por sí mismos. Recomendaba también constantemente (aun como el maestro de Platón), desarrollar el conocimiento, no tan sólo de lo que nos rodea, sino de nosotros mismos (recuérdese el gnothi seaitón, «conócete a ti mismo», de Sócrates), porque como Sócrates, tenía la convicción de que el perfeccionamiento del individuo, sobre contribuir a poner a bien con la Divinidad, daba resultados inmediatos no menos apreciables, cuales eran estrechar los lazos familiares, dar más autoridad a los gobernantes (pues sin cultura no se puede conocer y sin conocer no se puede amar) y volver a todos mejores.

En resumen, aunque Confucio aconsejase, como aconsejaba, no preocuparse demasiado ni de los dioses ni de los espíritus, tampoco dijo jamás algo contra ellos. Y si no sería exacto creer que fue un fundador de religión como Zarathustra o Mahoma, tampoco lo sería negar que hizo mucho por la de su país, elevándola, de acuerdo con los modelos antiguos, de la total decadencia en que se hallaba en su época, y en que, por supuesto, ha caído después. No se puede negar, por tanto, que él, personalmente, fue religioso; que aconsejó siempre la observación de los preceptos superiores que él mismo respetaba y seguía, y que, sobre un fondo vacilante de religión, pero religión al fin, edificó todo su sistema filosófico y moral.

(36) En toda religión o en toda creencia religiosa hay dos partes que, aunque inseparables a primera vista, son, en realidad, distintas: una la parte religiosa propiamente dicha; otra, la parte moral. La primera, bien que sea la que, por decirlo así, «da color» a la creencia, es la menos estable, y por ello, la menos importante. La segunda es la que constituye verdaderamente el fundamento de la civilización del pueblo que sigue dicha religión. Y la que asegura su fuerza y su duración. Tanto mayor cuanto más elevados y perfectos son los ideales de cada pueblo. Y la mejor religión, la que se levanta sobre la moral más pura. Esta fue la razón del triunfo del cristianismo sobre todas las religiones antiguas y lo que asegurará su permanencia mientras los hombres no cambien de moral, cosa que, por otra parte, no parece fácil que ocurra.

Ahora bien, cuando se habla de la religión de un pueblo, solemos referirnos a la más extendida entre las varias que hay en todos ellos. Si este pueblo es China, el problema, como ya he indicado, es triple, puesto que son tres las religiones reconocidas a las que los europeos han dado el nombre de confucismo, budismo y taoísmo. No estará de más insistir, pues, para comprender bien las cosas, en que si, cierto, hay en aquel país tres religiones, y no obstante ser el confucismo la religión oficial, ninguna de ellas es la religión primitiva, ni ninguna tampoco se conserva actualmente en el estado de pureza que nació en manos de sus fundadores. Es decir, que la religión dejada por Confu-cio acabó por hundirse en el animismo primitivo que adoraba a las fuerzas de la Naturaleza, y por ello a los espíritus que creían mandaban en los fenómenos naturales; pues es tendencia universal de los hombres el personificar lo abstracto para comprenderlo mejor. Estos espíritus, por otra parte, dependían todos de un Soberano Supremo, ser personal asimismo, que gobernaba la creación entera. A este Soberano, Chang-ti, han sacrificado los emperadores durante siglos, hasta fines de la dinastía manchú. Y es a él a quien van dirigidas aún peticiones, plegarias y ruegos, cuando los hombres, sus criaturas, se dirigen al Cielo, T-ien.

Mas como la piedad filial exigió pronto que los antepasados tuviesen culto, lo que condujo a divinizarlos, y como por otra parte la idolatría búdica, el culto taoísta a los héroes y la propia admiración que acabó por inspirar Confucio (pronto culto también en virtud de esa tendencia de los hombres a sublimizar tanto lo que admiran como lo que no comprenden), el Estado acabó por adoptar el principio de canonizar a los guerreros y a los estadistas eminentes, convirtiéndoles en divinidades tutelares del país, y reconociéndoles autoridad en los dominios del más allá. De aquí el que se encuentren en China templos dedicados a esta pluralidad casi infinita de divinidades, y al frente de ellos bonzos pedigüeños e ignorantes, ora taoístas, ora budistas, pues ya tanto Laotsé como el Buda han escalado también los altares.

Tal era la mezcla religiosa que encontraron aquellos animosos misioneros jesuítas al llegar a China a principios del siglo XVII, y la que seguramente se encontraría actualmente.

(37) ¿Han dicho algo distinto de esto, ni superior, moralmente considerado, los filósofos posteriores y los mismos Padres de la Iglesia? Y los partidarios hoy de un cristianismo avanzado, ¿no se acercan a Confucio al discutir con ahínco las cuatro cosas que el Maestro chino consideraba sin importancia: el rezo, el culto, la creencia en un Dios «personal» y la inmortalidad? Es decir, ¿en que para la perfección moral y religiosa basta con la Regla de Oro, «no hagas a otro lo que no quieras que te hagan a ti», enseñada por Confucio?

No se olvide que el sentimiento del amor al prójimo era para Confucio la máxima moralidad. La palabra china Jen está formada de los signos «hombre» y «dos». Indica, pues, la relación de un hombre con otro hombre. Amor al prójimo quiere decir, por tanto, humanidad, el verdadero camino del hombre. Es no solamente un sentimiento social, sino un conocimiento social. La elevada estimación que tenía Confucio del amor al prójimo se aprecia bien en las siguientes máximas: «A un hombre sin amor al prójimo, ¿para qué le sirve la forma? A un hombre sin amor al prójimo, ¿para qué le sirve la música?» (Lun Yu, III, 3.) «Sin bondad (amor al prójimo) no se puede soportar una pena duradera ni un largo bienestar. El bondadoso halla paz en la bondad; el sabio estima la bondad como ganancia.) (Lun Yu, IV, 2.) «Sólo el bondadoso puede amar y odiar.» (Lun Yu, IV, 3.) «Cuando la voluntad está dirigida hacia la bondad durante tres meses, entonces sabrá alcanzarla el resto de su vida, todos los meses y todos los días.» (Lun Yu, IV, 5.)

(38) En el Li-Ki, XVII, III, 23, dice: «El que comprende perfectamente la música y regula su corazón a la marcha de su espíritu, este corazón, por naturaleza grande, benévolo y sincero, se desarrolla fácilmente, y la satisfacción sigue a su desarrollo. Esta satisfacción produce una sensación de tranquilidad ininterrumpida, y el hombre tiene el

Cielo con él.» Siglos después escribiría otro hombre, también de gran espíritu y de gran corazón: «Porque la experiencia me mostraba que la música compone los ánimos descompuestos y alivia los trabajos que vienen del espíritu.» Confucio, con ocasión de su viaje a Lo, capital del reino Tschu, tuvo ocasión de conocer la música de aquella dinastía, música guerrera llamada Vu, que calificó de bella, pero que no estimó como francamente buena. En cambio, él produjo tan fuerte impresión sobre el maestro de música de Lo, que éste dijo de él que era un hombre llamado a crear de nuevo la derruida cultura humana (K-un Tsung Tsi, capítulo Kia Yen). En cambio, la música de Schun, la música de Schao de la época sagrada más remota, de esta música dijo, luego de haberla aprendido durante tres meses: «Nunca hubiera creído que la música pudiera llegar a tanto» (véase Schuo Yuan y también en Lun Yu, donde hay diversos pasajes con manifestaciones de Confucio sobre la música). Esta música, según él, poseía la suprema belleza y la suprema bondad. Como se ve, la música era para Confucio una emoción de índole suprema y su sonido le revelaba, aparte de sensaciones inigualables, la personalidad misma de la persona que la había compuesto (véase la nota 23). Según él, además, la música de su tiempo presentaba tres formas. La primera era la música instrumental, que expresaba inmediatamente en sonidos las remociones (los cambios) del sentimiento. A propósito de esto se dice que Kungtsé sabía manifestar de tal modo con su música su estado de ánimo, que un oyente ilustrado podía deducir, oyéndole, su estado de espíritu en el momento de tocar. Entre los instrumentos de que se servía cítanse la piedra sonora y la cítara. La piedra sonora consistía en una serie de placas de nefrita, lisas y colgantes, de diversos tamaños, cuyo sonido, claro y puro, era producido golpeándolas con un plectro. La segunda forma de música era la canción con acompañamiento instrumental. Confucio apreciaba mucho estas canciones: «Hijos míos —decía una vez a sus discípulos—, ¿por qué no aprendéis las canciones? Las canciones sirven para estímulo, para observación; despiertan el sentimiento de comunidad y el rencor contra la opresión y la injusticia; excitan los sentimientos de amor hacia los semejantes y el deber para con los soberanos. Además, nos enseñan a conocer el mundo de los pájaros y de los animales, de las hierbas y de los árboles.» (Lun Yu, XVII, 9.) En realidad, el Schi-King, cancionero que él mismo compuso en el que, según se dice, incluyó 300 de las 3.000 canciones que había transmitido la antigüedad, es la fuente más inmediata y genuina de la vieja China. La tercera forma de música era la música grande, solemne, acompañada de pantomimas, tal como se representaba en la época de los santos reyes y príncipes. Esta era, según él, la música singularmente sagrada. A creer a Confucio, no era posible conducta armónica sin un espíritu armónico, y como nada como la música facilitaba esta armonía, he aquí por qué, aparte del goce emotivo que le causaba, se ocupó tanto de este arte. Convencido —como Ricardo Wágner, modernamente— de que la música tenía una gran influencia ética, reformó la de su época y tuvo, al parecer, gran éxito con ello. Pero desgraciadamente esta parte de su obra se ha perdido. Parece ser, no obstante, que mediante la música estaba seguro de despertar en el pueblo sentimientos puros y elevados y completar con ello el efecto de las costumbres. Y porque creía sinceramente en la influencia de la música sobre el espíritu de los hombres, mostraba severa hostilidad contra la música sentimental de Tschong, romántica y destructora, a la que atribuía una influencia perniciosa.

No fue sólo Confucio, en la antigüedad, el único hombre eminente que reconoció y proclamó la influencia de la música como elemento educativo, ni la China el único país tampoco que la puso en práctica; en Grecia, asimismo, la música era la base de la educación, y hombres tales como Platón y Sócrates, sus defensores decididos. De Sócrates sabemos, por el Banquete, de Xenofón (véase mi traducción en el volumen Sócrates), que estaba dispuesto, cerca ya de los setenta años, a aprender a bailar, porque el baile fortifica la salud, hace plácido el sueño y desarrolla armoniosamente las diversas partes del cuerpo (cap. II). En el cap. VII propone que todos los presentes canten a coro, y él mismo entona una canción. Y al final, en la pantomima entre Ariadne y Dionisios, con que termina el Banquete, se ve que para los griegos, como para Confucio, no solamente el tono de la música indicaba su carácter, sino que con la música se podían revelar los sentimientos y pasiones e incluso leer en el rostro de quienes escuchaban, y en sus gestos y movimientos, las sensaciones que sentían escuchándola. Por consiguiente, no solamente su poder emocional y evocador, sino educativo y sentimental.

(39) Copio, no obstante, la siguiente anécdota de Kia Yu, Tschi Si Kia, que también se encuentra en Han Schi Vai Tschuan: En el camino de Ts-i oyó Kungtsé llorar amargamente. Dijo entonces a su criado: «Ese llanto suena triste; pero no es el duelo por un muerto. Ve siguiendo con el coche ese sonido.» Cuando hubo avanzado un trecho, vio a un hombre extraño que sostenía una guadaña y llevaba una soga por cinturón. Lloraba, pero no iba vestido de luto. Kungtsé bajó del coche, se aproximó y le preguntó quién era. Aquél respondió: «Soy K-iu Vu Tsi.» Kungtsé preguntó aún: «Si no entierras a nadie, ¿por qué lloras tan amargamente?» Dijo aquél: «He sufrido tres pérdidas. Lo he comprendido demasiado tarde. Pero, ¿de qué me sirve el arrepentimiento? En mi juventud me gustaba aprender y recorrí el Mundo. Al llegar luego a mi casa, mis padres habían muerto. Esta fue mi primera pérdida. Fui creciendo y serví al príncipe Ts-i. El príncipe era orgulloso y dilapidador y yo perdí la pureza que conviene al hombre culto; y esta es mi segunda pérdida. Me gustaba tener tratos con buenos amigos y gusté mucho de ellos, y hoy todos me han abandonado. Esta es mi tercera pérdida. El árbol quiere estarse quieto, pero el viento no cesa. El hijo quería servir a sus padres, pero sus padres no le esperan. Los años pasan y no vuelven; a los padres no se les vuelve a ver. Ya tengo bastante.» Diciendo esto se arrojó al agua y se ahogó. Kungtsé dijo: «Hijos, fijaos en esto; que os sirve de advertencia.» A partir de aquel momento le abandonaron trece de sus discípulos para ir a cuidar a sus padres.

(40) A propósito de la timidez de Confucio se lee en las Conversaciones (10, 6): «Tenía el aire temeroso y arrastraba los pies cual si los tuviese encadenados.» En cuanto a su seducción, sin duda era debida, como la que Sócrates ejercía sobre cuantos le trataban (véase lo que dice Alkibiades en El Banquete, de Platón y Xenofón en los Recuerdos Socráticos) a la honradez, bondad y rectitud de su carácter, a su sabiduría, al valor y generosidad de sus consejos y a su extraordinaria fuerza moral. De su parte física y modo

de ser, curiosísimo es el siguiente retrato que da el libro segundo de las Conversaciones: «Este gran sabio no llevaba cuello con reborde rojo tirando hacia blanco o negro; incluso en casa no llevaba vestidos de color rojo tirando hacia blanco, ni de color violeta. Durante los calores del verano, bajo una túnica de cáñamo de tejido poco apretado, llevaba otra forrada de piel de ciervo blanco, o una túnica amarilla sobre otra forrada de piel de zorro amarillo. En su casa llevaba una túnica larga forrada, cuya manga derecha era más corta que la izquierda. Por la noche tomaba su cena y luego descansaba envuelto en un vestido que tenía vez y media la longitud de su cuerpo. Cuando no estaba de luto llevaba siempre diversos objetos colgados de la cintura. Sus vestidos, salvo los de corte, eran menos anchos por la cintura que en la parte inferior. No se ponía su túnica forrada de piel de cordero ni su bonete negro para ir a llorar a los muertos. El primer día de Luna no dejaba de revestirse con su traje de Corte para ir a saludar al Príncipe. Cuando guardaba abstinencia se cubría con su túnica de tela y cambiaba de alimento y de habitación. Gustaba de que su papilla estuviese hecha con arroz muy puro y su picadillo, de carne cortada muy fina. No comía él arroz mohoso ni estropeado, ni el pescado o la carne que empezaban a corromperse. No comía un manjar que hubiese perdido su color o su olor ordinario, que no estuviese convenientemente cocido, ni fruto que no se hallase suficientemente maduro. No comía lo que no hubiese sido cortado de una manera regular, ni lo que no hubiese sido preparado con una salsa conveniente. Incluso cuando la carne abundaba, nunca tomaba más que lo que su apetito le aconsejaba. (En los Recuerdos Socráticos, Xenofón cuenta asimismo que jamás Sócrates comía sin tener hambre ni bebía sin tener sed; pues hacerlo, decía, era tan perjudicial para el cuerpo como para el espíritu. Gran verdad.) La cantidad de bebida fermentada que ingería no era fija, pero nunca llegaba a punto de turbarle la razón (véase asimismo lo que Eriximaco, el médico, y Alkibiades, dicen de Sócrates a propósito de la bebida, en El Banquete, de Platón). No quería licor fermentado ni carne seca que hubiesen sido comprados. Tenía siempre jengibre en su mesa. No comía con exceso. Cuando había participado a un sacrificio en palacio, no guardaba siquiera una noche la carne que le había sido ofrecida. Tampoco guardaba más de tres días la carne que él mismo había ofrecido a sus parientes fallecidos, pues pasados tres días ya no la hubiese comido. No discutía jamás cuando estaba en la mesa ni cuando estaba acostado. Cuando no tenía en la mesa sino un alimento vulgar y caldo de verduras, no por ello dejaba de ofrecer algo a sus difuntos, y lo hacía siempre con respeto. No se sentaba sobre una esterilla que no estuviese colocada según las reglas.» Este retrato nos le ofrece, no sólo formalista, atildado y minucioso, sino preocupado de su salud de un modo particular. Sobre su formalismo y curiosa manera de proceder, véase el capítulo X del libro I del Lun Yu.

(41) De todos estos libros, es muy probable que el único que compuso realmente Confucio fue el de La Primavera y el Otoño, historia poco interesante del estado de Lu, su país. En los otros, sobre todo en el principal, el Chu-King, lo que hizo fue seleccionar y recoger en el mar de documentos antiguos, y reunir y publicar lo que le pareció más interesante. No es poco el mérito en todo caso, ya que en libros de esta naturaleza su valor depende casi siempre del arte con que se han hecho selección y redacción. Y como

para buscar y escoger en aquel mare magnum de documentos hacía falta una gran perspicacia, no poco talento necesitó Confucio para acertar a distinguir entre tanto de mediano o escaso valor, lo verdaderamente digno de ser conservado. Por ello le debemos, en primer lugar, el que gracias a sus esfuerzos nos sea permitido conocer la filosofía, la moral y, en cierto modo, la literatura más antigua del Mundo; es decir, todo lo escrito hasta él, en su país, digno de mérito. Si a esto unimos que gracias a su talento y trabajo el pueblo chino ha podido durante siglos conocer y gustar los tesoros de la sabiduría antigua, pues el estudio directo de los documentos sólo hubiera estado en todo tiempo al alcance de unos cuantos sabios (el pueblo ignoraba hasta el estilo de la lengua en que estaban escritos), se comprenderá el gran mérito de Confucio y lo que, no sólo sus compatriotas, sino la cultura humana le debe.

(42) Aunque la admiración de sus compatriotas acabó llevando su nombre a los altares, Confucio no fue, cual ya he indicado, un fundador de religión y ni siquiera un profeta. Fue, y no es poco, un gran legislador, un moralista admirable y un jefe de doctrina. Su obra no consistió en «crear», sino en «reunir». En reunir en un cuerpo de doctrina lo mejor; lo más puro que la milenaria civilización de su patria había plasmado en enseñanzas escritas. Las ideas presentadas, sentidas y consagradas a través de los siglos, sobre moral y justicia y en torno a las cuales, por mejor decir a su amparo, habíase formado una rica civilización. Principios que en aquel país, como en todos en cuanto llegan a un determinado nivel de cultura, flotan aquí y allá esperando al talento poderoso que los reúna, aclare, fije y dé carácter de doctrina. Confucio, con los de su patria hizo todo esto y algo más aún: les imprimió un tono esencialmente práctico incitando y ayudando, mediante ellos, a sus compatriotas, a mejorarse hasta ver de alcanzar la perfección casi total, a la que como modelo podía servir su propia vida, como aspiración, su obra. De modo que el mérito sobresaliente entre los muchos de este hombre admirable, fue, sin duda, este de estudiar a fondo todos los libros santos de su país; aquellos libros escritos sobre tabletas de bambú y mordidos seguramente, además, por la niebla de lo misterioso y de lo irreal; y tras limpiarlos y tamizarlos a través de su razón poderosa, hacer de ellos una exégesis particularmente humana y sensata. El mismo habla de su labor diciendo: «Comento, aclaro (las antiguas obras); pero no las compongo de nuevo.» (Lun Yu, VI, 1.)

(43) En efecto, que el mejor y tan sólo él (o los mejores) debe o deben gobernar es de tan elemental razón, y de tan elemental justicia que deben hacerlo en beneficio del pueblo, que todos los grandes espíritus que se han ocupado de esta cuestión, jamás preconizaron otra cosa. Cuarenta siglos de historia, además, han demostrado con ejemplos repetidos que tan sólo cuando tal ha ocurrido los hombres han sido felices. Luego si en lo que afecta a la parte «aristocrática» (gobierno de los mejores) la cuestión es enteramente conforme a la más sana razón, la parte que he denominado un poco impropiamente «democrática», lo mismo. Impropiamente, porque tras Confucio, y a partir de Grecia, donde esta palabra tuvo en la práctica su más completa y no pocas veces equivocada realización (véanse mis estudios preliminares y mis notas a la traducción de las obras de Xenofón, Sócrates,), siempre se ha entendido por «democracia», como la

etimología de esta palabra indica, el poder ejercido por el pueblo. Ahora bien, Confucio lo que quería no era que el poder «fuese ejercido por el pueblo», pues demasiado comprendía su incapacidad para tan ardua labor, sino «en provecho del pueblo». Según él, y según todo buen sentido, el pueblo, si es y debe ser soberano, esta soberanía de «principio» sólo en circunstancias muy excepcionales debe pasar a serlo de «hecho». Para el filósofo chino, entre el pueblo y la Divinidad hay una comunicación tan perfecta, que lo que el pueblo quiere es lo que la Divinidad quiere: hacia donde tiende el pueblo, tiendo aquélla. La máxima democrática moderna: vox populi, vox dei (la voz del pueblo es la voz de Dios), preside en todo momento las enseñanzas del Chu-king en lo que se refieren a la relación de los gobernantes y los gobernados, e incluso está expresada de un modo claro y contundente al final del capítulo Kao-yao; véase: «Lo que el Cielo ve y entiende no es sino lo que el pueblo ve y entiende. Lo que el pueblo juzga digno de recompensa y castigo, es lo que el Cielo quiere castigar y recompensar. Entre el Cielo y el pueblo hay una comunicación íntima. Por consiguiente, que los gobernantes estén atentos a ello y sean prudentes.» Mengtsé (Mencio) va aún más lejos. Según él (Hia-Meng, VIII, 14): «El pueblo es lo que hay de más noble en el Mundo; los espíritus de la tierra y de los frutos de la misma no vienen sino después; el príncipe es de la menor importancia.» La transcripción fonética de los signos chinos que dicen cosa tan audaz y en su punto es, palabra por palabra (vale la pena de recordarlo hasta en chino): «Meng-tsé yuei: min vei kuel; che, tsie, tseu tchi; kiun vei king.»

Si, pues, la voz del pueblo es la voz de la justicia, el primer deber del príncipe será hacerse amar del pueblo. Sólo consiguiéndolo será verdaderamente príncipe, es decir, el mejor y el más digno de gobernar. Caso contrario perderá todo poder. El Ta-hio o Gran Estudio lo dice de una manera clara en el versículo quinto de su capítulo X: «Obtén el afecto del pueblo y obtendrás el Imperio. Pierde el afecto del pueblo y perderás el Imperio.» Y: «Los que se sostienen sólo por la fuerza no tienen imperio, tienen tiranía y están siempre amenazados de caer. Sólo el amor sostiene.» Dice también cómo se conoce cuándo el príncipe es amado del pueblo: «Los antiguos reyes creadores de cultura, el rey Yao, el rey Schun y el emperador Yu, que tampoco tenía faltas, paseaban entre su pueblo sin necesidad de ir rodeados de hombres armados y celebraban el gran sacrificio en medio de su pueblo, sin precisar otra escolta que el pueblo mismo, porque eran amados. Pero el tirano Kia y el tirano Schu ni dentro de su palacio podían pasar de su cámara al baño, sin escolta.»

En vano, en efecto, se recorrerían todos los libros chinos tratando de encontrar una voz que se levante en pro de la tiranía, del gobierno absoluto ni de la opresión. En aquella primitiva y perfecta forma de sociedad política, ni se imaginaba siquiera que un hombre o un puñado de ellos detentasen los bienes que Dios ha dado por igual a todos los hombres. Porque si precisamente estos hombres vivían en sociedad, era para disfrutar por igual de las ventajas que la asociación natural reporta.

En síntesis, la doctrina política del Chu-king podría expresarse del siguiente modo: El mejor (emperador, rey, príncipe, jefe) debe gobernar en nombre de la Divinidad. Por consiguiente, su poder es una simple delegación del Cielo o de la Razón Suprema. Ahora bien, queriendo siempre el Cielo lo mejor, es decir, lo que el pueblo quiere y necesita, jamás el poder puede servir ni ha de emplearse en interés de quien lo ejerce ni por el bien de una familia o casta. De ocurrir lo contrario, es decir, de obrar el príncipe no como delegado de la Divinidad, sino como autoridad absoluta, el pueblo, libre entonces de todo respeto y de toda obediencia, deberá destituirle inmediatamente, derrocar poder tan indigno y sustituirle por otro legítimo que sea ejercido en interés de todos. Veintidós siglos más tarde, un insigne jesuita, el padre Juan de Mariana (1535-1624), llegaría incluso, en su De Rege et regis institutione, a justificar el tiranicidio si el príncipe no cumplía debidamente sus obligaciones como tal.

Estas ideas estaban tan ancladas en la moral china, que eran explicadas y enseñadas en todas las escuelas y colegios del Imperio, como lo prueba el comentario primero a Los Cuatro Libros de la China, escrito por Tchu-Hi en el siglo XII. Comentario que llegó a ser el libro de texto de la juventud y siguió siéndolo mucho tiempo.

(44) No obstante, él decía modestamente a sus discípulos: «Mi doctrina es sencilla y fácil de penetrar.» (Lun Yu, IV, 15.) A lo que uno de ellos añadía: «La doctrina de nuestro maestro consiste únicamente en ser limpio de corazón y amar al prójimo como a sí mismo.» (Lun Yu, IV, 16.) No me quiero extender aquí sobre las similitudes que hay entre muchas hermosas máximas de Laotsé y de Confucio y las que la piedad y amoroso celo de los primeros cristianos pusieron en los Evangelios. El haber hecho notar la semejanza que existe entre la moral cristiana y los dogmas de la religión católica y otras morales y creencias anteriores, me ha enseñado que la verdad es más frecuentemente considerada como arma agresiva que como salud y alegría. Y habiéndome costado mi sinceridad y buena fe no pocos disgustos y contrariedades, no insistiré. Prefiero acabar de demostrar la semejanza que hay en las enseñanzas e ideas de los dos más grandes sabios, maestros y moralistas de la antigüedad: Confucio (551-479) y Sócrates (470-399).

En efecto, entre Confucio y Sócrates hay coincidencias ideológicas extraordinarias.

Confucio es llamado «el maestro más grande del género humano». Sócrates fue asimismo y ante todo un gran maestro. El maestro por excelencia de Grecia.

La filosofía de Confucio, lejos de perderse en especulaciones vanas, fue, por el contrario, eminentemente «práctica». Tanto, que iba desde la manera de gobernar y cuanto tenía relación con la vida social, a cuanto se relacionaba con la reforma y perfección del hombre en particular. En Sócrates, asimismo, el carácter práctico «utilitario» de su moral predomina sobre todo otro. Los Recuerdos Socráticos, de Xenofón, lo demuestran en cada capítulo, en cada párrafo casi. Platón, por su parte, siguiendo en esto fielmente a su maestro, pudo escribir: «La afirmación más hermosa que ha sido y será siempre sentada es que lo útil es hermoso y feo lo perjudicial.» (República, V, 457, b.)

El fin esencial de la filosofía de Confucio era el mejoramiento constante de sí mismo y de los demás. En Sócrates, igualmente, este deseo de perfección individual es la base de todo progreso; y el punto de partida de todo conocimiento, el conocimiento de sí mismo. Como él mismo se daba como misión y objeto de su vida aprender y hacer aprender a los demás.

Para Confucio, cuanto más elevado es el rango de la persona, más necesidad tiene de perfección con objeto de poder estar dignamente a la cabeza de los demás. Por ello mismo, la misión más elevada e importante que podía tocar en suerte a un mortal era el ser destinado a gobernar. Esta misión era para él un verdadero «mandato celestial». A Sócrates, asimismo, le vemos ocupado y preocupado siempre, tanto en Xenofón como en Platón, en aquello o de aquello que se refiere al mando o de los que se inclinan a mandar. En los Recuerdos Socráticos varios capítulos están dedicados a estas cuestiones. Platón discute con Alkibiades sobre lo mismo en el diálogo de este nombre, y toda la República no es, asimismo, otra cosa que el más hermoso de los tratados de política. Además, tan de acuerdo estará con Confucio en que la función por excelencia es la de gobernar y en que los destinados a ella deben de ser los mejores, que sentó la conocida afirmación de que los pueblos no serian felices mientras los reyes no fuesen filósofos o los filósofos reyes.

Es idéntica, asimismo, en Confucio y Sócrates la idea o el concepto de la «democracia». Es decir, que aunque el modo de comprender la política es en ambos eminentemente democrático, puesto que según ellos el arte de gobernar tenía como fin la felicidad del pueblo, tanto uno como otro estaban convencidos de que sólo debían de gobernar los más instruidos y perfectos (una minoría bien elegida, una verdadera «aristocracia»). Confucio creía y afirmaba, no sólo que las leyes morales y políticas que deben de regir a los hombres eran eternas e inmutables, como de acuerdo con la naturaleza humana, sino que no podían ser conocidas, y en consecuencia, aplicadas, sino por los más instruidos y capaces. Sócrates, por su parte, protestaba de que la elección de los magistrados dependiese de la suerte (del color de un haba), mientras que para considerar a un hombre como médico, piloto o arquitecto, funciones menos importantes que la de gobernar, fuese indispensable la competencia.

Cuando Confucio dice: «El gobierno es lo que es justo y recto» (Lun Yu, XII, 17), ¿no nos parece estar escuchando a Sócrates? Las máximas del maestro chino, salvadas las diferencias de estilo, ¿no presentan analogías sorprendentes con el modo de pensar y aconsejar a sus discípulos del maestro griego? Véanse algunas como muestra: «Perfeccionar el saber consiste en examinar las cosas. Cuando las cosas son examinadas, el saber es perfecto. Cuando el saber es perfecto, entonces el pensamiento es verdadero. Cuando el pensamiento es verdadero, el corazón es puro. Cuando el corazón es puro, la personalidad se desarrolla. Cuando la personalidad está desarrollada, tan sólo entonces la casa marcha en orden. Cuando la casa marcha en orden, pero sólo entonces, el Estado está bien ordenado.» (Li-Ki, lib. 39.) «Las palabras han de expresar perfectamente los pensamientos.» (Lun Yu, XV, 40.) Un discípulo de Confucio, Hsun K-ing, escribía: «Son los reyes los que crean los nombres. Una vez fijados los nombres, pueden distinguirse las realidades que con ellos se designan. El camino es practicable y las opiniones se pueden transmitir. De este modo el pueblo es conducido hacia la unidad.» Y otro, Tung Tschung Schu: «El nombre es el rótulo de todo un conjunto de propiedad. Lo que en la realidad no es así, no se lo puede designar con tal nombre. Los nombres son el medio con que los santos elegidos designan las realidades de las cosas. Por tanto, cuando entre tan diversa variedad de opiniones reina confusión, no habrá sino referir cada una de ellas a su realidad, y lo confuso se hará claro. Si se quiere juzgar si una cosa es torcida o recta, no habrá mejor medio que aplicarle la regla. Si se quiere juzgar lo justo o injusto, ningún medio mejor que aplicarle los nombres. Los nombres son, para el juicio de lo justo y lo injusto, lo mismo que la regla para juzgar lo torcido y lo recto. Cuando se tienen juntos el nombre y la realidad, y se los mira para ver si se contradicen o si concuerdan, entonces se pueden reconocer con claridad inequívoca las circunstancias de lo justo e injusto.» Cuando se sabe lo mucho que recomendaga Sócrates definir bien para bien conocer y el empeño que ponía en considerar las cosas en todos sus aspectos antes de determinarse a expresar su concepto, se ve que ambos sabios y quienes les seguían, recorrían el mismo camino para llegar al conocimiento, mediante la exacta determinación de los conceptos. (Véase mi estudio sobre la filosofía socrática en la mencionada traducción, Sócrates, de las obras de Xenofón, relativas a su maestro.)

En fin, para uno como para otro de ambos maestros, la moralidad, parecía ser como un atributo de la inteligencia susceptible, como la sabiduría, de adquirirse mediante la práctica y el ejemplo. Y como en Confucio, había en Sócrates un fondo indudable de eudemonismo, puesto que fundaba la moral, como el maestro chino, sobre la dicha del hombre que actuaba. Asimismo, tanto para uno como otro, era preciso desembarazarse de los prejuicios para poder juzgar con imparcialidad. Y el bien supremo era para ambos, no el placer, los honores ni las riquezas, sino la virtud, fundamento único y verdadero de la sabiduría. En fin, un elevado altruismo les movía igualmente a ambos: «Amaos los unos a los otros. Devolved el mal por la justicia. Lo que no queráis que os suceda no se lo hagáis a los demás.» (Li-Ki, XXXIX, 1.) «Más vale sufrir la injusticia que cometerla», decía a su vez Sócrates; y toda su vida y su obra no fueron sino abnegación, ejemplo, enseñanza, sacrificio desinteresado por los demás; como Confucio.

Para más detalles sobre ambos personajes consúltense: a propósito del sabio griego, los estudios preliminares y notas de mis traducciones mencionadas: Sócrates (todas las obras de Xenofón relativas a su maestro), y Platón, El Banquete y Faldón. Y sobre Confucio: Legge, Sacred Books of the East; Lanessan, La Morale des Philosophes Chinois; Gabelentz, Confucius und Seine Lehre; Giles, Gems of Chinese Literature; Wilhelm, Kugtsé.

(45) Ello no impide, naturalmente, que, como he indicado repetidamente, Confucio fuese un hombre profundamente religioso. Y que incluso algunas veces mostrase sus pensamientos y preferencias en estas cuestiones. Así, en el Libro de los Documentos y en el de los Cánticos, se muestra partidario de un monoteísmo depurado en el modo de transmitir las antiguas representaciones religiosas en este sentido. En el de las Conversaciones hay asimismo una gran cantidad de pasajes en los que demuestra su fe

fuerte y pura, la coincidencia de una vocación especial y el sometimiento humilde a la voluntad del Cielo. Para designar a Dios emplea la expresión T-ian, Cielo, y suele evitar la expresión Ti, Señor, o Schang Ti, Señor Supremo. Y es que esta expresión habíase hecho ya demasiado antropomórfica en su época. El Maestro dijo: «¡Qué rica es la vida de los espíritus y de los dioses! Les miras y no les ves. Les escuchas y no les oyes. Ellos dan forma a las cosas y, sin embargo, no se puede seguir sus huellas. Hacen que los hombres en toda la Tierra guarden ayunos, se purifiquen y se vistan ciertos trajes de fiesta para ofrecerles sacrificios. Flotan alrededor de ellos como si estuviesen sobre sus cabezas, a su derecha y a su izquierda. De este modo, la visibilidad de lo secreto es la revelación irresistible de la verdad.» (Tschung Yung, edición Tschu Hsi, cap. 16.) En cambio, no habló jamás de fuerzas mágicas ni de demonios antinaturales.

(46) Esto prueba que ya en aquella época los astrónomos chinos conocían su ciencia a fondo; los nombres de Hi y Huao designan dos familias de astrónomos.

(47) Cerca de Chang-Tung.

(48) Así llamado porque parecía que el Sol nacía en él para iluminar la Tierra.

(49) Los astrónomos chinos, para determinar los equinocios y los solsticios, observaban la longitud de las sombras proyectadas por el Sol.

(50) El Valle Oscuro, por oposición al Valle Luminoso, era el sitio por donde se ponía el Sol. Se ignora dónde estaba situado.

(51) Hiu es una de las estrellas de la constelación Acuario.

(52) Las Pléyades ocupan el centro de la constelación llamada por los chinos el Tigre Blanco, que comprende las siete constelaciones occidentales del Zodíaco.

(53) Los astrónomos chinos dividían la esfera celeste en 365 grados a 1/4, atribuyendo a cada grado un día. Yao contaba 366 para hacer sin duda una cifra redonda. Mil años antes de Jesucristo, Chao-Yao-Fu adoptó para la división de la esfera la cifra de 360. En China el año civil era de doce meses lunares, es decir, de 354 días, por lo cual se agrega cada dos o tres años un mes para que concordase el año civil con el solar.

(54) Sitio donde vivía Chuen.

(55) Regla de Chuen. Es decir, modelo de la conducta que deben seguir los príncipes.

(56) Relaciones entre padre e hijo, entre príncipe y súbdito, entre esposos, entre viejos y jóvenes y entre los amigos.

(57) Primer soberano de su familia.

(58) Se trata de una esfera armilar en la cual se representaba la marcha del Sol, de la Luna, de Mercurio, Venus, Marte, Júpiter y Saturno, que eran los únicos planetas conocidos. Se les llama gobernadores en sentido metafórico.

(59) Los Seis Venerables eran las estaciones (el frío y el calor): el Sol, la Luna, las estrellas, la inundación y la sequía.

(60) Era la insignia de la dignidad principesca. Había cinco clases de tablillas, como otras tantas jerarquías de príncipes. Un príncipe de primera clase recibía una tablilla oblonga en la cual estaban representadas dos columnas. El príncipe de segunda clase recibía una tablilla oblonga en la cual estaba representado un hombre de pie. En la tablilla del príncipe de tercera clase, el hombre esta encorvado. La tablilla del príncipe de cuarta clase era de forma anular en la cual se representaban plantas de mijo. En la del príncipe de la última categoría la tablilla anular representaba unos juncos. Para presentarse al emperador cada príncipe debía llevar en la mano su tablilla. Chuen las hacía confrontar con los originales archivados para cerciorarse de su autenticidad y luego las devolvía a los príncipes confirmándoles de este modo su investidura.

(61) Se llamaba liu a doce tubos, primitivamente de bambú y más tarde de jade, de los cuales se obtenían sonidos musicales. Los seis primeros daban los tonos graves y los otros seis los agudos. El más largo de estos instrumentos era la base de todas las medidas y tenía 9/10 de pie.

(62) Las cinco clases de ceremonias eran: los honores debidos a los espíritus, los funerales, la recepción de los huéspedes, los asuntos militares y los casamientos.

(63) Los hijos mayores de los príncipes ofrecían al emperador seda roja; los asesores de los tres grandes ministros, seda negra, y los jefes de los principales subalternos, seda amarilla. Los ministros de Estado regalaban un cordero vivo, los grandes prefectos una oca silvestre viva y los simples oficiales un faisán muerto.

(64) Los instrumentos empleados en las cinco clases de ceremonias.

(65) Sin duda para evitar nuevas inundaciones.

(66) He aquí los cinco grandes castigos: la marca negra, la amputación de la nariz, la amputación de los pies, la castración y la pena capital. La marca negra consistía en unas incisiones practicadas en la frente llenas luego de tinta negra; era una marca indeleble, como un tatuado.

(67) Los dómines chinos han sido probablemente los primeros en usar las disciplinas que tan en boga han estado en todas las escuelas hasta hace poco tiempo. La teoría tan célebre como cruel de que «la letra con sangre entra» ha sido aplicada bárbaramente en todos los países.

(68) Huan teu, amigo del ministro de Obras Públicas había recomendado a éste al favor del emperador Yao. Ambos debieron conspirar contra Chuen. Kuen era un príncipe soberbio e intrigante, que debió estar de acuerdo con los anteriores. Téngase en cuenta que Yao vivía y que Chuen sólo estaba asociado al trono aunque con poderes absolutos.

(69) Yao tenía 16 años cuando subió al trono; después de reinar 70 años tuvo como primer ministro a Chuen durante tres años, al cabo de los cuales le confió a título definitivo el mando supremo. Murió 28 años después; luego vivió 117 años y reinó durante 101.

(70) Las campanas, los instrumentos de piedra, los de cuerda, los de bambú, los de arcilla, los de piel, los de madera y los fabricados con calabazas silvestres.

(71) Cuando Chuen fue asociado al Imperio se presentó en el templo del Abuelo Perfecto, es decir, del primer soberano de la dinastía, para anunciarle su advenimiento. A la muerte de Yao, guardó luto tres años y durante este tiempo confió la Administración a sus ministros.

(72) Yu era hijo de Kuen, al que había sucedido en el principado de Tch'ung. El Emperador, sin descargarle de sus funciones de ministro de Obras Públicas, en cuyo puesto había prestado grandes servicios, le nombraba Presidente de su Consejo, es decir, primer ministro.

(73) K'i fue ministro de Agricultura con Yao y Chuen. La raza de cabellos negros es el pueblo chino.

(74) Sie, ministro con Yao y Chuen, fue el jefe de la dinastía de los Chang. Su nacimiento y sus trabajos están mencionados en el Chu-King. Las cinco virtudes sociales son: la afección entre padre e hijo, la justicia entre príncipe y súbdito, la subordinación de la esposa al marido, el orden entre mayores y menores y la fidelidad entre los amigos.

(75) Los tres lugares diferentes eran: la pena capital en la plaza pública, la castración en las cámaras donde se criaban gusanos de seda, y la amputación de nariz y la marca en la frente, también en sitio cerrado para evitar que se enconasen las heridas. En las cinco clases de destierro, la más grave era la deportación a países bárbaros y la más leve a mil estadios del pueblo de origen del criminal.

(76) Las tres clases de ceremonias eran los sacrificios al Cielo, las ofrendas a las almas de los muertos y los sacrificios a los espíritus de la Tierra.

(77) Los chinos juzgaron siempre que la música suaviza las costumbres. Uno de sus filósofos Ts'ai' Tch'en, dice: «La música disipa los humores pecantes, da a los cuerpos robustez moderada, favorece la circulación de los espíritus vitales, sacude las arterias y las venas, desarrolla en el corazón la virtud de la templanza y sofoca las malas inclinaciones naturales.»

(78) Los 22 dignatarios eran: el jefe de los príncipes, los 12 gobernadores de provincias y los nueve ministros.

(79) Subió a su lugar, es decir, al lugar donde le aguardaba Yao. Chuen murió, pues, a los ciento diez años de edad.

(80) Yu es llamado Grande a causa de sus maravillosos trabajos de canalización. Era hijo de Kuen, príncipe de Tch'ung que era a su vez biznieto de Huang-ti.

(81) Los cinco colores eran el verde o el azul, el amarillo, el rojo, el blanco y el negro.

(82) Los seis primeros emblemas estaban bordados sobre la parte del traje que cubría la parte superior del cuerpo. Los otros seis adornaban el que cubría la parte inferior.

(83) Las notas graves.

(84) Se creía que aquel cuyo corazón no era recta, no podía dar en el blanco, tirando al arco. Se empleaba, pues, este medio para discernir a los hombres de bien.

(85) Hijo del emperador Yao.

(86) Los instrumentos de piedra se componían de una o varias placas de piedra colgadas de un bastidor y que al ser percutidas daban sonidos musicales. El laúd tenía de cinco a siete cuerdas. (Esto nos hace pensar en la lira heptacorde de los griegos.) La flauta se componía de dos tubos gemelos. El tamboril tenía la forma de un tonel y estaba cerrado con pieles tensas por ambos lados sobre las cuales colgaban dos pelotas. Por medio de un mango se agitaba el instrumento y las pelotas golpeaban las pieles. La caja de madera era una caja cúbica provista de un mango que la hacía resonar. Con este instrumento se daba la señal para el comienzo del concierto.

El tigre era otro instrumento de madera que tenía en efecto la forma de un tigre acostado. Su lomo estaba coronado por 27 dientes. Se le golpeaba para anunciar el fin de cada trozo de música.

Los órganos de boca se componían de 13 o de 19 tubos fijos en una calabaza, provista de un tubo con embocadura para el músico.

El fénix, según los chinos, es un ave de plumaje variado de todos los colores, con la cabeza de gallo, el cuello de serpiente, el pecho de golondrina, el dorso de tortuga y la cola de pez. Su dimensión supuesta era de un metro.

(87) Los ministros.

(88) El soberano.

(89) El primer feudo confiado a Yu se llamaba Hia, y fue el nombre que tomó toda esta dinastía que reinó desde el año 2204 hasta 1776 a. de C. La tierra de Hia conserva aún el nombre de Yu. Este, como hemos visto, recibió el Imperio de manos de Chuen, a causa de sus méritos extraordinarios.

(90) Esto quiere decir que el emperador había disminuido el tributo a causa de la inundación.

(91) Las seis fuentes de riqueza son la madera, el fuego, los metales, el agua, la tierra y los cereales.

(92) A una distancia de más de trescientos estadios hubiera sido difícil transportar la paja hasta la capital, por lo que sólo ofrecían al emperador el grano en mayor cantidad juntamente con otras dádivas o servicios.

(93) De esta manera formaban los emperadores una cintura de seguridad en torno suyo, que los ponía a cubierto de los ataques del exterior. Los feudos más extensos y más poderosos eran los más lejanos.

(94) Llamábase zona de la paz porque los feudatarios a quienes estaba confiada debían asegurar la paz del Imperio.

(95) Los cinco elementos eran: el agua, el fuego, la madera, los metales y la tierra, que son los principios constitutivos de los seres y los que los proveen de lo necesario para su subsistencia. Como se ve para los chinos el aire no era uno de los elementos fundamentales. La frase del Emperador quiere decir que el príncipe de Hu perjudicaba a sus súbditos negándoles lo necesario para la vida, es decir, los cinco elementos.

(96) El príncipe de Hu había escogido para empezar el año un mes lunar que no era ninguno de los tres acostumbrados (tcheng, in, tren).

(97) El carro de guerra chino era tirado por cuatro caballos provistos de coraza. En cada carro iban tres guerreros con corazas, en la forma siguiente: un arquero colocado a la izquierda, un lancero a la derecha y un conductor en el centro. Cada carro iba escoltado por 72 infantes de los cuales 24 protegían al conductor, 24 al lancero y 24 al arquero. Había además 25 hombres para el servicio de los soldados.

(98) T'ai K'ang era hijo y sucesor de K'i.

(99) Es decir, la dinastía toca a su fin.

(100) Hermano menor y sucesor de T'ai K'ang. Reinó desde el año 2159 hasta el 2146 a. de C.

(101) Se alude a un eclipse de Sol que según los cálculos del P. Gaubil debió verificarse el 12 de octubre del año 2155 a. de C.

Un eclipse era considerado en China como el resultado de un combate entre el Sol y la Luna, lucha en la cual uno de los dos astros sucumbía. Para asustar al vencedor y libertar al vencido se hacía sonar en todas partes el tambor y hasta se disparaban flechas al cielo.

En Roma se acudía a prácticas semejantes para socorrer a la Luna.

(102) Según Tchu-Hi cuando el gobierno está bien regulado, el principio luminoso iang, representado por el Sol adquiría una gran fuerza y el principio oscuro in, se debilitaba. En ese caso la Luna no se atrevía a ponerse delante del Sol y el eclipse quedaba evitado.

(103) La tercera dinastía imperial que reinó de 1766 a 1122 antes de Jesucristo tomó el nombre de Chang porque T'ang, su fundador, descendía de Sie, príncipe de Chang y ministro de Instrucción Pública en tiempos de Yao y Chuen.

(104) T'ang, cuyo verdadero nombre era Li-Tsen derrocó a Kie, último emperador de la dinastía de los Hia y se apoderó del Imperio.

(105) Por el discurso se ve que cuando esto decía T'ang no era aún emperador, sino que se disponía a serlo atacando a Kie. Ahora bien, cuando este discurso fue escrito, ya T'chang ocupaba el trono. T'chang, era un rebelde más, que para justificar su rebelión decía haberle dirigido el Cielo.

(106) Como se ve la humanidad no ha cambiado. La promesa y la amenaza han sido en todo tiempo los resortes puestos en juego por los ambiciosos. A continuación veremos cómo T'chang, después de la victoria, teme que le ocurra a él lo propio que a su antecesor y toma para impedirlo toda clase de precauciones.

(107) Es decir, temía que se le acusara de usurpador.

(108) Tchun Huet era ministro de T'chang y naturalmente en su discurso trata de justificar ante todos la conducta de su amo y señor.

(109) En el libro 84 de las Memorias históricas de Sen ma Ts' ien se desarrolla esta misma idea del modo siguiente: «El hombre tiene su origen en el Cielo y nace de sus padres. En sus penas, vuelve a su raíz y así cuando está abrumado por el peso del trabajo, del sufrimiento o de la fatiga, invoca siempre al Cielo. En la enfermedad, el dolor, la pena, la aflicción, llama siempre a su padre y a su madre.»

(110) Cuando el emperador, que es Hijo del Cielo, se dirige al pueblo en calidad de tal, se llama a sí mismo el hombre único y sin igual, pero cuando habla como si estuviera en presencia del rey del Cielo se llama a sí mismo niño pequeño.

(111) I In era ministro de T'ang. Estas enseñanzas iban dirigidas al joven emperador T'ai Kia, nieto y sucesor de T'ang (1753-1720 a. de C.).

(112) La dinastía de los Hia comenzaba el año civil por el segundo mes lunar después del solsticio de invierno. Los Chang comenzaron el año civil un mes antes, por lo cual el duodécimo de los meses del año de los Hia vino a ser el primero del año de los Chang.

(113) El primer ministro acompañaba al nuevo emperador hasta delante de las tablillas del predecesor y le anunciaba solemnemente su advenimiento al trono.

(114) Cuando se habla de oficiales, no sólo se hace referencia a los militares, sino a todos aquellos que ocupaban un puesto oficial.

(115) Es decir, perderás el trono.

(116) Tres años.

(117) La capital. El hecho de devolver a T'ai Kia las vestiduras imperiales obedece a haber expirado los tres años de luto.

(118) Recuérdese lo dicho en una nota anterior. El emperador se llama a sí mismo niño cuando habla dirigiéndose al Cielo.

(119) Es decir, el Imperio.

(120) El templo de los antepasados del emperador se componía de siete salas. En una de ellas estaba la tablilla del más antiguo de los antepasados célebres de la familia y allí quedaba para siempre. En las otras seis salas estaban las tablillas de los últimos seis emperadores muertos. Cuando moría otro, para hacer hueco, se quitaba la tablilla del más antiguo de los seis. Ahora bien, cuando un emperador se había señalado por servicios de excepcional importancia, su tablilla permanecía, como recompensa a sus méritos.

Cuando llegó el momento de relegar al edificio común las tablillas de Uen uang y U-uang, se añadieron dos nuevas salas al templo, dedicándoselas a perpetuidad.

(121) Tsu-i.

(122) En Keng.

(123) En las ceremonias celebradas en honor de los antepasados, las tablillas de aquellos ministros y oficiales que se habían distinguido estaban colocadas a derecha e izquierda de las de los emperadores. Se creía que sus manes saboreaban los manjares ofrecidos en el sacrificio en unión de los manes de los emperadores a cuyas órdenes habían servido.

(124) La razón por la cual el emperador quería trasladar a otra región a los habitantes de Keng, era el peligro continuo de inundación.

(125) Cambiando cinco veces de país.

(126) Parece que la región montañosa a donde T'ang trasladó a sus súbditos, para ponerlos a salvo de las inundaciones del río Amarillo, fue la misma tierra de Puó en donde P'an Keng se estableció con los suyos.

(127) A la muerte de P'an Keng reinaron sucesivamente sus dos hermanos Siao-sin y Siao-i. El primero desde 1373 a 1352 y el segundo desde esta fecha hasta 1324 (a. de C.). Siao-i tuvo por sucesor a su hijo Kao-Tsung que murió en 1305.

(128) Cuando moría un emperador, su sucesor dejaba por tres años, que era la duración del luto, la dirección de los negocios públicos al tchung tsai o primer ministro, y se encerraba en una cabaña durante veinticinco meses que contaban por tres años. Esta cabaña, orientada al norte, era oscura y convidaba al recogimiento. Cabe pensar si esta medida no era una preparación que el pueblo chino estimaba necesaria para que las virtudes de su nuevo jefe se fortificasen con el aislamiento y la reflexión.

(129) Es decir, que nadie sirve con gusto a un orgulloso.

(130) De esto se desprende que Kao Tsung, a pesar de sus promesas, no siguió los consejos de Iué, su primer ministro. En los siguientes capítulos asistiremos a la desorganización del Imperio, provocada por el mal ejemplo de los emperadores.

(131) Este emperador parece que era un tirano y su ministro Tsu-I le predijo que perdería el trono. Así fue: U-uang, hijo de Uen Uang, vencedor del príncipe de Li, arrojó del trono a Tchen y fundó una nueva dinastía 1122 años a. de C.

(132) El príncipe de Uei se llamaba K'i, y era el hermano mayor del emperador Tcheng, ambos hijos del emperador Ti-i. Como la madre de K'i no era sino esposa de segunda categoría del Emperador cuando nació aquél, fue elegido como heredero del Imperio su hermano menor, porque su madre, antes de que éste (Tcheng) naciera, había sido elevada a la categoría de emperatriz.

(133) El nombre de Gran Maestro se daba a uno de los tres mayores dignatarios del Imperio (san ku). El Gran Maestro era el príncipe de Ki, llamado Ki-tsen, y el segundo Maestro, Pi-Kan, ambos hermanos del emperador Ti-i y tíos, por consiguiente, del tirano emperador Tchen.

(134) Como el príncipe de Uei fuera el mayor de los hijos del emperador Tsu-i y se distinguiera por su talento y sus virtudes, el príncipe de Ki había aconsejado al Emperador que le designase como sucesor suyo. El Emperador se negó a ello y nombró príncipe heredero a Tcheú. Cuando éste supo lo que el príncipe de Ki había aconsejado a su padre, persiguió con odio a su hermano mayor el príncipe de Uei, por lo cual el parecer del príncipe de Ki fue perjudicial al de Uei.

(135) Siguiendo la exhortación del príncipe de Ki, el de Uei abandonó la corte y se alejó. Pi-Kan fue condenado a muerte y K'i a prisión perpetua. Cuando Tchen fue vencido y despojado del trono, el nuevo emperador U-uang sacó al príncipe de Ki y le dijo que se retirase a Corea.

(136) La dinastía de los Tcheu (nombre que no hay que confundir con el del último emperador de los In) comienza con U-uang, y va desde 1122 hasta el 255 a. de C. Los emperadores de la dinastía Tcheú se decían descendientes de K-i, ministro de Agricultura del emperador Chuen, el año 2250 a. de C.

Esta familia había recibido en feudo las tierras de T'ai, llegando con su buena administración a ser amados por sus súbditos. Los príncipes vecinos adoptaron las reformas establecidas por los señores de Tcheu (cuyo nombre tomaron de la llanura situadaal pie del monte Ki) y se pusieron bajo su dependencia. De este modo Uen uang, que era el príncipe de los Tcheu, en cuyo tiempo ocurrió este acontecimiento, llegó a tener bajo su mando las dos terceras partes del territorio. Aunque no tuvo el Imperio, después de su muerte se le llamó uang, es decir, emperador.

(137) El último emperador de la dinastía de los Chang o In fue Chen-sin, a quien después de su muerte calificaron de Tchen (cruel).

(138) Fa, que era hijo de Uen uang, fue quien derribó a Tchen del trono imperial. Su nombre póstumo es el de U-uang. Aún antes de ocupar el trono el historiador le da el título de emperador porque el cielo le había destinado para el Imperio.

(139) Es decir: al ver que abandonabas al emperador Cheu he juzgado que su administración era mala.

(140) El día meu-u era el vigésimo octavo del primer mes de la primavera.

(141) El príncipe de Uei.

(142) Pi-Kan.

(143) Es decir, «voz del pueblo, voz del cielo».

(144) Cada legión se componía de doce mil quinientos hombres. El emperador disponía de seis; los grandes príncipes, de tres. Como U-uang sólo era príncipe no podía mandar seis legiones, de manera que el historiador ha exagerado.

(145) Tchen al ver que un hombre atravesaba el agua del río en invierno sin parecer que el frío le molestara, se imaginó que unas piernas tan resistentes al frío deberían tener algo de particular y mandó que se las cortasen para examinarlas por dentro.

Pi-Kan había irritado al Emperador con sus exhortaciones y en un momento de cólera exclamó este último: «He oído decir que el corazón de un sabio tiene siete aberturas.» Y para cerciorarse de ello hizo abrir el corazón de Pi-Kan.

(146) Al príncipe de Kie.

(147) Para divertir a su favorita Ta-Ki había mandado hacer una columna de cobre, la hacía untar de grasa y colocaba al pie de aquélla un brasero. Algunos desgraciados eran obligados a subir a lo largo de la columna y cuando resbalaban y caían en las brasas Ta-Ki reía. Este suplicio se llamaba P'ao-li (el tostado).

(148) El 4 del segundo mes.

(149) El gallo es el que debe anunciar el día y no la gallina. De igual modo no es la mujer sino el hombre quien debe administrar los negocios. Alusión a Ta-Ki la favorita de Tcheu.

(150) U-uang.

(151) La ciudad de Hao, en donde el tirano tenía su capital.

(152) El vigésimo octavo del primer mes del año.

(153) El tercer día del segundo mes.

(154) El 4 del segundo mes.

(155) La torre de los Ciervos era un palacio donde el tirano se entregaba a todo género de liviandades. Estaba situada cerca de K'i hien.

(156) El 3 del cuarto mes lunar.

(157) Fung era una ciudad situada a orillas del río de su nombre al nordeste de Singau-fu. Allí tenía su corte el tirano y en ella estaba el templo de los antepasados del vencedor. U-uang, antes de volver a Hao, su capital, fue a Fung para hacer ofrendas a los manes de sus antepasados.

(158) Hijo del anterior.

(159) Es decir, sin hacer grandes esfuerzos.

(160) Ya se ha dicho que fue libertado por U-uang. Por gratitud acudió a responder a las preguntas del Emperador, pero no quiso aceptar puesto alguno en la Corte. Al fin y al cabo el nuevo Emperador había desposeído a su familia. No pudiendo vencer su resistencia el Emperador le cedió la Corea.

(161) Kuen fue relegado al pie del monte Iu.

(162) Del río Lo salió una tortuga en cuya concha estaba trazado un dibujo misterioso. Este dibujo dio al gran Iu la idea de los nueve artículos de la Gran Regla, llamada comúnmente Escritura o Libro de Lo.

(163) Aquí debe referirse al agua del mar que es la que por evaporación deja que cristalice la sal que en ella está disuelta.

(164) Cuando un manjar es puesto al fuego y se quema toma un gusto amargo, especialmente si ha estado sometido a la acción del humo.

(165) Esto debe ser en sentido figurado, porque, que sepamos, la madera, por el hecho de ser domada, no debe tomar sabor de ninguna clase. Lo mismo decimos del sabor acre del hierro cuando ha sido trabajado. El sabor estíptico es peculiar al hierro oxidado, a la herrumbre. De igual modo ignoramos ese sabor dulce de la tierra por el hecho de ser labrada.

(166) Es decir, dad buenos sueldos o rentas a aquellos a quienes confiéis la Administración, a fin de que sean probos. El sueldo que el Estado chino daba a sus dignatarios se llamaba generalmente lien fung o ion lien in, es decir, «dinero destinado a mantener la integridad», porque les permitía no recurrir a exacciones para vivir con decoro.

(167) Todo este párrafo es un canto rimado que debió ser popular y que el príncipe de Ki repetía al Emperador.

(168) Una concha de tortuga era cubierta de tinta y expuesta al fuego. El adivino examinaba el aspecto de las fisuras producidas por la tinta al secarse rápidamente y de ello deducía presagios.

Las briznas de aquilea eran 49. Se las mezclaba 18 veces y de la disposición en que quedaban se deducía un agüero.

Había ocho símbolos primitivos.

Estos ocho símbolos primitivos superpuestos dos a dos dan sesenta y cuatro símbolos en los cuales la parte superior se llamaba kuei, arrepentimiento, y la parte inferior, tcheng, firmeza.

Cada una de estas combinaciones tenía un significado particular que los adivinos interpretaban según reglas determinadas, traduciendo favorablemente cuando la firmeza superaba al arrepentimiento.

Tres adivinos consultaban a un tiempo cada uno la concha de tortuga y otros tres manipulaban cada uno las 49 briznas de aquilea.

(169) Generalmente llueve cuando la Luna está en la constelación Pi, o sea en las Hvadas, y el viento sopla cuando la Luna está en la constelación Ki (la mano del Sagitario).

(170) El príncipe de Chao, el sabio Cheu, aconseja a U-uang, que no acepte ni los perros ni los caballos de precio, ni los objetos curiosos de los países extranjeros.

(171) El motivo de la pena del Emperador era el pensar que su dinastía, recientemente fundada, podría perecer con él.

La fórmula oficial para anunciar que un emperador estaba enfermo era decir: «No está contento.» Si el enfermo era un príncipe se decía: «No tiene fuerza ni para llevar la trenza.» De un gran prefecto se decía: «No tiene fuerza para guiar sus perros ni sus caballos.» Y de un oficial de menor jerarquía: «No tiene fuerza para llevar un haz de leña.»

(172) Ambos príncipes y ministros de U-uang. El primero había sido nombrado príncipe de Chao y el segundo de Ts'i.

(173) Hijo de Pen-uang y hermano del Emperador. Se vale de un pretexto para ocultar que quiere ofrecer su vida por la de su hermano.

(174) Por respeto se suprimía el nombre del emperador.

(175) Soung, hijo y sucesor de U-uang, no tenía más que 13 años al subir al trono y su tío Tcheu-Kung fue encargado de la regencia. Kuang-Chu, príncipe de Kuan, hermano mayor de Tcheu-Kung, envidioso del honor concedido a su hermano menor, urdió un complot contra él, asociándose a sus otros dos hermanos (Ts'ai-Chu y Huo-Chu), esforzándose en difundir calumnias contra Tcheng-Kung. Este tomó las armas, venció a los rebeldes y condenó a muerte a Kuang-Chu y a U-Keng, hijo del tirano Tcheu, a quien se había otorgado un principado después de la caída de su padre.

(176) Este canto está conservado en el Chu-King. El autor, que figura en él bajo el emblema de un ave, compara a U-keng a un buho que le ha arrebatado sus pequeñuelos,

es decir, sus dos hermanos, y se esfuerza en destruir el nido, es decir, la dinastía. Se comprende que el Emperador no sólo no censurase sino que agradeciera la enérgica intervención del regente que le había salvado el trono y tal vez la vida.

(177) Tcheu-Kung, regente del Imperio, anuncia al joven emperador Tch'eng-uang que, para cumplir la voluntad del Cielo, va a castigar a U-Keng, quien, apoyado por tres tíos del Emperador, se ha sublevado y pretende restablecer la dinastía de los Chang.

(178) La predicción de la tortuga no era exacta. La revuelta era en el Este, en el principado de U-Keng.

(179) Representada por U-Keng.

(180) Esta enfermedad es la sublevación de los tres tíos del Emperador contra su hermano Tcheu-Kung.

(181) Esto es: los amigos de mi padre, a saber, tres de sus hermanos y el príncipe U-Keng turban la tranquilidad de mis súbditos, que son mis hijos: ¿no deben mis ministros oponerse a la rebelión y volver la paz a mi pueblo?

(182) Quiere decir que esos diez hombres se esforzaron en reemplazar la dinastía de los Chang por la de los Tcheu.

(183) Las cinco grandes dignidades se dividían en tres clases. Los descendientes de los emperadores eran todos Kung. Tch'en uang eleva al príncipe de Uei al rango de Kung de primera clase. Los Kung tenían nueve emblemas representados en sus trajes de ceremonia. Los demás privilegios de su dignidad eran coches adornados, estandartes, ceremonias solemnes, etc.

(184) Al día siguiente al plenilunio.

(185) La ciudad de Lo estaba situada a orillas del río de este nombre, al oeste de la ciudad actual de Ho-nan-fu y fue como la segunda capital del Imperio. Fue fundada en 1109 a. de C.

(186) Las palabras «hijo mío» son una expresión de cariño, porque Kan-chu, llamado Fung, no era joven cuando su hermano U-uang se apoderó del Imperio.

Los comentadores no están de acuerdo acerca de la persona que habla. Los más antiguos pretenden que es Tch'eng-uang a lo cual se les objeta que éste era sobrino de K'ang-chu, que el Emperador era joven y K'ang-chu de bastante edad y por lo tanto no podría llamarle su hermano menor ni su hijo. A eso responden otros comentadores que quien habla es Tchen Kung en nombre del Emperador y no el Emperador en persona.

(187) Es decir, no eres tú quien condena, sino el Cielo por mediación de tí.

(188) Creían los chinos que el olor de las bebidas fermentadas atraía a los espíritus tutelares, es decir, a los manes de los antepasados. Los licores y los manjares, después de

haber sido presentados a los antepasados, eran llevados a una sala situada detrás del templo y servidos a los asistentes que bebían y comían en honor a los muertos.

(189) Es decir, escarmentando en cabeza ajena.

(190) Título simbólico. La madera de catalpa es muy apreciada para la carpintería. Todo este capítulo contiene consejos acerca del arte de gobernar. El que gobierna debe imitar al carpintero que trabaja la madera.

(191) El príncipe de Chao, que era uno de los tres principales dignatarios del Imperio, fue ministro de Uen-uang, de U-uang y de Tch'eng-uang. Su nombre póstumo es el de K'ang.

Este príncipe ayudó a Tcheng-Kung a edificar la nueva residencia imperial, llamada Lo, que estaba al oeste de la ciudad actual de Ho-nan-fu. Allí fue donde compuso para el emperador Tch'en-uang esta instrucción titulada Consejo del príncipe de Chao.

(192) La ciudad era cuadrada y estaba dividida en nueve partes también cuadradas. En el cuadro central estaba el palacio del Emperador, al sur de éste se hallaba la corte, el templo de los antepasados y el altar destinado a la Tierra; al norte se hallaba el mercado. Los seis cuadros restantes eran los destinados a las habitaciones del pueblo.

(193) Este cuaderno (Chu) era en donde el Emperador había anotado las dimensiones de los edificios, el número de obreros necesarios, y la cantidad de víveres y de materiales que hacían falta para llevar a cabo la obra.

(194) Es decir, que a pesar de estar en el Cielo no pueden salvar a su descendiente a causa de la mala conducta de éste.

(195) Los sabios chinos creían que la ciudad de Lo era el centro del Mundo.

(196) Como ya hemos dicho, se untaba con tinta la concha de la tortuga y se la exponía al fuego. Cuando la tinta era como absorbida por la concha, el presagio era favorable.

(197) Se llenaba de un licor aromático una especie de cuchara grande formada con un vaso incrustado en una tablilla de jade, y se vertía luego el contenido por el suelo a fin de que, atraídos por el perfume, descendieran los espíritus.

(198) Esto es, que murió.

(199) Después de la derrota sufrida por Tcheu, último emperador de la dinastía de las Chang o In, el vencedor U-uang dejó a U-Keng, hijo del emperador destronado el principado de Iung. Al comenzar el reinado de Tch'eng-uang, hijo de U-uang, U-Keng se sublevó pensando apoderarse del trono, pero fue vencido por Tcheu-Kung, quien obligó a los partidarios del rebelde a abandonar su provincia para residir en Lo o en sus inmediaciones.

(200) Los Tcheu no hicieron lo mismo con los antiguos oficiales de los In que sin duda les eran sospechosos.

(201) La ciudad de Hao.

(202) El nombre póstumo de Tchung-tsung es el de T'aimeu (1537-1462).

(203) El nombre póstumo de Kao-tsung era el de U-ting (1324-1256).

(204) Kao-tsung quiso privar del trono a su hijo mayor Tsu-Keng, en provecho de su otro hijo Tsu-Kia, pero éste, inspirado por ideas de justicia, no quiso lesionar los derechos de su hermano primogénito y fue a ocultarse al campo entre los hombres del pueblo. Tsu-Keng fue reconocido emperador y a su muerte le sucedió Tsu-Kia.

(205) Tch'eng-uang, que era aún muy joven.

(206) El emperador U-uang había encargado a sus tres hermanos, Sien, príncipe de Kuan; Tuo, príncipe de Ts'ai y Tch'u, príncipe de Huo, que vigilasen a U-Keng, hijo del tirano Tcheu, al que habían conferido el principado de Iung, situado en la parte meridional del Uei. Al morir U-uang dejó el Imperio a su hijo Sung (cuyo nombre póstumo es el de Tch'eng-uang) y confió la regencia a su hermano Tcheu-Kung.

Los príncipes Sien, Tuo y Tcheu, envidiosos de su hermano Tcheu-Kung, regente, empezaron a hacer circular calumnias contra él a fin de hacerlo sospechoso al joven soberano. Como no lograron su propósito se unieron a U-Keng y se sublevaron contra el Emperador. El regente Tcheu-Kung, después de vencer a los rebeldes, dio a su sobrino Hu, hijo de Tuo, el principado de su padre.

(207) Ts'i Chu es el nombre de Tuo, que tomaba el de su principado.

(208) Aprovechando la rebelión de U-Keng y de los tres tíos del Emperador, las tribus extranjeras que vivían en las orillas del Hué también se sublevaron. El emperador Tch'eng-uang en persona fue contra ellas y las sometió. A su regreso a Hao, su capital, reunió en la corte gran número de príncipes y de oficiales entre los cuales se hallaban muchos servidores de la antigua dinastía de los In. El regente les habló en nombre del Emperador.

(209) La persistencia de la amenaza prueba que el Emperador, o mejor dicho, el regente, no tenía gran confianza en los funcionarios de la anterior dinastía, trabajados por el deseo de colocar en el trono al Emperador legítimo. Sin duda no estaban muy persuadidos, a pesar de los discursos de Tcheu-Kung, de que fuera el Cielo quien había derrocado a los In.

(210) Estos funcionarios tenían tres clases de servicios: debían servir al Cielo, a la Tierra y a los hombres.

(211) Estos territorios o principados se llamaban Tu. Los concedidos a un ministro de Estado se llamaban king y tai-fu los correspondientes a un gran prefecto o gobernador.

(212) Es decir, los tres dignatarios más elevados. El guardián vela por la conservación de la persona del Emperador; el maestro le enseña a conocer la virtud, y el preceptor le expone los principios de las cosas y le instruye.

Cuando estos funcionarios cumplen bien su misión, la virtud es practicada y el gobierno bien regulado. En consecuencia, el Cielo es favorable y no se produce ningún trastorno en la Naturaleza porque los dos elementos que constituyen todas las cosas están en perfecta armonía.

(213) Los san-Ku eran inferiores a los san-Kung, pero no les estaban subordinados. Unos y otros tenían una categoría superior a los ministros de Estado, pero no ejercían autoridad alguna sobre éstos, formando una especie de Consejo privado del Emperador.

Los Kung explicaban los principios y los Ku extendían por todas partes la reforma. Los Kung ponían en armonía los dos elementos de las cosas; los Ku hacían brillar la acción productora del Cielo y de la Tierra. Los Kung exponen los principios al Emperador y los Ku le ayudan luego a ponerlos en práctica.

(214) Kiun tch'eng es el nombre del príncipe que después de la muerte de Tcheu-Kung, fue encargado por Tch'en uang de gobernar la ciudad de Lo, segunda capital del Imperio a la que habían sido trasladados los antiguos funcionarios de la precedente dinastía. El comentarista Tcheug-K'ang-tch'eng dice que Kiun tch'eng era hijo de Tcheu-Kung.

(215) Como se ve el amor y el respeto a los padres era la base de toda la organización china. El padre chino tenía muchos puntos de semejanza con el pater familiae romano.

(216) Sintiendo próxima la muerte, el Emperador Tch'eng-uang convocó a sus ministros y les dirigió sus últimas recomendaciones.

(217) El 16 del mes lunar.

(218) Para llegar a los departamentos particulares del Emperador había que cruzar cinco grandes patios que estaban unos a continuación de otros en la dirección de Sur a Norte. Cada uno de ellos estaba cerrado por muros y edificios.

La puerta del primer patio, entrando por el Sur, se llamaba Kaomen, o sea la puerta del tambor porque en ella había realmente un tambor (Kao). La puerta del segundo patio se llamaba Tcheu-men o puerta del faisán porque en ella había faisanes representados. La del tercer patio llamábase K'u-men o puerta de los almacenes y también Tchung-men o puerta del centro.

La cuarta puerta se llamaba, como la primera, puerta del tambor (ing men, de ing, tambor, lo mismo que Kao), y lo mismo la quinta (lu-men, de lu, tambor).

El quinto patio estaba dividido en dos partes por un edificio en el cual se hallaba el gran salón de audiencia (t'ang). En el fondo de la parte septentrional estaban las habitaciones ordinarias del Emperador (tcheng t'sing). Detrás de las habitaciones del Emperador estaban las de la emperatriz. En los extremos había piezas cuyas ventanas daban al mediodía.

Al sur de la sala principal o t'ang había una elevada plataforma a la cual se subía por dos escaleras situadas una al lado occidental (si-kin) por la cual subían los visitantes o los huéspedes y otra del lado oriental reservada al Emperador.

A cada extremo de la sala principal había un edificio llamado Siú. El que se hallaba en la parte occidental tenía sus ventanas al Este y el del otro extremo las tenía al Oeste.

Entre la sala principal y la puerta mayor (lu-men) había un patio.

Todos los preparativos para los funerales se hacían en el patio y en los edificios que estaban al norte de la quinta puerta.

(219) Cuando el Emperador daba audiencia a los príncipes, se levantaba un dosel entre la puerta y la ventana que daba al norte y además se instalaba una especie de biombo en el cual las hachas, símbolo del poder, estaban representadas en blanco y negro. Bajo el dosel se extendía una triple capa de esteras y sobre ellas se colocaba un escabel. El Emperador se sentaba en las esteras y se apoyaba contra el escabel, con el rostro vuelto hacia el mediodía. El biombo estaba colocado detrás de él.

(220) Cuando el Emperador se ocupaba en los asuntos públicos se sentaba en la extremidad occidental de la sala. Cuando ofrecía un banquete a los ancianos o a los funcionarios se sentaba en la extremidad oriental. Para tratar en particular con los miembros de su familia se sentaba frente al edificio occidental. Siempre tenía vuelto el rostro hacia el mediodía.

Antes de publicar las últimas voluntades del Emperador difunto se preparaban esteras en los cuatro sitios en donde aquél tenía costumbre de sentarse. Se suponía que su alma estaba presente en la ceremonia, pero se ignoraba en cuál de esos cuatro sitios quería encontrarse.

(221) Este dibujo llamado Ho-tu se le apareció a Fu hi sobre el lomo de un caballo-dragón que salió del río Amarillo.

(222) Estas conchas (Ta pei) estaban dispuestas de tal modo que tenían la forma y la dimensión de la llanta de una rueda.

(223) El gran tambor tenía ocho tcheu de largo (1,60 metros).

(224) Hábiles menestrales de la antigüedad.

(225) Había en la corte imperial cinco clases de coches: el coche adornado con piedras valiosas o coche grande reservado al Emperador; el coche con ornamentos de oro destinado a los príncipes del mismo apellido que el Emperador; el coche con

adornos de marfil, destinado a los príncipes que no tenían el mismo apellido que el emperador; el coche cubierto de cuero reservado a los príncipes vecinos de las fronteras; el coche de madera barnizada sin adorno alguno destinado a los príncipes de los países tributarios más lejanos.

(226) El gorro (tsio pien) era de cuero y de color de la cabeza del gorrión macho. El de color leonado era de piel de ciervo.

(227) El gorro de ceremonia (mien) era privativo del Emperador, de los príncipes y de los ministros de Estado.

(228) La lanza Kuo tenía además de la punta principal otra lateral recurvada. Las otras dos lanzas (kuei y kiu) eran una especie de tridentes.

(229) Como el joven emperador no se consideraba aún dueño del Imperio, subía por la escalera de los huéspedes. Sus vestidos eran los que el Emperador llevaba cuando hacía ofrendas a sus antepasados. Los trajes de los ministros eran los que vestían cuando acompañaban al Emperador a dichas ceremonias y eran un término medio entre los de fiesta y los de luto.

(230) Este molde (Mao) era una placa tallada en hueco con arreglo a la cual hacía grabar el Emperador las tablillas que entregaba a los príncipes como signo distintivo de su jerarquía. Este molde era cuadrado y tenía ocho centímetros (cuatro ts'uen) de lado.

El gran guardián y el gran maestro de ceremonias representan al difunto y por ello suben por la escalera del dueño de la casa. Van a entregar al nuevo Emperador los atributos del Imperio.

(231) Generalmente el que había ofrecido una libación bebía el resto del líquido que había quedado en el fondo de la copa. Era como un honor y una prenda de buena suerte que recibía del espíritu a quien había ofrecido la libación.

(232) Fung estaba a 25 estadios al oeste de Hao, y allí se encontraba el templo de los antepasados de la familia imperial. En dicho templo confería el Emperador la investidura a los príncipes y otorgaba las recompensas. Por esta razón fue el Emperador a Fung, a fin de investir al príncipe de Pi del mando sobre todos los príncipes del Este.

(233) Los chinos fijaban el borde de sus túnicas debajo del sobaco derecho. Los bárbaros tenían la costumbre contraria.

(234) El emperador Mu-uang nombró ministro de Instrucción Pública a Kum-ia, cuyo padre y abuelo habían desempeñado el mismo puesto.

(235) Los nombres de todos aquellos que prestaban servicios señalados eran inscritos en el gran estandarte del Emperador.

(236) Pe-king era príncipe de Lu e hizo de Tcheu-kung. La conductores de sus carrozas.

(237) El príncipe de Liú era ministro de Justicia y por orden del Emperador publicó las presentes instrucciones relativas al empleo de los castigos.

Téngase en cuenta que, a pesar de sus protestas de virtud, el emperador Mu-uang había despilfarrado en viajes inútiles todo el tesoro imperial. En esta época tenía cien años, su razón se debilitaba y esta será la única excusa que pueda presentar ante el tribunal de la Historia para explicar estas instrucciones en las cuales se autoriza la redención de las penas mediante una suma de dinero.

(238) El pueblo oprimido, no encontrando protección en la Tierra, recurrió a los espíritus y los evocaba a cada momento por medio de sacrificios. Tch'ung y Si, encargados por el Emperador de evitar este comercio con los muertos, decretaron que sólo el Emperador sacrificaría al Cielo y a la Tierra, a los príncipes, a las montañas y a los ríos y que las evocaciones de los espíritus quedarían reservadas a aquellos que tuvieran un cargo especial.

(239) Las tres virtudes de un buen juez son: una indulgencia exenta de abandono, una severidad moderada y una rectitud inflexible.

(240) Habiendo perecido a manos de los bárbaros occidentales el emperador Iu-uang (770 a. de C.), su hijo I-kin le sucedió, siendo investido del Imperio por Uen, príncipe de Tsin y por U, príncipe de Tcheng. El nuevo Emperador trasladó su residencia a Lo, que era la capital oriental y dio al príncipe de Uen un feudo situado junto a Lo y el título de jefe de los príncipes vecinos.

(241) Ping-uang es el nombre póstumo del emperador Iu-uang.

(242) I-huo era el nombre del príncipe de Uen.

(243) Pe-king era príncipe de Lu e hijo de Tcheu-kung. La ciudad de Pi estaba situada a 20 estadios o li de la actual ciudad de Pi-hien.

(244) Mu, príncipe de Ts'in, por instigación de Ki-tsen, pero contra la opinión de Kien-chu y de otros ministros viejos y experimentados, quiso apoderarse por sorpresa de la capital de Tcheng. Envió para ello generales que fueron derrotados y hechos prisioneros. En estas declaraciones manifestó su pesar por no haber seguido los consejos de hombres de experiencia.

(245) Es decir, temo no tener tiempo de reparar mis faltas.

LA CRITICA LITERARIA

Todo sobre literatura clásica, religión, mitología, poesía, filosofía...

La Crítica Literaria es la librería y distribuidor oficial de Ediciones Ibéricas, Clásicos Bergua y la Librería-Editorial Bergua fundada en 1927 por Juan Bautista Bergua, crítico literario y célebre autor de una gran colección de obras de la literatura clásica.

Nuestra pagina web, LaCriticaLiteraria.com, es el portal al mundo de la literatura clásica, la religión, la mitología, la poesía y la filosofía. Ofrecemos al lector libros de calidad de las editoriales más competentes.

Leer los libros gratis online
www.LaCriticaLiteraria.com

La Crítica Literaria no sólo esta dedicada a la venta de libros nacional e internacional, también permite al lector la oportunidad de leer la colección de Ediciones Ibéricas gratis online, acceso gratuito a mas que 100.000 páginas de estas obras literarias.

LaCriticaLiteraria.com ofrece al lector un importante fondo cultural y un mayor conocimiento de la literatura clásica universal con experto análisis y crítica. También permite leer y conocer nuestros libros antes del adquisición, y tener la facilidad de compra online en forma de libros tradicionales y libros digitales (ebooks).

Colección La Crítica Literaria

Nuestro nueva **"Colección La Crítica Literaria"** ofrece lo mejor de los clásicos y análisis de la literatura universal con traducciones, prólogos, resúmenes y anotaciones originales, fundamentales para el entendimiento de las obras mas importantes de la antigüedad.

Disfrute de su experiencia con nosotros.

www.LaCriticaLiteraria.com

www.ingramcontent.com/pod-product-compliance
Lightning Source LLC
LaVergne TN
LVHW011419080426
835512LV00005B/151